기술사업화 프로세스

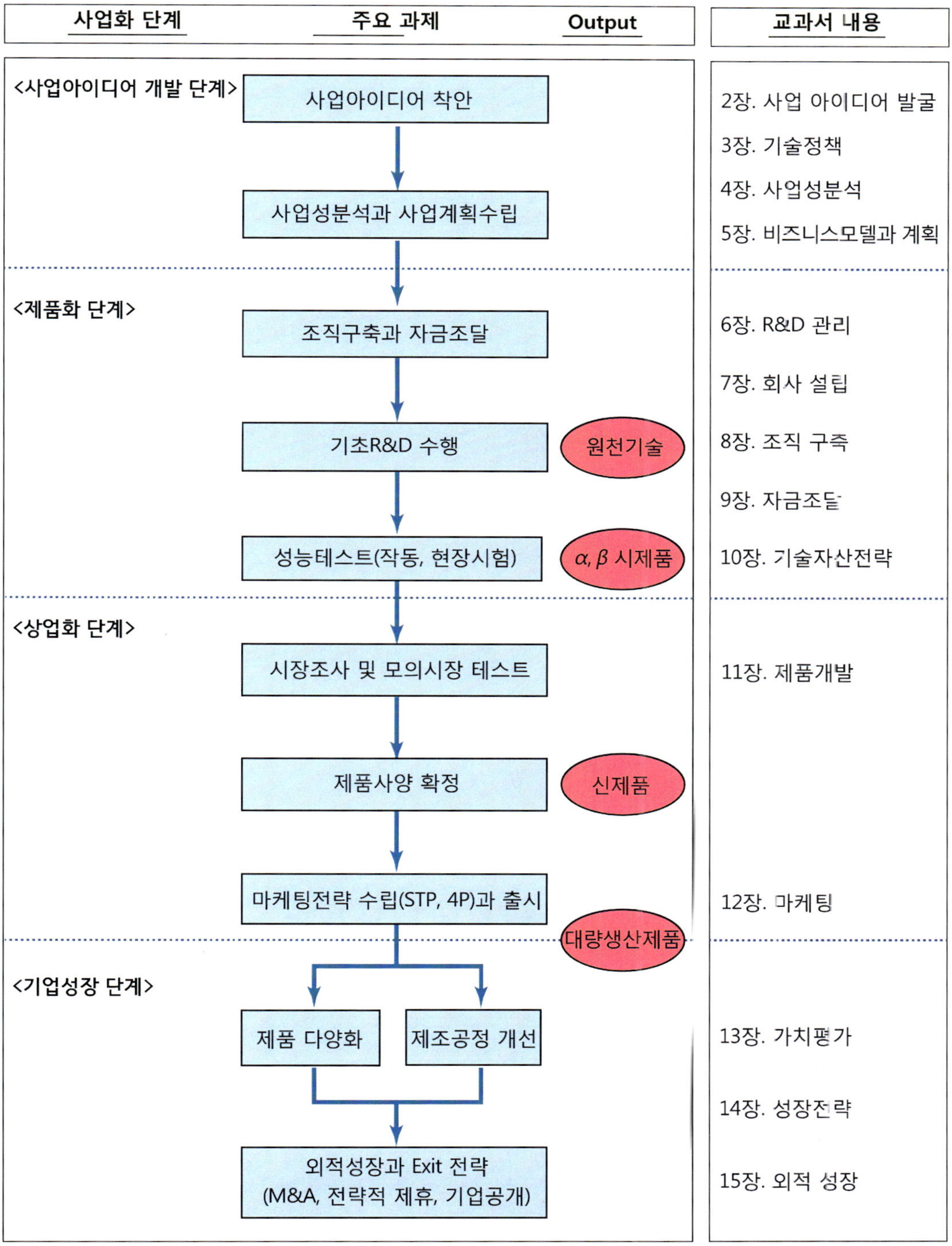
사업화 단계
주요 과제
Output
교과서 내용
<사업아이디어 개발 단계>
사업아이디어 착안
사업성분석과 사업계획수립
<제품화 단계>
조직구축과 자금조달
기초R&D 수행
원천기술
성능테스트(작동, 현장시험)
α, β 시제품
<상업화 단계>
시장조사 및 모의시장 테스트
제품사양 확정
신제품
마케팅전략 수립(STP, 4P)과 출시
대량생산제품
<기업성장 단계>
제품 다양화
제조공정 개선
외적성장과 Exit 전략
(M&A, 전략적 제휴, 기업공개)
2장. 사업 아이디어 발굴
3장. 기술정책
4장. 사업성분석
5장. 비즈니스모델과 계획
6장. R&D 관리
7장. 회사 설립
8장. 조직 구축
9장. 자금조달
10장. 기술자산전략
11장. 제품개발
12장. 마케팅
13장. 가치평가
14장. 성장전략
15장. 외적 성장

CORPORATE
DIVERSIFICATION
& STARTUP

디지털전환 시대의
경영다각화와 창업

서울대학교 경영연구소
박원구 지음

KM 경문사

디지털전환 시대의
경영다각화와 창업

지은이 박원구
펴낸이 조경희
펴낸곳 경문사
펴낸날 2025년 1월 3일 1판 1쇄
등 록 1979년 11월 9일 제1979-000023호
주 소 04057, 서울특별시 마포구 와우산로 174
전 화 (02)332-2004 팩스 (02)336-5193
이메일 kyungmoon@kyungmoon.com

값 25,000원

ISBN 979-11-6073-627-4

머리말

한국 사회가 새로운 문물을 도입한 지 상당한 기간이 경과하여 다양한 학문 영역에서 훌륭한 저서들이 탄생되었다. 경영학, 경제학, 법학 등 대표적인 사회과학 영역에서도 출중한 저자들에 의해 체계적이고 충실한 내용의 책들이 창작되어 독자들의 사랑을 받고 있다.

그러나 창업과 경영다각화 영역에서는 언급되어야 할 다양한 지식을 체계적으로 서술한 책은 잘 보이지 않는다. 그 이유는 창업과 경영다각화 영역이 인기 있는 국가 선발시험에 포함되는 영역이 아닌 점과 다루어져야 할 영역의 다양성, 즉 다양한 경영학 영역을 두루 포함함은 물론이고, 기술경영, 산업공학 영역도 포함되어야 하는 융합 다양성에 기인하는 바가 크다. 이와 같은 저서의 필요성을 인식하여 저자는 창업과 경영다각화 영역을 체계적으로 기술하는 책의 저술에 도전하게 되었다.

창업과 경영다각화를 추진하기 위해서는 다방면의 지식이 필요하다. 우선 해당 기술에 대한 이해가 있어야 하며, 사업기회 포착과 사업성분석에 대한 안목이 있어야 한다. 채택된 아이템에 대해 효율적인 연구개발 및 제품화 방안도 알아야 하며, 나아가 회사의 설립방법, 자금조달, 인력충원, 조직구축, 기술자산전략에 대한 지식도 필요하다. 또한, 마케팅 지식과 성장에 따라 발생하는 문제점을 파악하고 대처하는 지식과 성장을 위한 전략과 비전도 갖추고 있어야 한다. exit전략 수행을 위해 기업의 가치평가에 대한 지식도 필요하다. 인공지능 도입 등 디지털혁신 시대에 처한 오늘날에는 디지털전환에 대한 이해도 필요하다.

이러한 사실을 기술하면서 독자의 이해도 증진을 위해 이 책은 다음과 같은 기본 아래 저술되었다.

창업과 사업화 프로세스를 저자의 독창적 견해로 4단계로 구분하여 서술하였다.

1단계(사업아이디어 개발 단계): 아이디어 발굴, 사업성분석, 사업계획서 작성
2단계(제품화 단계): R&D관리, 회사 설립, 인력충원, 자금조달, 기술자산화
3단계(상업화 단계): 제품개발, 마케팅
4단계(기업성장 단계): 가치평가, 성장을 위한 내·외부전략 수립

기본적으로 알아야 할 사항은 본문에 기술하고, 다양한 독자 별로 요구사항이 다른 내용은 아래와 같이 구분하여 설명하였다.

- **참고 및 이론 따라잡기**: 본문에 기술하기에는 다소 학구적인 내용을 기록함
- **사례**: 해당 본문의 이해에 도움되는 실제 기업 사례를 소개함
- **경영 Insight**: 실무적인 문제해결 방안을 제시하는 "Harvard Business Review"에 게재된 article을 선별하여 기술함
- **창업 워크시트(Worksheet) 작성표**: 창업 지식과 경험이 적은 entrepreneur들을 위하여, 단계별로 워크시트 작성을 통해 사업화 과정을 쉽게 이해하도록 함

끝부분 별첨의 "AI / 디지털혁신 시대의 신사업"에서는 디지털전환 시대에 금융업, 제조업, 농업 등 각 산업에서 일어나는 전환 상황을 설명하여, 신사업을 고민해 보는 기회를 제공하였다.

책의 저술에는 당연히 많은 분들의 도움과 조언이 있었다. 우선 같은 연구소에서 조언을 아끼지 않은 서울대 디지털혁신연구소의 장정주 교수님, 권순동 교수님, 조우제 교수님과 대학원생들의 도움에 감사드린다. 편집과 교정에 많은 고생을 한 경문사 분들과 강영주 학생에게도 감사를 드린다. 그 외 많은 분들과 조용히 내조한 가족에게도 감사를 드린다. 만들어진 책이 창업과 경영다각화를 모색하는 분들에게 도움이 된다면 저자는 큰 기쁨을 느낄 것입니다.

2025년 관악에서
박 원 구

목차

세부 목차

제 1 부 예비 단계

제 2 부 사업 아이디어 개발 단계

제3부 제품화 단계

제 4 부 상업화 단계

제 5 부 기업성장 단계

제 1 부

예비 단계

1부에서는 본격적인 설명에 앞서 사업화 프로세스 가요에 대해 언급한다. 사업화 프로세스를 사업 아이디어개발 단계, 제품화 단계, 상업화 단계, 기업성장 단계의 4단계로 구분하고 이를 다시 세분하여 설명한다. 기술을 토대로 창업하는 경우 수행해야 할 과제를 단계별로 점검해 보고, 이를 토대로 창업자가 갖추어야 할 지식을 정리해 본다.

제1장 사업화 프로세스

START-UP

제 1 장

사업화 프로세스

1.1. 사업화 프로세스의 이해

기업을 창업한 후 오랜 기간의 고난과 위험을 이겨내고 성공적인 기업으로 성장시키는 것은 매우 어려운 과제이다. 성공한 기업이 되기 위해서는 초기의 소규모 인력과 자금으로 창업한 후에 기반기술을 토대로 제품화에 성공하고 나아가 이를 판매하고 이익을 창출해야 한다.

기술을 기반으로 창업을 꿈꾸는 기업가가 수행해야 할 과업을 사업화 프로세스별로 나열해 보면 〈그림 1.1〉과 같다. 기술사업화 프로세스를 우선 크게 4단계로 구분하면 사업 아이디어 개발 단계, 제품화 단계, 상업화 단계, 기업성장 단계로 나눌 수 있다.

각 단계를 주요 과제별로 세분화해 보자. 사업 아이디어 개발 단계는 사업 아이디어의 착안과 사업성분석, 결정된 사업의 사업계획 수립으로 세분화될 수 있다. 제품화 단계는 본격적인 사업 수행을 위한 조직구축과 자금조달, 기초R&D 수행, 성능 테스트로 세분화된다. 다음 상업화 단계는 만들어진 시제품을 토대로 시장조사 및 모의시장 테스트, 제품사양 확정, 마케팅전략 수립을 하여야 한다. 마지막 기업성장 단계는 제품다양화와 제조공정 개선, 외적성장과 Exit전략을 고민해야 하는 단계이다.

본 책에서는 설명하는 순서를 위에서 언급한 사업화 프로세스 과정별로 하고자 한다. 〈그림 1.1〉의 오른쪽에는 해당 과제가 설명되는 본 저서의 chapter가 기록되어 있다.

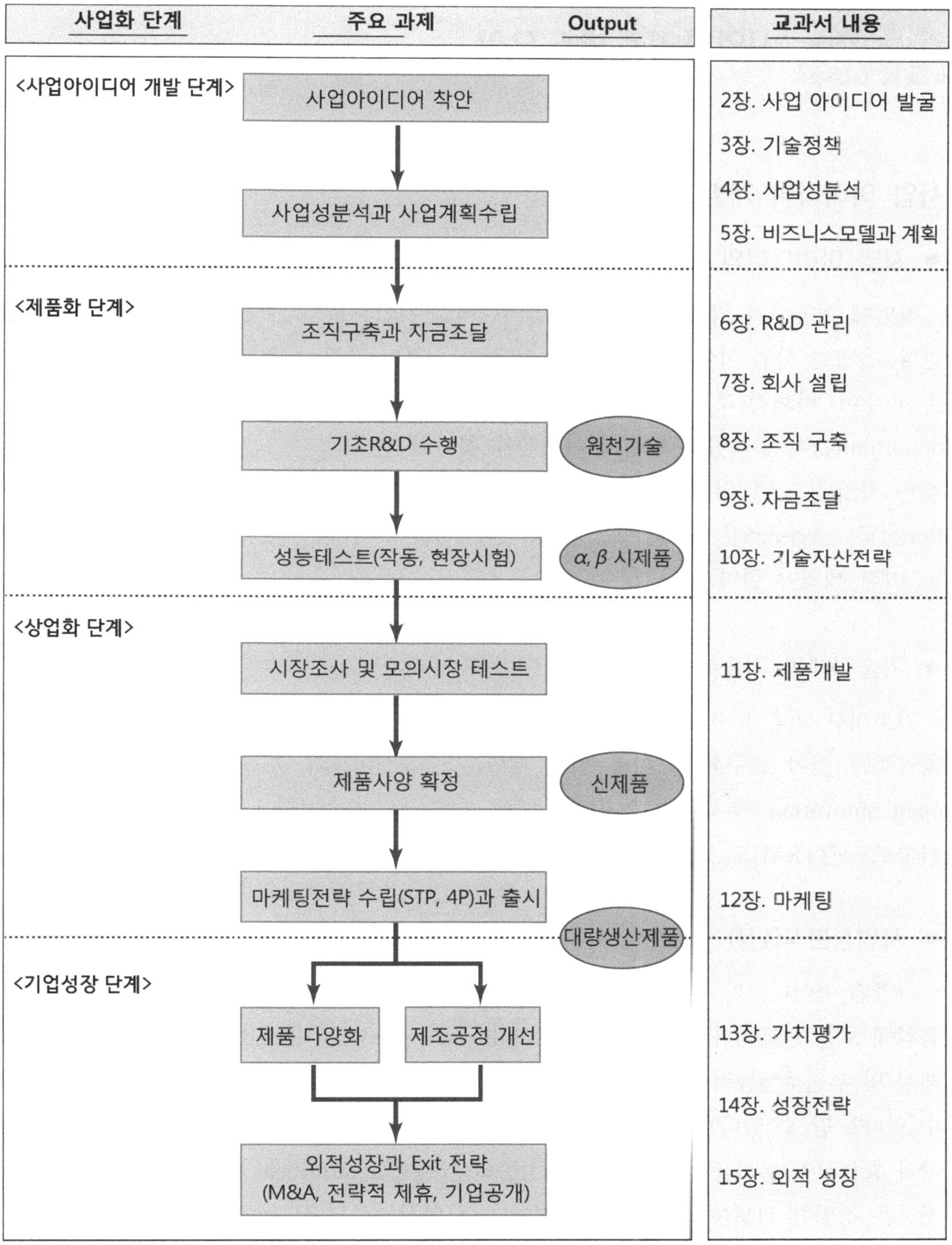

‖ 그림 1.1 ‖ 기술사업화 프로세스

1.2. 사업화 프로세스 요약

사업 아이디어 개발 단계(2부)

● 사업 아이디어의 발굴과 산업분석(2장)

창업에 성공하기 위해서는 참신한 아이디어를 기반으로 사업성 있는 아이템을 찾아야 한다. 유망한 사업 아이템을 찾아내는 과정에는 과거 경험, 선천적 육감, 사례연구, 기술 발전 추이, 사회적 추세, 틈새찾기 전략 등이 도움이 된다. 또한 기회의 창(window of opportunity)이 열려있는 단계의 아이템을 찾아야 한다.
좋은 사업을 찾기 위해서는 다양한 산업분석방법과 SWOT분석, 마이클 포터(Michael Porter)의 산업구조분석등을 활용할 수 있다. 아울러 착안된 좋은 아이디어의 보호 방안도 미리 세워야 한다.

● 기술정책과 기술혁신(3장)

검토대상 기술을 정밀하게 검토하는 단계이다. 국가의 기술정책과 기술혁신 추세를 파악하는 것이 요구된다. 이를 위해 제반 기술혁신이론과 효율적인 기술확보 방법인 open innovation, 추격형 기술전략에 대해 설명한다. 기술기획을 위한 방법인 기술예측, 기술로드맵(TRM)도 알아본다.

● 사업성분석(4장)

착안된 아이디어가 괜찮은 사업인지 걸러내기 위해 자금과 인력을 투입하기 전에 사전 점검해 보는 단계이다. 사업성분석(feasibility analysis)의 4대 요소인 기술성, 시장성, 경제성 및 추진주체능력 측면에서 검토하는 것이다. 사업성분석이란 쉽게 말해 결국, '만들 수 있나?, 팔 수 있나?, 이익이 남는가?, 할 사람이 있는가?'를 따져보는 것이다. 시간 절약과 효율적인 분석을 위해서는 '사업성공의 결정적 요소(critical factor)'를 파악하여, 이것만은 정밀한 검토를 하는 것도 요령이다. 사업성분석을 통과한다고 해서 사업이 항상 성공하는 것은 아니지만 성공 확률이 높아진다.

● 비즈니스모델과 사업계획서(5장)

사업성이 있다고 판단된 아이템에 대해 구체적 계획을 수립하는 단계이다. 사업의 전략적 자산 요소와 기본 방향이 표현되는 사업의 큰 그림인 비즈니스모델(business model)을 구상하여 보고, 사업계획서(business plan)를 작성한다. 사업계획서 작성을 통해 사업이 구체화되고, 또한 준비가 부족한 부분을 발견하는 효과도 있다. 사업계획서는 간단한 1페이지의 요약형과 투자자 등 외부 이해관계자들에게 설명할 표준형, 내부 구성원을 대상으로 구체적 실천방안을 기술한 운영계획서와 같은 3종류가 있다.

제품화 단계(3부)

● R&D관리(6장)

미완성인 기술에 대해 추가적인 연구개발(R&D)이 진행되어야 하며, 필요시 원천기술을 확보해야 한다. 필요한 기술의 확보를 위한 R&D의 효율적 수행방안에 대해 알아본다. 구체적으로 연구개발 전략수립, R&D프로젝트 관리기법, R&D성과관리 및 평가방법, 연구자원 배분, R&D자원조달 방법에 대해 설명한다.

● 회사 설립과 벤처(7장)

사업의 본격 수행을 위해서는 회사 설립과 조직 구성이 필요하다. 검토 대상 조직인 주식회사, 개인회사, 합명회사, 합자회사 등의 형태와 설립 시의 장·단점, 설립 절차도 살펴본다. 기술창업의 경우 벤처기업이 많으므로 벤처기업의 혜택, 등록요건도 알아야 한다. 채용할 직원을 대상으로 입사 시점에 체결해야 할 기밀유지 협약(non-disclosure agreement), 경쟁금지 조항(non-compete agreement)도 갖추어야 한다. 설립 시 윤리문화 구축의 필요성도 인지해야 한다.

● 기술인사 및 조직관리(8장)

창업 조직의 관리와 효율 증진을 위한 방안과 더불어 이사회, 자문단 등 꼭 갖추어야 할 조직 요소에 관해 알아본다. 일반적 인사관리 방법을 벗어난 벤처기업과 R&D 조직의 인사관리 특수성, 벤처기업의 충원(staffing), 스톡옵션(stock option) 등 동기부여 방안에 대해서도 알아본다.

● 재무능력 평가 및 자금조달(9장)

창업자는 기본적 회계지식과 자금조달 방법을 알고 있어야 한다. 사업계획을 토대로 추정재무제표를 작성해야 하며, 이를 통해 손익분기점(BEP) 달성 시점과 필요자금을 추정하고 시기별 소요자금을 조달(financing)하여야 한다. 자금조달과 관련하여 자기자본, 타인자본 별로 종류, 장·단점, 조달원에 대해 설명한다. 종잣돈(seed money), 엔젤(angel) 투자, 벤처캐피탈 투자 등 자기자본의 자금원별 장·단점에 대해서도 설명한다.

● 기술자산전략(10장)

연구 결과물인 기술자산의 가치를 증대시켜야 하고, 기술 도입이 필요할 경우 효율적으로 도입하는 방법을 알아야 한다. 지식재산권(intellectual property right)의 종류, 특성에 대해 알아보고, 특허의 출원 및 등록 절차, 지식재산권의 보호 및 활용전략에 대해서 설명한다. 개발된 지식재산에 대한 자산화와 보호 방안도 알아야 한다.

상업화 단계(4부)

● 제품개발(11장)

확보한 원천기술을 토대로 제품화를 위한 과정이 수행된다. 신제품개발 시 고려할 사항과 제품개발 프로세스, 제품개발 도구들도 언급하며, 고객지향 제품개발의 필요성, 방법에 대해 설명한다. 제품개발 시 개발기간의 최소화, 소비자만족의 극대화, 개발비용의 최소화에 유의해야 하며, 제품에 따라 우선순위가 달라져야 한다.

시제품(prototype)을 대상으로 실시되는 상용화 테스트는 작동 여부를 점검하는 작동모형테스트, 최종제품과 같은 재질로 제작하여 평가하는 성능 테스트(α-prototype 대상), 극한 상황에서의 작동 여부를 측정하는 현장시험테스트(β-prototype 대상)로 구분된다.

● 마케팅과 기술마케팅(12장)

본격적인 출시(launching)에 앞서 시장 테스트를 수행하는데, 이 테스트에는 잠재고객을 대상으로 한 모의시험 시장과 출시제품에 대한 표본고객 반응을 점검하는 시험시장이 포함된다. 개발된 제품이 잘 팔려야만 창업의 목적이 달성된다. 전통적 마케팅전략 수립 기법인 시장을 세분화하고(segmentation), 목표시장을 선정하고(targeting), 시장 내 위치를 설정하는(positioning) STP 전략을 살펴본다.

이를 통해 마케팅전략의 핵심 요소인 생산할 제품의 종류(product), 가격(price), 유통망(place), 판매촉진책(promotion)을 결정하는 4P전략에 대해서드 살펴본다. 개발된 기술의 고부가가치화, 추가로 필요한 기술의 효율적 도입전략 등으로 구성되는 기술마케팅에 대해서도 언급한다.

기업성장 단계(5부)

● 가치평가(13장)

기업의 가치평가(valuation) 방법과 연구개발로 탄생된 기술의 가치평가 방법에 대해 알아본다. 기업의 가치평가 방법은 자산가치법(총자산－총부채), 수익가치법(미래수익의 현재가치), 시장가치법(해당 주식의 가치) 등 3개의 방법이 대표적이다. 3가지 방법을 혼합하여 결정되는 가격에 경영권 프리미엄을 더하여 인수가격이 결정된다. 기술의 가치평가도 기업의 가치평가 방법과 원리는 유사하다. 기치평가에 대한 안목도 갖추는 것이 창업가로서 다양한 협상에 유리하게 작용한다.

● 성장을 위한 전략과 경영다각화(14장)

기업 규모가 커지면 새로운 유형의 경영자 고민거리가 내부에서 발생한다. 창업 멤버와 스카웃된 엘리트 직원 간의 갈등, 업무 이양의 필요성, 운전자금 증가, 규정화의 필요성, 품질관리 등의 문제점이 대두된다. 성장 단계별로 발생할 수 있는 문제점과 리스크를 미리 파악하고 그 대책에 대해 언급한다. 기업의 장기수익은 관련다각화 추구기업이 가장 높고, 그 다음은 비관련다각화를 추구한 기업이 높으며, 다각화를 하지 않은 기업이 가장 낮다는 실증적 연구 결과도 있다.

● 외적성장과 정부 역할(15장)

기업이 지속적으로 성장하기 위해서는 제품다양화와 공정개선 등 내부 활동만으로는 한계가 있고, 획기적인 외적성장 방안에도 관심을 가져야 한다. 5개의 외적 성장 방법인 인수합병(M&A), 라이선싱, 전략적 제휴, 합작투자(joint-venture), 프랜차이징 등에 대해 알아본다. 또한 기업공개(IPO) 등 성공적 출구전략(exit strategy)도 설명하며, 정부 정책의 활용 필요성도 알아본다.

참고 기업가(Entrepreneur)의 어원

Entrepreneur란 프랑스어에 기초를 둔 단어로서 entre- (between)과, prendre- (to take)의 합성어로서, People who "undertake" a task such as a starting a new venture 라 할 수 있다.

William Bygrave는 'Entrepreneur is who perceives an opportunity and creates an organization to pursue it'이라 정의했다.

한자어에 기초한 풀이는 아래와 같다.

창업 Worksheet 1 창업자로서의 자질 평가

다음 항목들에 대해 자신의 입장에서 평가해 보자.
평가항목 중 점수가 낮은 항목은 개선방안을 생각해 본다.

평가항목	평가기준	점수
① 사업에 대한 성취욕구와 열정을 끊임없이 유지하고 키워가고 있는가?	매우 부족(1) 부족(3) 보통(5) 충분(7). 매우 충분(10)	
② 문제를 다른 관점에서 보고 창의적으로 해결할 수 있는 능력을 갖고 있는가?	매우 부족(1) 부족(3) 보통(5) 충분(7). 매우 충분(10)	
③ 하기 싫은 일조차 기꺼이 감수할 수 있는 자기 통제력을 갖고 있는가?	매우 부족(1) 부족(3) 보통(5) 충분(7). 매우 충분(10)	
④ 사업에 필요한 인력(인재)을 선별할 수 있는 충분한 안목을 갖고 있는가?	매우 부족(1) 부족(3) 보통(5) 충분(7). 매우 충분(10)	
⑤ 고객, 직원, 사업 파트너 및 투자자 등을 제대로 설득할 수 있는 역량을 갖고 있는가?	매우 부족(1) 부족(3) 보통(5) 충분(7). 매우 충분(10)	
⑥ 나의 사업에 도움을 줄 수 있는 멘토 또는 전문가를 통해 도움을 얻고 있는가?	매우 부족(1) 부족(3) 보통(5) 충분(7). 매우 충분(10)	
⑦ 주변의 동료, 직원, 사업 파트너들로부터 인간적 측면, 윤리적 측면에서 좋은 평판을 얻고 있는가?	매우 부족(1) 부족(3) 보통(5) 충분(7). 매우 충분(10)	
⑧ 비용 지출, 현금관리, 자산 운용 등 재무활동을 효과적으로 통제하고 있는가?	매우 부족(1) 부족(3) 보통(5) 충분(7). 매우 충분(10)	
⑨ 위기의 순간에도 끝까지 포기하지 않는 끈기를 갖고 있는가?	매우 부족(1) 부족(3) 보통(5) 충분(7). 매우 충분(10)	
⑩ 나의 솔루션(제품 또는 서비스)이 다른 사람들이 놓치고 있는 나만의 기회임을 검증하고 있는가?	매우 부족(1) 부족(3) 보통(5) 충분(7). 매우 충분(10)	
총 점		

(자료원 : CEO멘토 이진호 연구원)

제 2 부

사업 아이디어 개발 단계

사업 아이디어 개발 단계는 사업 아이템을 발굴하고, 정밀 검토를 위해 해당사업과 연관된 기술정책과 산업 동향을 분석한다. 또한 사업추진 여부를 결정하기 위한 사업성분석을 수행한다. 이후 사업의 큰 그림인 비즈니스모델을 개발하고 미비점을 보완하는 사업계획서 작성 과정으로 구성된다.

START-UP

제 2 장

사업 아이디어의 발굴과 산업분석

2.1. 사업기회의 발굴

2.2. 아이디어의 착안과 보호

2.3. 산업 환경분석 도구

2.1. 사업기회의 발굴

사업기회(business opportunity)라는 것은 새로운 제품 혹은 서비스를 성공적으로 제공할 수 있는 가능성이 있는 기회라고 할 수 있다. 사업의 기회는 4가지 요건을 갖추어야 한다. 첫째, 매력적이어야 하고, 둘째, 시기적으로 적절해야 하며(timely), 셋째, 오래 지속될 수 있는 것이어야 하며, 넷째, 고객이나 사용자에게 추가적인 가치를 더할 수 있거나 새로운 것을 제공할 수 있어야 한다는 것이다.

새로운 제품의 도입을 통해 시장이 형성되면 기회의 창(window of opportunity)이 열리게 되고 새로운 진입자가 들어 올 수 있는 여건이 제공된다(그림 2.1 참고). 그러나 시장이 확장되고 성숙기에 들어서게 되면 기회의 문은 닫히게 된다. 사업기회는 대부분 제품의 도입기와 성장기에 있다. 사업기회를 찾기 위해서는 앞서 언급한 4가지 요건에 대한 점검이 필요하다.

어떠한 기업이 시장에서 리더(market leader)가 되었나? R. Rumelt 하버드대 교수는 "기회의 창이 열렸을 때 초기에 과감히 뛰어들어 성공한 기업이 마켓 리더(market leader)가 된다"고 밝혔다. 물론 기회가 올 때를 대비하여 평소에 실력을 쌓아두는 것이 필요하다.

사업기회를 찾기 위한 방법으로는 크게 추세 파악, 현행 문제점의 해결방안 모색, 사업화에 성공한 사례연구, 시장에서 틈새 찾기, 개인적 특성분석 등의 5가지 방법이 있다. 이하 각 방법에 대해 설명한다.

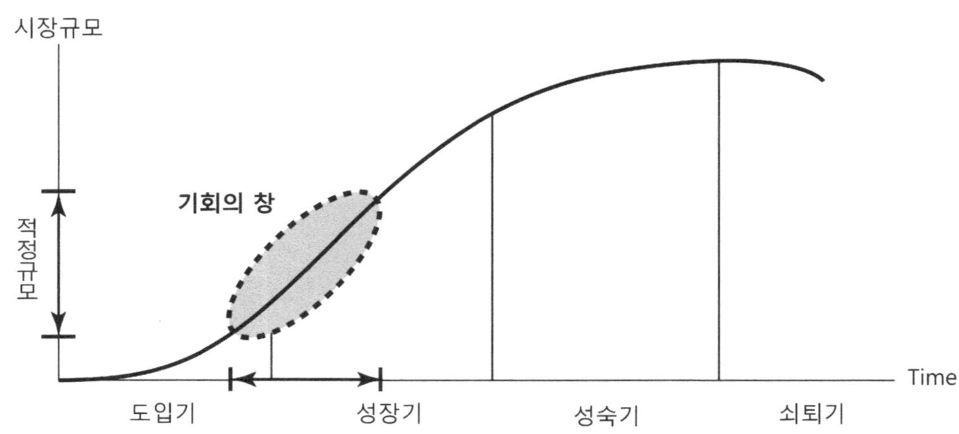

‖ 그림 2.1 ‖ 기회의 창(window of opportunity)

추세 파악

추세(trend)는 향후 사회적 큰 흐름을 말하는 것이므로 추세에 따라 나아갈 때 성공 확률을 높일 수 있는 기회에 편승했다고 할 수 있다. 기업가는 시대적 추세, 기술적 추세를 파악할 수 있어야 신제품과 서비스를 개발할 때 어떠한 방향으로 가야할 지를 정할 수 있는 것이다. 중요한 추세로는 경제적 동인, 사회적 변화, 기술진보, 그리고 정치적 행위와 법규의 변화 등을 제시할 수 있다.

● 경기 상황

경기 상황을 알아야 여기에 맞는 사업을 시작할 수 있다. 예를 들어 호황기인 경우 소비자들이 더 많은 돈을 사용할 기회가 생긴 것을 의미하기 때문에 다소 고가의 제품을 판매할 기회가 발생한다. 반대로 경제가 악화되었을 경우 저가제품의 서비스를 통해서 사업기회를 열 수도 있다. 경기 상황이 사람들의 행동 방식에 어떻게 영향을 미칠 것인가에 대한 파악을 통해 할인이나 부가가치가 높은 상품개발 등에 대한 방향을 정할 수 있다.

● 사회적 추세

사회적 추세(social trend)와 사람들의 사업 방식에 따라 소비자들이 제품과 서비스를 채택하는 우선순위가 정해지며, 제품과 서비스의 채택 그 자체에드 중요한 요소로 작용한다. 사회적 변화는 예를 들어 한국 사회의 노령인구의 증가, 스마트폰 사용 증가에 따른 유선전화 사용량의 감소와 온라인 결제방식의 확산, 출산율의 감소와 이에 따른 유아 용품의 고급화 등을 들 수 있다. 다시 말해 기술의 발전과 현대 사회의 급격한 변화로 사람들의 행동양식이 많이 달라질 수 있다는 것이다.

이러한 변화 요소들이 새로운 사업 아이디어 발굴의 중요 요소들이 된다. 최근 인터넷 발달에 따라 SNS(카카오톡, instagram, X 등) 사용인구의 급격한 증가는 사회적 추세의 대표적인 예가 될 수 있으며, 이에 수반되어 발달하는 여러 가지 사업고델들을 새로운 사업기회로 고려할 수 있다.

● 기술 진보

기술 진보(technological advances)도 새로운 사업기회를 가져다준다. 대표적인 예로 스마트폰과 AI를 들 수 있으며, 이들의 발달로 환자가 병원 밖에서 진료를 받을 수 있고,

진단 결과 등 다양한 정보를 손쉽게 접할 수 있게 되었다. 또한 기술 진보는 사람들이 생활 속에서 발생되는 여러 가지 문제들을 더욱 편리하게 해결할 수 있도록 만들었다. 이처럼 신기술이 나타남에 따라 여기에 수반된 여러 비즈니스모델들이 새롭게 탄생할 수 있다. 또한 오래된 기술에 집착한 산업은 기술 진보에서 뒤떨어질 수 있으므로 신속한 출구전략(exit strategy)이 필요하다.

● 새로운 규제의 도입

새로운 규제가 도입되면 기업가에게는 제약이 될 수도 있겠지만 새로운 사업기회를 동시에 제공한다. 2014년 세월호 침몰 사건 후 안전 강화를 위한 각종 규제가 제정되자, 국민안전을 위한 사업이 상당수 나타난 것이 그 예이다. 정치 여건의 변화 역시 신사업 기회를 가져온다. 또한 2020년 코로나19 유행으로 대면 활동을 규제하자, 비대면활동 관련사업이 상당수 나타나고 활성화된 것도 예로 들 수 있다. 또한 정치적 불안정 수준이 높거나 테러 발생이 빈번하면 보안업체와 보안장비 판매 등의 새로운 비즈니스가 탄생할 수 있다.

현행 문제점의 해결방안 모색

사업기회를 찾기 위한 두 번째 방법으로는 직면한 현행 문제점에 대한 해결방안을 찾는 것이다. 이는 사람들이 매일 직면하는 문제에 대한 지속적인 관찰을 통해서 찾을 수 있다. Common Case의 창시자 존 가드너(John Gardner)가 “모든 문제는 훌륭하게 위장하고 있다” 라고 말했듯이 사람들의 생활 속에서 발생되는 문제 속에 해결의 실마리가 있고, 많은 회사들 역시 이로부터 새로운 사업기회를 발견할 수 있다.

월등하게 진보된 기술을 사용하는 사회에서는 반대로 기술을 사용하지 못하는 애로사항을 해결하는 방안을 찾는 데에서 새로운 사업기회를 발견할 수 있다.

사업화에 성공한 사례 연구

사업화에 성공한 타인의 실제 사례연구(case study)를 통해서 성공적인 사업기회를 얻을 수 있다. 특히 기술을 기반으로 한 사업의 경우 성공적인 상업화(commercialization)를 위해서는 만족할 만한 기초 및 응용연구, 신제품 설계 및 개발, 제품생산을 위한 공정 엔지니어링(process engineering), 성공적인 시제품 개발은 물론이고, 나아가 생산체계 구축, 판매성공 및 충분한 이익 실현이 모두 필요하다.

독특한 사업기회는 같은 분야에 종사하는 사람보다는 다른 분야에 종사하는 이질성이 높은 집단(weak-tie relationship)과의 교류를 통해 얻기가 쉽다.

시장에서 틈새(niche) 찾기

사업기회를 찾는 네 번째 방법으로는 시장에서의 다양한 차별점을 찾는 것이다. 좋은 제품에도 수요자와 공급자 사이에 틈새시장(niche market)이 존재한다. 이는 지역적인 틈새에서 발생할 수도 있고, 수요자 욕구를 모두 충족하지 못하는 데에서 발생할 수도 있다. 또한 이 틈새는 대체적으로 경쟁력이 약한 신규 참여자에게 성공할 수 있는 사업기회를 제공할 수 있다.

틈새시장에 침투한 사례를 들면 체격이 큰 사람들이 의류, 신발 구입 시 어려움을 느낀다는 점에 착안하여 큰 사이즈의 신발, 의류만을 판매하는 매장을 여는 경우가 있다.

시장에서 차별점을 찾는 일반적인 방법은 사람들이 원하는 물건이나 서비스를 찾을 수 없는 경우가 무엇인가를 생각해 보는 것이다. 또한 시장세분화(market segmentation)를 다른 방식으로 접근하거나 새로운 고객 세그먼트를 발굴하여 비즈니스를 찾는 방법도 있다.

개인적 특성

개인적 특성은 남들보다 시장의 기회를 더 잘 찾을 수 있는 요인이 될 수도 있다. 이 특성에는 과거 경험, 선천적 인식능력, 사회적 네트워크, 창의성 등이 있다.

● 과거 경험

자신이 이전에 경험한 것(prior experience)이 비즈니스 기회를 찾는 데 도움이 된다. 근무했던 산업체 경험으로 새로운 비즈니스모델을 찾고, 특히 이러한 경우 같은 분야에서 새로운 비즈니스 기회를 찾을 가능성이 높다. 실제로 한국에서 크게 성공한 벤처 기업가는 특정 분야에서 일정 기간 근무하여 산업을 이해한 후 사업기회를 포착하여 독립한 경우가 가장 많다.

기업가로서 회사를 시작하면 새로운 모험의 기회가 따라오는데 이를 '통로원리(the corridor principle)'라고 한다. 사업기회의 통로원리는 성공적인 창업가의 특징을 연구한 론 스타트가 명명한 사업기회 발굴의 원리이다. 론 스타트의 연구 결과에 의하면 성공적인 벤처 기업가들은 대부분 단일 창업에 그치지 않고 과거의 사업 경험을 기초로 제2, 제3의 창업을 시도하며 이때 실패의 확률이 급격히 줄어든다는 것이다. 창업 행위 자체가 창업 전에는 인식하지 못했던 다른 사업기회를 발견하게 하고, 이를 활용할 수 있는 능력을 배양하게 한다.

사업기회의 통로원리는 신사업 추진에 있어 중요한 것은 어떤 사업을 선택하느냐 보다 '새로운 사업을 벌이는 일' 그 자체라는 점을 일깨워 주고 있다. 즉 신사업을 발굴하기 위해 시장을 분석하고 자료를 수집하다가 명확한 결론 없이 끝나는 것보다 작은 것이라도 일단 실행하는 것이 중요하다.

● 선천적 인식능력

기회를 인식하는 데 선천적인 감각이나 인지 과정(cognitive process)이 필요하다. 기업가들은 기회를 파악하는 육감(sixth sense)을 가지고 있으며 이를 "기업가의 기민성(entrepreneurial alertness)"이라고 부른다.

자유주의 경제학을 가장 훌륭하게 발전시킨 인물로 평가받는 이스라엘 커즈너(Israel M. Kirzner)가 개발한 기업가정신의 핵심 사상은 기업가의 상상력과 창조성에서 나오는 '기민성(alertness)'이다. 이는 불확실한 세상에서 새로운 이윤 기회를 포착하는 프로정신을 뜻한다. 새로운 상품과 생산 방법 등을 창출하는 혁신도 기업가정신의 산물이다(민경국, 2012).

● 사회적 네트워크

넓고 깊은 개인의 사회적 네트워크는 기회 인지에 많은 영향을 준다. 단단한 네트워크를 가진 사람은 더 많은 기회가 제공되며 이 기회가 새로운 사업의 시작으로 이어진다. 1인 사업가보다 network entrepreneurs가 더 많은 기회를 포착할 수 있다는 연구 결과도 있다.

네트워크는 시장, 위계와 구분되는 제3의 방식으로서 다양한 자원에 신속하게 접근할 수 있는 시장의 장점과 안정적으로 고급 지식 및 정보를 공유할 수 있는 위계의 장점을 동시에 만족시킨다. 축적된 네트워크 역량은 네트워크 실행을 거치지 않고도 기업 성과를 제고할 수 있다. 파트너와 접촉하는 단계에서 사업 및 시장 트렌드, 고객에 대한 정보를 흡수할 수 있고, 이것이 전략수립 및 기업 성과 제고로 연결될 수 있다.

또한 사람 간의 강력한 연결 관계(strong-tie relationships)는 보통 같은 분야에 종사하는 경우가 많고, 약한 연결 관계(weak-tie relationships)는 같은 분야에 종사하지 않는 지인과의 관계이기 때문에 오히려 약한 연결 관계의 경우가 이질성이 높으므로 사업기회를 포착하는 면에서는 유리하다는 연구 결과도 있다. 즉, IT산업에 종사하는 창업가의 경우 IT와 관련성이 적은 업종의 종사자와의 교류 시에 새로운 사업을 찾을 가능성이 더 높다는 의미이다.

● 창의성

창의성(creativity)에 대한 일반적 정의는 "새롭고 질적으로 수준이 높은 비범한 아이디어와 적절한 산물을 생산 또는 발견해 내는 능력"이라고 할 수 있다. 창의적으로 사물을 바라볼 수 있는 능력을 가진 경우, 좋은 사업기회를 포착할 수 있으며 나아가 이를 성공적으로 사업화시킬 수 있다.

개인의 창의성은 그 사람의 지적능력, 지식, 생각하는 방식, 성격, 동기부여, 그리고 환경의 복합작용이라고 할 수 있다. 창조적인 생각에서 가장 중요한 지적능력은 문제점을 쉽게 생각하여 넘기지 않는 능력, 어떤 아이디어가 가치 있고, 가치가 없는지 분석할 수 있는 능력 등을 포함한다.

피터 드러커(Peter Drucker)의 혁신기회의 7가지 원천에 대한 견해에서 '미래사회를 이끌어가는 기업가정신'에서 성공적인 혁신적 아이디어들은 대부분의 생각보다 훨씬 평범한 것으로서, 기업가들은 이를 체계적으로 실천하는 법을 배워야한다고 했다. 피터 드러커에 의하면 대부분의 혁신적 아이디어는 7가지 원천 중 하나의 범주에 해당한다고 하였다. 7가지 원천은, 예상치 못했던 일(unexpected occurrences), 당위성과 현실의 차이(incongruities), 절차 혹은 공정 상의 필요(process needs), 산업·시장의 변화(industry and market changes), 인구구조의 변화(demographic change), 인식의 변화(changes in perception), 새로운 지식(new knowledge)이라 하였다.

2.2. 아이디어의 착안과 보호

아이디어 착안 기법

● 브레인스토밍

브레인스토밍(brainstorming)은 특정 주제에 대한 여러 가지 아이디어 도출을 위해서 쓰인다. 이를 수행할 때는 그룹의 선임자가 그룹 구성원들에게 주제에 대한 설명을 하고 각자의 의견을 서로 공유하는 방식으로 진행된다.

여러 아이디어들을 플립 차트 등에 기록하여 즉각적으로 아이디어를 도출하고 수집하는 방식으로 실시하게 되는데, 자유로운 의사 표현을 보장하고, 비판은 아이디어 도출에 방해된다는 사실을 유의하여 참가해야 한다.

● 포커스 그룹

포커스 그룹(focus group)은 서로 유대 관계에 있는 5~10명 정도의 인원이 모여서 한 주제에 대해 토론을 하는 방법이다. 포커스 그룹은 어떤 주제에 대해 익숙한 사람들로 그룹을 이루며 같은 문제에 대해서 장시간 서로 의견을 교환한다. 특히 중재자(moderator)와 함께 몇 시간 동안 회의를 하게 된다. 중재자는 토론할 이슈에 대해서 객관적이어야 하고 관련 지식이 풍부하여 그룹 리더 역할을 원만히 수행할 수 있는 사람이어야 한다.

● 도서나 인터넷, Chat GPT를 통한 조사

책이나 저널, 특정 분야에 관계된 서적은 핵심 이슈들을 도출해 낼 수 있는 좋은 방법이다. 인터넷의 강력한 검색 엔진이나 자료들은 매우 강력한 아이디어 도출 도구로 활용된다. 특정 이슈에 대한 많은 소식들은 “Google” 혹은 “네이버” 등에서 제공하고 있는 서비스를 이용하면 더욱 용이하게 접근가능하다. Chat GPT와 같은 Gen AI를 이용한 검색도 계속 증가할 것이다.

● 델파이법

델파이(delphi)법은 특정 문제에 대해 여러 전문가들의 독립적인 의견을 수집한 다음,

이 의견들을 요약·정리하여 다시 전문가들에게 배부하여 총체적 합의가 이루어질 때까지 서로의 아이디어에 대해 논평하는 방법이다.

운영방법은 광범위한 성격의 질문을 담은 설문지를 배포한 뒤 답변 결과를 정리하여 기록한다. 그리고 도출한 답변 결과를 토대로 다시 설문지를 배포한다. 이러한 토론을 통해 답변에 대한 합의점을 도출한다. 이 결과를 반영한 설문지를 다시 배포하여 최종 답변 결과를 요약·정리한다.

델파이법의 장점은 전문가들을 한 장소에 모이게 할 필요가 없으며, 의사결정 과정에서 타인의 영향력을 배제할 수 있다는 점이다. 반면 많은 시간이 소요되고 응답자에 대한 통제가 어려운 점이 단점이다.

아이디어의 개발 독려와 보호

아이디어 뱅크(idea bank)에 저장되는 데이터 수집 방법은 물리적 혹은 전자적 장치를 활용하여 저장하는 방법이 있으며, 각 종업원들의 아이디어를 저널로 발간하여 아이디어 수집을 하는 경우도 있다.

종업원들은 자신들의 창조력을 여러 가지 방법을 통해서 발휘할 수 있으며, 문제 해결의 방법이나 기회의 포착, 제품개발 또는 서비스에 대한 아이디어를 도출하곤 한다. 회사에서는 이를 전사적 차원에서 관리하는 것이 필요하다.

지식재산은 무형의 인간의 지능이지만 시장에서는 많은 가치를 가지고 있다. 따라서 지식재산은 특허, 등록상표(trademark), 저작권(copyrights), 영업비밀 등으로 보호받아야 한다.

참고 경쟁사 정보 수집

산업분석을 위한 산업 내 경쟁사 정보수집의 방법에는 상장기업과 비상장기업을 구분하여 다음과 같은 자료를 조사하는 것이 효율적이다.

1. 상장기업일 경우 : 공시자료 검색

- 금융감독원 홈페이지(http : //dart.fss.or.kr)의 사업보고서
- 한국은행 기업경영분석(http : //ecos.bok.or.kr), 증권거래소(www.kse.or.kr) 자료

2. 비상장기업일 경우 : 다음 사항을 중심으로 정보를 수집할 수 있다.

자료	기대 효과
콘퍼런스, 전시회 참가	산업의 최근 트렌드 파악 및 최신 상품 파악
경쟁사 제품 구입	제품 장·단점, 구매 프로세스를 통한 고객응대 자료 파악
경쟁사 웹사이트 분석	회사의 최신 뉴스 및 제품 정보 파악
Google, Yahoo의 e-mail 알람 설정	경쟁사의 보도자료, 블로그 포스트, 관심단어 설정 등 e-mail을 통한 정보 파악
관련 도서, 잡지 구독	관련 책, 기사의 정보는 경쟁사의 정보로 작성
고객과의 대화	경쟁사 제품의 장·단점 파악

2.3. 산업 환경분석 도구

사업의 기회를 파악하기 위해서는 해당 산업이 속하는 산업의 여건, 진출시의 추진 주체의 강점, 약점, 산업구조분석 등 환경분석이 필수이다. 아래에 대표적으로 사용되는 산업 환경분석 도구를 적어 보았다. 추가로 사용되는 도구들은 5장 끝부분의 "이론 따라잡기"에 기술하였다.

경쟁전략 기본분석 : SWOT 분석

여러 분석 틀 중 가장 자주 사용되는 분석으로서, 모든 분석의 기본이 되는 분석방법이다. SWOT 분석은 〈그림 2.2〉와 같이 기업의 내재적인 강점(strength), 약점(weakness)과 외부 환경요인인 기회(opportunity) 및 위협(threat) 요소를 종합적으로 분석하여 사업기회와 예비 사업성을 분석하는 것을 의미한다.

SWOT 분석을 위해 수집한 기업 내부 및 외부의 관련 정보는 다른 분석 방법의 기초자료로도 활용된다.

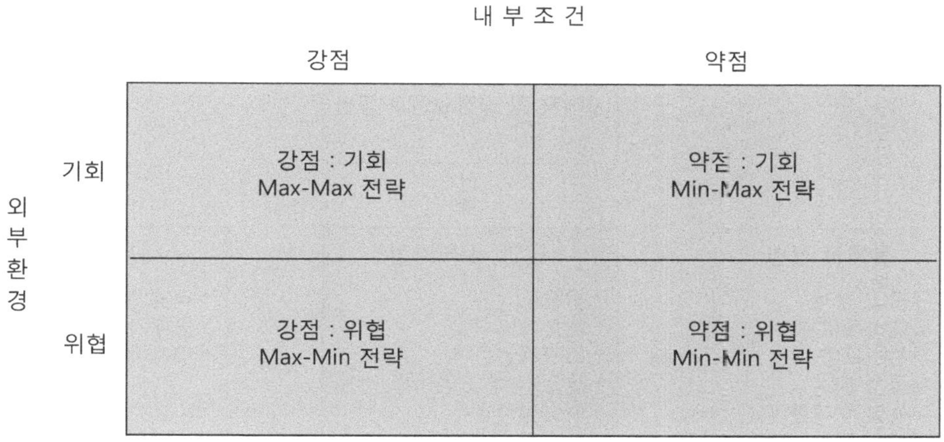

‖ **그림 2.2** ‖ SWOT 분석 요소

산업구조분석(Five Forces Analysis)

잘 알려진 바와 같이, 산업구조를 분석하는 기법을 처음으로 경영 전략에 도입한 사람은 미국 하버드 경영대학원의 마이클 포터(Michael Porter)이다. 포터는 1980년《Competitive Strategy》라는 저서에서 경제학의 산업조직론에서 발전된 산업구조분석을 기업에 적용하기 쉽도록 변형시킨 분석 틀을 제시하였다. 그의 분석 틀에 의하면 다섯 가지 경쟁적인 세력에 의해 산업의 수익률이 결정된다. 다섯 가지 경쟁요소는 대체재와의 경쟁, 잠재적 진입자와의 경쟁, 기존사업자와의 경쟁, 공급자와 구매자의 교섭력으로, 그림으로 제시하면 〈그림 2.3〉이다.

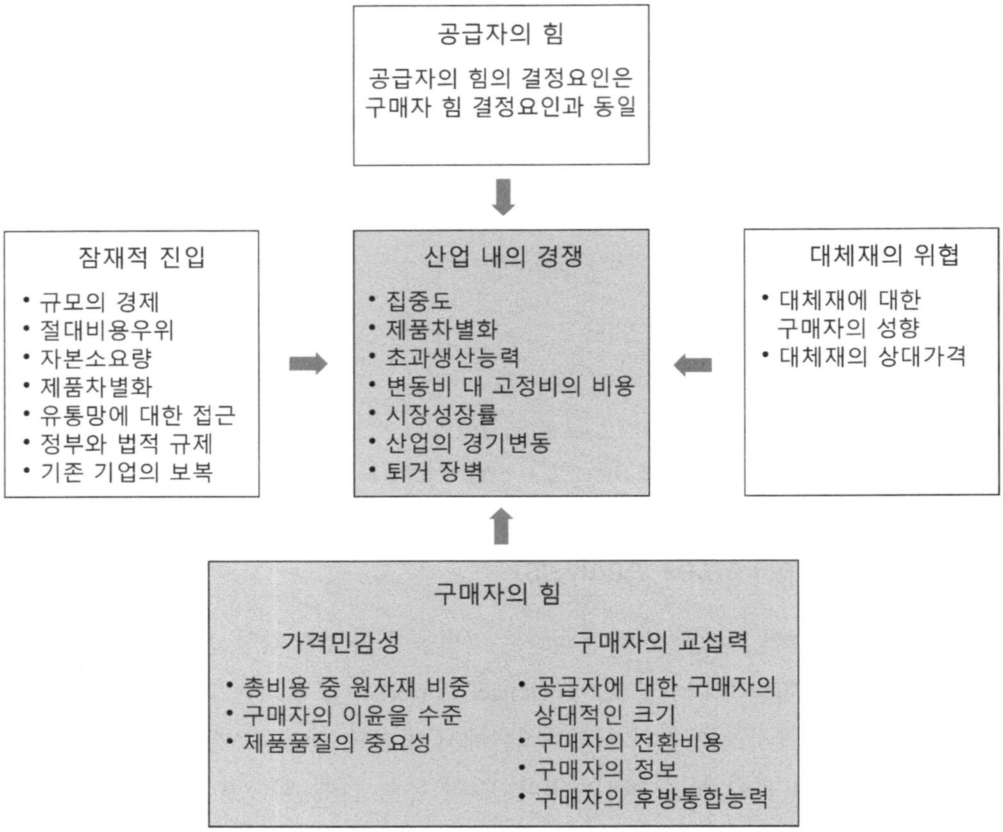

|| **그림 2.3** || five forces model의 구조적 변수

이론 따라잡기

1. 위상분석

위상분석(position analysis)은 분석 대상(기업)이 다른 대상과 비교하여 상대적으로 어떤 위상(position)을 차지하고 있는지, 어느 영역(area)에 있는지를 살펴보는 방법이다. 기업의 상대적 경쟁력 파악과 벤치마킹을 통한 향후 방향 설정을 목적으로 수행된다.

〈그림 2.4〉에 나타난 것처럼, 특정 제품에 대하여 다수의 경쟁제품 수준을 기준으로 격자를 구성한 후, 상대적 위상을 표시하면 시장에서의 전반적인 위상을 분석할 수 있다. 위상분석 시 중요한 것은 1단계의 핵심요인을 선정하는 것이다.

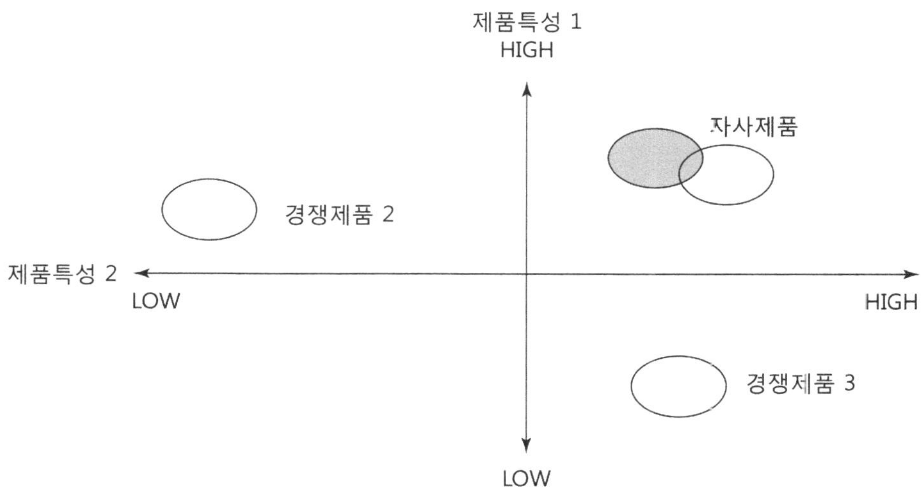

‖ **그림 2.4** ‖ 위상 분석 격자

2. 분포분석

분포분석(portfolio analysis)은 기업이 수행중인 사업과 수행 예정인 사업들이 전체적으로 어떻게 분포되어 있는가를 살펴보는 분석 방법으로, 포트폴리오 분석이라고도 불린다. 분포분석은 〈그림 2.5〉의 전체 분포도에서 보는 바와 같이 현재 보유하고 있는 사업 내용이 얼마나 균형적인지를 파악하고 현재 포트폴리오를 개선할 수 있는 방향과 비율을 결정하는 데 유용하다.

분석 대상은 분석 목적에 따라 다양하게 설정할 수 있으며 각각의 동그라미들은 제품 또는 프로젝트를 의미하며 동그라미 크기를 다르게 하여 제품의 매출액, 프로젝트의 투자비용의 차이를 시각화할 수도 있다.

분포분석 가운데 가장 오랫동안 사용되어 표준이 된 방법은 BCG(boston consulting group) 매트릭스이다. 이는 미국 컨설팅 회사인 보스턴 컨설팅 그룹(boston consulting group)이 제안한 매트릭스로서 〈그림 2.6〉에서 보는 과정을 거쳐 전략적 방향과 대안이 도출된다.

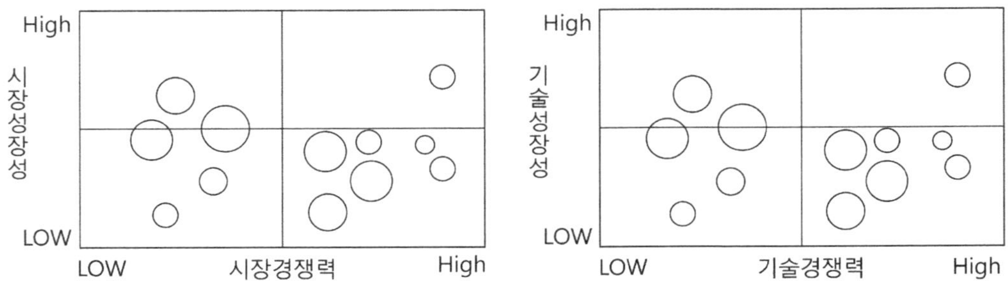

(제품 포트폴리오 매트릭스) (기술 포트폴리오 매트릭스)

‖ **그림 2.5** ‖ 분포분석 사례

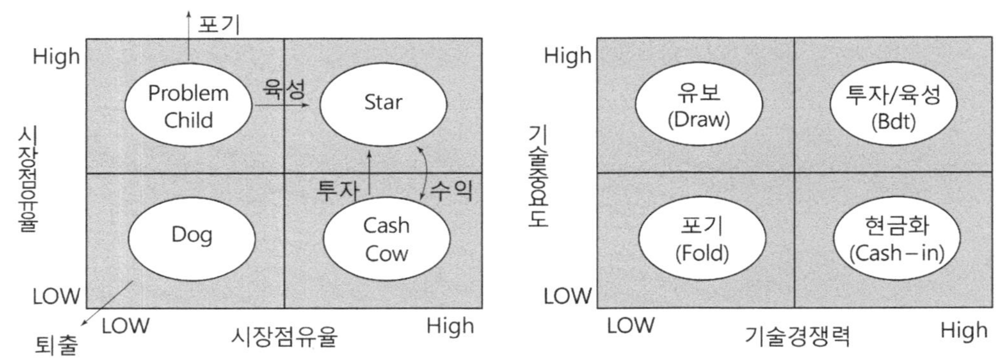

(제품 포트폴리오 BCG 매트릭스) (기술 포트폴리오 매트릭스)

* Dog: 아무 쓸모가 없으며 가능한 한 빠른 시간 내에 철수
Problem Child: 포기하든지 아니면 Star로 키우든지 선택
Cash Cow: Cash Cow에서 벌어들이는 현금은 Star 육성에 투자, 빠른 시간 내에 Star가 될 수 있도록 관리

‖ **그림 2.6** ‖ BCG 매트릭스 수행 단계

창업 Worksheet 2 사업 아이디어 발굴

1. 교과서에서 배운 다양한 아이디어 발굴 방법들(추세파악, 과거 경험, 사회적 네트워크, 인터넷 서칭 등등) 중에서 본인이 잘 사용하는 방법을 선택한다면?

2. 현재 내가 참여하고 있는 프로젝트에서 고객 needs와 목표고객 생각하기

자료	기대 효과
현재 내가 진행하고 있는 프로젝트 내용은?	
해결하고자 하는 문제점이나 고객 니즈는 무엇인가?	
실제 고객의 니즈를 확인해 보았는가?	예 (　　　), 아니오 (　　　) '아니오'라고 대답했다면 어떻게 기술의 사업화가 실적(판매나 매출)을 낼 수 있다고 생각하는가?
고객의 니즈가 가장 큰 타겟 고객층은 어디인가?	

3. 자신이 하고자 하는 프로젝트에서 솔루션을 개발하고 있다면 경쟁자들과의 가장 큰 차별점은 무엇인가?

4. 향후 추가로 진입할 잠재적인 경쟁자들과의 진입 장벽으로 내세울 수 있는 것은 무엇인가?

(자료원 : CEO 멘토 이진호 연구원)

제 3 장

기술정책과 기술혁신

3.1. 기술정책과 기술혁신 관련 이론

기술정책의 필요성

오늘날 국가와 기업의 기술 역량은 그 나라의 경제성장의 중요한 요소로서, 사회 전반에 걸쳐 긴밀하게 영향을 주고받고 있다. 기술은 그것을 둘러싼 제도와 영향을 주고받으면서 발전해 나간다.

그러나 이러한 제도들은 특정 기술발전에 긍정적인 영향을 미치기도 하지만, 반대로 부정적인 영향을 미치기도 한다. 기술발전에 긍정적 영향을 미치는 제도는 장려하는 한편, 부정적 영향을 미치는 제도들은 축소하거나 폐지함으로써 기술이 더욱 발전할 수 있다.

1970년대, 1980년대 미국 경제 침체와 1990년대 이후 일본 경제의 구조적 장기불황 원인 중 하나는 국가적 차원의 기술경영(MOT; management of technology) 능력 부족이라고 지적되었다. 이후 미국은 국가 차원에서 기술을 관리하고 활용하는 기술경영 능력을 향상시킴으로써 국가경제의 호황을 누리는 반면, 일본은 아직도 장기적 불황에서 벗어나지 못하고 있다. 기술을 기반으로 신사업을 추진하는 기업가의 경우 기술의 흐름과 기술의 획득, 관리 방법을 알아야 한다.

기술혁신의 유형

기술혁신은 기술혁신의 속도나 대상에 따라 구분할 수 있다. 기술혁신의 속도나 정도에 따라서는 급진적 혁신과 점진적 혁신으로 구분되며 기술혁신의 대상에 따라서는 제품혁신과 공정혁신으로 구분된다.

● 급진적 혁신

급진적 혁신(radical innovation)은 기존 기술이 근본적으로 다른 시스템으로 전환되는 혁신을 의미한다. 급진적 혁신의 특징은 기술이 과학적 지식에 바탕을 두면서 주로 기술주도(technology push)에 의하여 혁신이 이루어지며, 불확실성이 높고 불연속적으로 일어나는 특성을 지니고 있다. 일반적으로 급진적 혁신은 불황기에 많이 발생하며 불황을 극복하는 원동력으로 작용한다. 이는 새롭게 발명된 제품의 상업화가 특히 불황기에 빠르게 진행되기 때문이라고 여겨지고 있다.

● 점진적 혁신

점진적 혁신(incremental innovation)은 기술이 근본적으로 다른 시스템으로 전환되는 것이 아닌 기존 기술시스템의 개선, 혹은 급진적인 기술혁신 이후 나타나는 보완적 혁신 등 다양한 작은 기술변화를 의미한다. 점진적 혁신은 주로 비공식적인 연구개발에 이루어지며 기술주도보다는 시장수요(market pull)에 의해 발생하게 된다.

표준화된 제품을 대량 생산하는 기업들의 경우 다양한 점진적 혁신에 주력하여 생산비 절감효과를 얻게 되고, 신제품을 생산하는 기업의 경우 제품 성능이나 품질을 보완하기 위한 점진적인 기술 개선에 주력하여 판매 증대 효과를 얻게 된다.

● 제품혁신

제품혁신(product innovation)은 최종 제품으로 나타나는 신제품 생산을 위한 혁신으로, 제품의 사용자나 시장수요를 충족하기 위하여 상업적으로 도입되는 기술 또는 기술의 조합을 의미한다. 일반적으로 제품혁신은 신기술 제품의 표준 디자인이 도입될 시기에 정점에 다다르고 그 이후 감소하게 된다.

● 공정혁신

공정혁신(process innovation)은 최종 제품을 생산하기 위한 생산장비, 인력, 투입재료, 정보흐름과 같은 생산 체제의 혁신으로, 최종 제품을 생산하기 위한 수단의 출현을 의미한다. 일반적으로 공정혁신은 꾸준히 증가하다가 성숙기의 초반에 최고조에 도달하였다가 쇠퇴하게 된다.

기술혁신의 과정 모형

기술혁신의 과정모형은 기술혁신이 어떤 순서로 일어나고 진행되는가, 그 과정에서 각각 단계는 어디에 위치하며 역할을 무엇인가 등을 설명하기 위해 제시된 모형을 의미하는 것으로 대표적인 모형으로는 선형 모형(linear model), 체인-링크 모형(chain-linked model), 동태적 모형(dynamic model) 등이 있다. 여기에서는 대표적 모형인 동태적 모형에 대해서만 설명토록 한다.

● 동태적 모형

동태적 모형(dynamic model)은 어터백과 애버내시(Utterback & Abernathy, 1975)가 제시한 모형으로 제품의 수명주기 모형을 기술혁신이론에 적용한 것으로 '기술혁신주기 모형'이라고도 한다. 이 모형은 제품혁신주기와 공정혁신 주기를 결합한 것으로 〈그림 3.1〉에서 보는 바와 같이 유동기, 과도기, 경화기의 3단계로 구분된다.

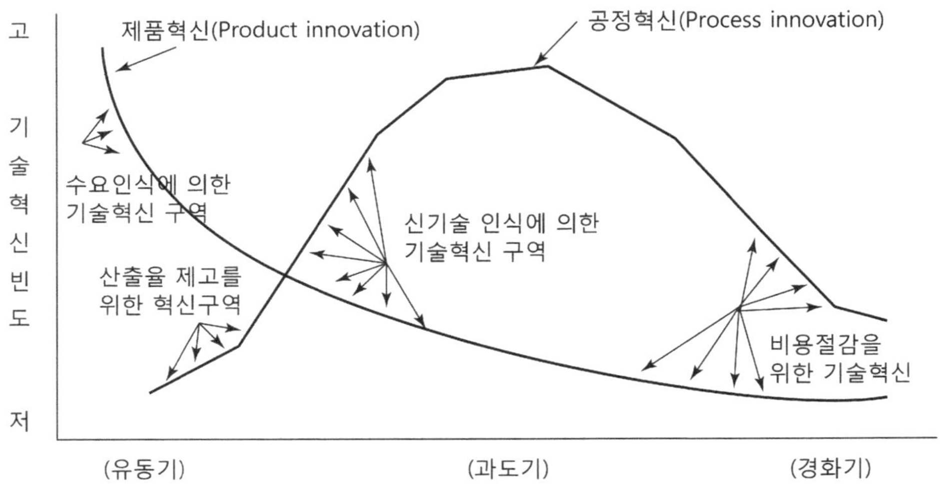

* 출처 : Utterback and Abernathy(1975)

‖ **그림 3.1** ‖ 동태적 모형(dynamic model)

● 유동기(fluid stage)

아직 제품의 사양이 안정되지 못한 상황으로 전반적으로 기술혁신은 불안정한 상태를 보인다. 기술혁신은 주로 제품 디자인이나 성능 개선을 위한 제품혁신에 집중되는 반면, 공정혁신은 아직 미미한 수준에 머무르고 있다.

● 과도기(transitional stage)

이 단계에 접어들어서는 지배 제품(dominant design)의 출현과 함께 제품의 표준화가 일어나면서 제품혁신의 빈도가 대폭 줄어드는 데 반해 생산 능력 확대를 위한 공정혁신이 활발하게 일어나게 된다.

- 경화기(specific stage)

마지막 단계는 경화기로서 제품은 이미 성숙기로 접어들었으므로 제품혁신은 거의 일어나지 않고, 비용 절감이나 생산 효율성 제고를 위한 부분적인 공정혁신만 나타나게 된다.

이러한 수명주기의 구체적인 형태가 모든 기술 분야와 산업분야에 동일하게 나타나는 것은 아니고 기술 분야와 산업분야의 차별적 특성에 따라 각 단계의 길이나 높이가 달라질 수 있다. 그러나 기본적인 형태는 기술과 산업의 차이와 관련 없이 위의 〈그림 3.1〉에서 보는 바와 같이 일반화될 수 있다.

3.2. 개방형 혁신

개방형 혁신(open innovation)은 기술이 점차 복잡해지고 융합화 되는 환경에서 모든 분야를 망라하여 혁신을 이룩할 수 없기 때문에, 잘 할 수 있는 분야에 집중하면서 한편으로 타 혁신 주체와 어떻게 협력을 할 것인가에 대한 논의에서 시작되었다.

이 방법은 기업이 연구·개발 기획에서 상업화에 이르는 혁신 전주기 과정을 개방하여 내·외부 자원을 활용함으로써 혁신 비용을 줄이고 기업의 혁신 성공 가능성과 부가가치 창출을 극대화하는 노력을 의미한다.

헨리 체스브루(Henry Chesbrough, 2003)에 따르면 기존 기업들은 대체로 혁신에 필요한 모든 프로세스를 스스로 전부 수행하여야 한다고 생각하거나, 해당분야 혁신을 위해 필요한 인적, 기술적 자산을 모두 가지고 있다고 잘못 생각하는 경향이 많다고 지적하였다. 그는 역량 있는 사람과 기업들이 흩어져 있고, 기술이 복잡해지면서 기업 스스로 모든 연구를 수행하는 것이 불가능하기 때문에 자신이 가진 지식을 내놓고, 외부의 훌륭한 혁신 아이디어는 적극적으로 수용할 것을 제안하였다. 이를 기존 폐쇄형 혁신과 비교하여 표현하면 〈그림 3.2〉와 같다.

개방형 혁신의 대표적 사례로는 P&G의 'Connect & Develop'를 비롯하여 Cisco, Nokia, IBM 등 선진기업들을 들 수 있으며, 이들은 개방형 혁신 도입을 통해 성과를 창출하고 있다.

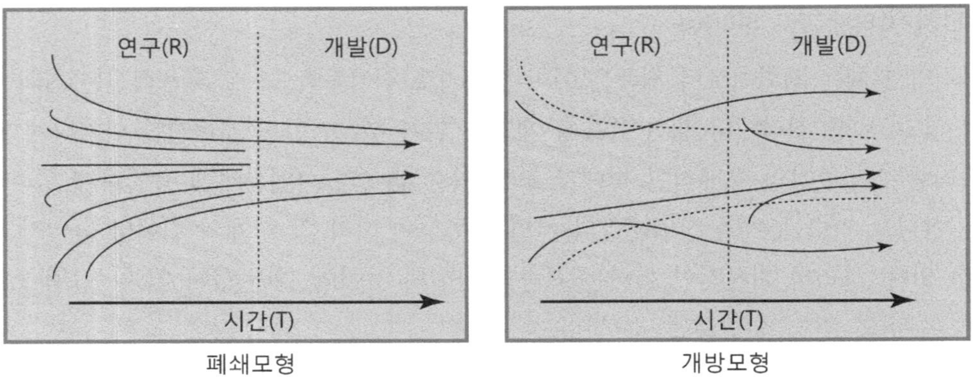

* 출처 : Chesbrough(2006), Open Business Model, HBS

‖ 그림 3.2 ‖ 폐쇄형 혁신과 개방형 혁신 모형

개방형 혁신 활동은 '내향형(outside-in)' 개방과 '외향형(inside-out)' 개방으로 구분된다. 개방형 혁신과 클러스터(cluster)가 같이 거론되기도 하는데, 클러스터란 지리적으로 제한된 범위 안에 산업요소와 기술요소가 함께 존재하여, 그 지역 내의 특화된 산업을 육성하는 시스템을 말한다.

3.3. 추격형과 탈추격형 기술전략

추격(catch-up)은 경제학 용어로 선진국을 목표로 하여 이를 따라잡기 위해 경제성장을 추구하는 것을 의미한다(Nath, 2007). 추격 전략의 선구자인 게르센크론(Gerschenkron, 1962)의 연구에 따르면 후발국가가 선진국을 따라잡는 추격은 두 나라 사이의 기술 수준과 사회적 역량(social capacity)의 격차를 좁히는 과정으로 해석된다(송위진 외, 2007). 즉, 과학기술과 사회적 역량의 수준 여부가 추격 전략의 성공 여부를 결정하는 주요 요인으로 고려되는 것이다.

추격형 전략

기술 추격(technological catch-up)은 선진국과 자국의 기술 격차를 좁히고자 하는 명확한 목적 하에 기술을 수단으로 경제성장을 도모하고자 하는 전략을 가리킨다. 추격형 과학기술 전략은 기술 학습 과정을 통해 선도국의 성공적인 기술모방 또는 동 발전 경로를 따라가는 특성을 가진다(그림 3.3 참고). 따라서 안정된 기술혁신 환경에서 비교적 단순하고 불확실성이 낮은 문제를 다루게 되며, 단선적인 문제해결 방식으로 처리가 가능한 결과, 문제해결의 효율성을 강조하게 된다.

정부정책의 경우, 추격형 전략에서는 공급자 중심의 정책들이 주로 채택되며 정부가 직접 개입하는 형태로 정책집행이 이루어지게 된다. 행정체제는 조직의 효율성을 강조하는 형태로 일원적·폐쇄적이며 높은 계층제를 구성함으로써 부처 간 교류가 어려워지는 현상을 초래하게 된다.

추격형 전략에 대한 연구는 과거 독일, 미국, 일본과 같은 국가에서 진행된 산업전환을 대상으로 시작되어 최근에는 아시아나 남미와 같은 신흥 산업국가(NIEs)에 대한 연구가 중심이 되고 있다(Wang & Tsai, 2007). 추격형 전략은 보통 기술적 모방이나 동일한 발전경로를 쫓아가는 형태로 진행되고 있으며, 전자가 후자보다 좀 더 복잡한 형태로 나타나고 있다. 한국에서도 MIS 분야의 기술추적 과정 연구에서 보듯이 다양한 연구가 수행되어 이 이론을 증명해 보이고 있다(박원구, 2011).

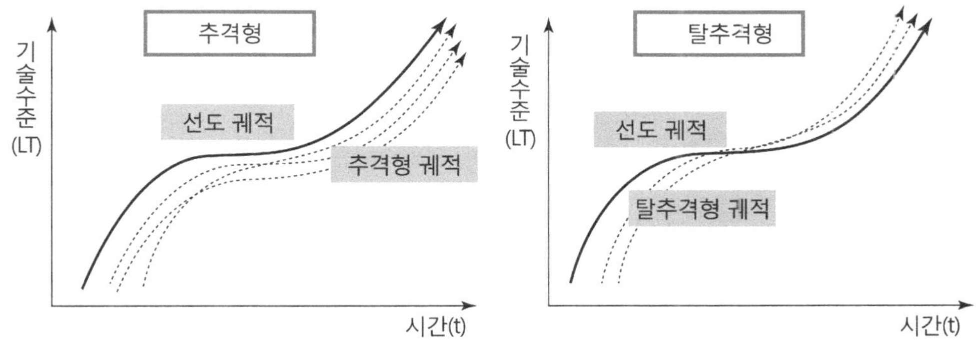

* 출처 : 이장재(과학기술정책론, 2011)

‖ 그림 3.3 ‖ 추격형과 탈추격형 기술혁신의 궤적 비교

탈추격형 전략

탈추격형(post catch-up) 전략이란 기술혁신과 관련하여 선진국을 추격하던 단계에서 벗어나 선두로 진입하거나 기존의 모방전략에서 경로를 새롭게 창출하는 전략을 의미한다(표 3-1 참고).

탈추격형 과학기술 전략은 추격형을 극복하고 독자적인 기술궤적을 개척하는 전략인 까닭에 추격의 대상과 지향점이 명확하게 설정되어 있는 추격형과는 달리 추격대상도 없고, 지향점도 불명확하다.

탈추격형 과학기술 전략은 크게 3가지 유형으로 구분된다. 첫째, 기술심화형으로 모방적 학습을 통해 누적적으로 축적한 지식을 심화하여 원천기술 영역으로 진입해 새로운 궤적을 창출하는 유형을 가리킨다. 둘째, 기술차별화형으로 지배적 디자인(dominant design)이 등장하는 시기에 재빨리 참여하여 차별화된 제품을 개발하거나 아키텍처 혁신을 수행하는 유형이다. 셋째, 신기술기반형으로 원천기술을 보유하고, 아직 지배적 디자인이 등장하지 않은 기술 수명주기의 초기 단계부터 진입하는 유형을 가리킨다.

[표 3-1] 추격형과 탈추격형의 R&D 전략 비교

분류	추격형 R&D 전략		탈추격형 R&D 전략	
	경로 추종	경로 확인	경로 탐색	경로 창출
문제 의식	모방 문제 풀기	기존 혁신 문제 풀기	새로운 혁신 문제 정의	새로운 혁신 문제 풀기
해결 문제	확실	확실	불확실	확실
해결 방법	확보 가능	불확실	불확실	불확실
핵심 요소	역행 엔지니어링	공정기술	원천기술/아키텍처/디자인	아키텍처/디자인/공정기술
기술혁신 방식	집단 학습	집단 재조합	집단 창조	집단 창조/재조합

* 출처 : 최영락(2009) 참고, 이장재(과학기술정책론, 2011)

3.4. 기술기획을 위한 방법론

국가혁신체제론의 수용과 정부 역할의 변화로 인해 정부 R&D 사업의 규모가 급격하게 증가하면서 R&D과정에서 나타나는 비효율성의 문제는 기술기획 혹은 연구기획의 중요성을 강조하는 계기가 되었다.

대부분의 선진국들은 다양한 수단을 통해 연구기획 활동을 강화하고 있으며 사전대응 중심의 기획 활동은 기술예측, 기술영향평가, 기술수준평가 등을 통해 이루어지고 있다. 이러한 기술(연구) 기획 활동에 활용되는 방법론들을 소개한다(이장재, 과학기술정책론, 2011).

기술정보활동

기술정보활동(TI; technology intelligence)이란 기술과 관련된 자료를 수집하고 정보화하고, 이를 다시 분석 및 가공하여 전략 및 기타 사업 등에 반영할 수 있도록 하는 일련의 활동이다.[1] 기술과 관련된 자료란 경쟁상대의 기술개발 현황에 대한 정보, 최근 과학기술계에서 떠오르는 유망 과학기술 또는 미래에 반드시 확보해야 할 것으로 파악되는 기술에 대한 정보 등으로 그 범위는 기술정보활동의 목적에 따라 결정될 수 있다.

기술예측

기술예측조사는 "최대의 경제·사회적 이익을 창출할 것으로 기대되는 미래기반기술 및 전략적 연구영역의 선정을 위해 장기적인 입장에서 과학기술 및 경제사회의 미래를 통합적으로 검토하는 과정"으로 정의된다.[2] 기술예측(technology forecasting)은 미래의 기술발전 방향과 전망을 탐색하는 것으로써 국가 또는 기업의 연구개발계획 수립 시 필요한 정보를 제공하는 데 목적을 두고 있다.

기술예측 방법에는 델파이(Delphi), 교차영향분석, 시나리오, 전문가 패널, 환경스캐닝, 추세외삽법 등 많은 방법들이 존재한다. [표 3-2]에 미래예측 시 사용하는 방법론에 대해 정리하였다.

1) 정형지, 홍순대 외(2007), 제3세대 R&D 그 이후
2) OECD(1999)

[표 3-2] 미래예측 방법론

구분	방법론	개념 및 방법
확률적 방법	델파이	• 전문가 패널을 구성하여 설문조사를 반복 실시, 의견수렴 과정 이용 • 설문조사 반복 실시는 통산 2회 정도로 하고 있음
	교차영향분석	• 델파이 기법이 발전된 형태 • 예측대상에 대해 상호 영향을 미치는 요인을 분석
정성적 방법	시나리오	• 미래의 가상적 상황에 대한 묘사 • 타 예측기법을 바탕으로 여러 시나리오를 구상할 수 있음
	전문가 패널	• 다양한 분야의 전문가 집단으로부터 일정 수준의 전문가 패널 구성 • 정해진 기간동안 주기적 모임을 통해 주어진 주제에 대한 미래전망을 토론하고 전략을 수립하는 방법
	환경스캐닝	• 종합적인 예측조사에서 첫 번째 단계에서 반드시 시행하는 예측기법으로 주제와 연관된 동인(driving forces)을 발견하고 영향을 분석하여 기회와 위협요인을 찾아냄 • 전문가 패널, DB 문헌 검토, 인터넷 탐색, 인쇄물 문헌 검토, 이슈에 대한 전문가 에세이, 주요 인물 추적과 컨퍼런스 모니터링 등의 방법들에 의해서 수행
정량적 방법	추세외삽법	일련의 데이터에 연장선을 긋는 방법으로 추세를 예측하는 것으로, 수학적이고 통계적인 피팅(fitting) 방법을 사용
	다이나믹 모델링	수학적 모델을 이용하여 변수들의 상호관계를 모형화하여 분석하는 시뮬레이션 기법

* 출처 : 손석호 외(2007), 이장재(과학기술정책론, 2011)

기술수준평가

기술수준의 개념은 여러 학자와 단체에 의하여 다양하게 정의되고 있다. 마르티노(Martino, 1993)는 기술수준을 "기술이 목적으로 하는 기능을 얼마나 잘 수행하는가를 기능모수와 기술모수로 구분하여 정량적으로 나타낸 것"으로 정의하였다. 기술모수는 사용자가 바라는 효용을 얻기 위해 설계자가 제어하는 모수이며, 기능모수는 기술이 사용자의 요구를 만족시키는 정도를 측정하는 모수이다.

기술수준평가 방법은 전문가 의견조사에 의한 주관적인 방법과 통계자료를 이용하는 객관적인 방법으로 나뉜다. 기술수준평가의 방법 및 특징을 설명하면 [표 3-3]과 같다.

[표 3-3] 기술수준평가 방법 및 특징

방법론	평가내용	특징
전문가 의견조사	• 기술수준(%) • 기술격차(년)	• 기술적 아이디어, 연구성과, 관련 인프라 등을 포괄하는 종합적인 전문가 의견 조사 • 객관적 근거자료 제시 곤란
연구개발 기반 분석	• 연구개발인력 • 연구개발지출	연구분야의 분류방식, 연구인력의 신분 위상 등이 국가별로 르기 때문에 일률적인 비교·평가 곤란
연구개발 성과 분석	• 논문 수 • 특허 수	• 논문 및 특허 DB의 분류기준을 기술분야와 연계하거나 키워드 분석을 사용하여 핵심기술에 따른 국가별 비교 가능 • 동일한 기준으로 연년도별 추세 비교 용이

* 출처 : 이장재(과학기술정책론, 2011)

기술영향평가

기술영향평가(TA; technology assessment)란 해당 기술의 현황, 발전 동향, 다른 기술과의 관계, 사회적·경제적 영향 등을 평가하는 것으로 정의된다.[3] TA의 개념은 시대나 국가에 따라 다양하게 변천해 왔다. 기술영향평가는 이루어지는 형태에 따라 도구적 기술영향평가와 참여적 기술영향평가, 그리고 이에 대한 비판으로 나타난 구성적 기술영향평가와 실시간 기술영향평가 등 4가지로 구분할 수 있다.

기술로드맵

기술로드맵(TRM; technology roadmap)이란 미래의 시장에 대한 예측을 바탕으로 미래수요를 충족하기 위해 기업 또는 산업 차원에서 향후 개발해야 할 필요기술과 제품을 예측하여 최선의 기술 대안을 선정하는 기술기획방법의 하나이다(그림 3.4 참고).

일반적으로 기술로드맵은 일정 시점을 정하여 그 시점까지 개발하고자 하는 핵심 제품군을 위해 필요한 기술과 핵심기술을 나타내고, 제품의 핵심 기능이나 성능의 달성에 필요한 일련의 기술과 기술발전 정도, 보유한 기술 및 핵심역량을 명시한다. 기술로드맵은 계획기간 중의 핵심 제품군에 대한 핵심기술과 지원기술을 구분하고 핵심제품군의 기능과 성능 파라미터의 진화과정에 따라 필요한 세부 및 요소기술, 기술개발, 경쟁능력 등을 순차적으로 전개하여 보여준다.

기술로드맵의 전형적인 구조는 미래 시장 정보와 고객이 향후 필요로 하는 유망제품·서

3) KISTEP(2002), 기술영향평가 제도운영을 위한 추진방안 기획연구

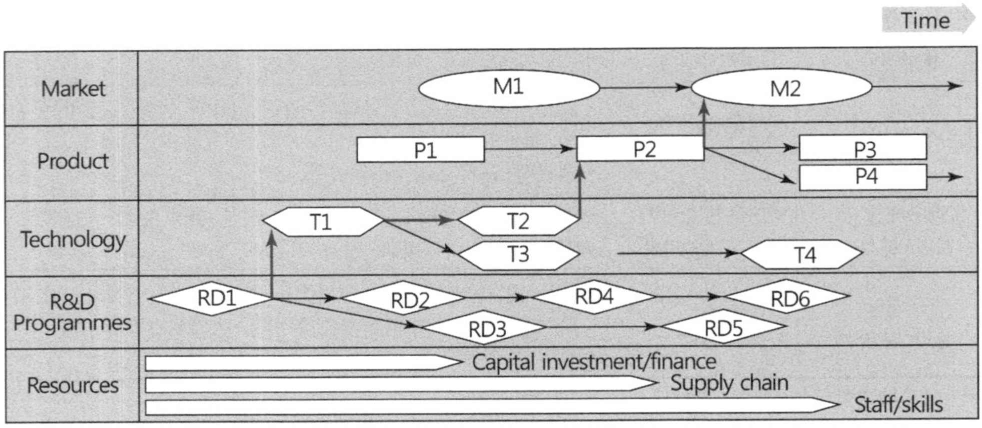

* 출처 : 이장재(과학기술정책론, 2011)

‖ **그림 3.4** ‖ 기술로드맵 사례

비스를 전망하고, 이러한 제품을 제공하기 위한 기술 및 관련 연구개발 프로그램, 연구개발에 활용 가능한 인프라 등을 시간 축에 따라 전개하는 형태를 보인다.

이론 따라잡기

1. 기술정책의 정의와 분류

기술정책에 대해서는 여러 학자들이 정의를 내린 바 있으나, 스톤먼(Stoneman, 1987)은 기술정책(technology policy)을 '경제에 대한 정부 개입으로 기술혁신 과정에 영향을 미칠 의도를 가진 정책'으로 정의하고 있다. 기술정책은 일반적으로 기술의 혁신성과에 영향을 미치기 위해 의도적으로 정부가 개입하는 것이라고 할 수 있다. 소속된 조직의 특징과 추구하는 목표에 따라 기술정책의 내용과 구조가 다를 수 있고, 같은 조직이라 할지라도 시대에 따라 다를 수밖에 없다.

한편 기술발전을 위한 정부 역할에 대해 많은 논의도 진행되어 왔다. 즉, 국가 개입이 없어도 시장의 원리에 의한 자원배분과 기업가정신(entrepreneurship)이 기술발전을 촉진할 것이라는 의견과 국가 개입에 의한 기술정책을 통해 국가경쟁력 확보와 경제발전이 이루어질 수 있다는 의견이 대립하여 왔다. 최근에는 지식과 기술의 흐름을 촉진시키고 기술혁신의 전반적 효율성을 향상시키는 국가적 차원의 혁신시스템 구축이 요구되었으며, 이를 위해 정부가 혁신에 영향을 미칠 수 있는 모든 제도적 환경을 동시에 변화시켜야 한다는 논리가 설득력을 얻고 있다.

2. 기술혁신 관련 이론

기술정책의 가장 중요한 토대를 구축하고 있는 이론은 기술혁신 이론이라 할 수 있다. 기술혁신의 중요성은 20세기 초 슘페터(Schumpeter)에 의하여 강조되기 시작하였다. 해당 이론은 자본주의 경제 발전에서 기업의 이익이 중요하다는 인식에서 출발하며, 기업의 이익추구가 국가경제 발전의 원동력이라고 보았다.

기술혁신의 원천에 대해 연구한 이론은 '기술주도이론', '수요견인이론', 그리고 제시된 두 가지 이론을 보완하는 '상호작용모델'이 있다. 이 이론들은 혁신 행위에 주된 영향을 미치게 되는 요인을 각각 기술의 진보, 시장수요에 있다고 보고 이에 적절한 정책을 수립, 시행하여야 한다고 주장하였다.

가. 기술주도이론

기술주도이론(technology push theory)을 주장한 대표적인 사람으로는 슘페터이다. 자본주의의 장기적 경제발전과 구조적 변화에 관심을 둔 슘페터는 창조적 파괴(the gale of creative destruction)를 자본주의 경제발전의 본질적 요소로 간주하고 급진적 혁신이 새로운 산업의 출현과 경제발전을 위한 새로운 원동력을 형성한다고 주장하였다. 그는 여기에서 새로운 기술의 공급은 시장 수요에 대한 적응보다 더 중요하며 기술이 성장의 추진력으로 작용하게 된다고 하였으며, 이러한 생각이 기술주도이론의 토대를 마련한 것으로 평가된다. 그러나 기술주도이론은 혁신의 요인으로 경제적 요인을 무시하고 있고, 기술발전의 일방향적 개념을 제시하고 있다는 한계를 가지고 있다.

나. 수요견인이론

수요견인이론(market pull theory)은 기술혁신의 주된 요인을 시장에서 인지되는 수요(demand)와 같은 경제적 요소로 보고 있다. 따라서 소비자의 수요가 재화나 서비스에 대한 소비형태에 변화를 가져오게 되고 이것이 시장신호(market signal)로서 생산자에게 인식되어 궁극적으로 혁신행위가 발생하게 된다는 것이다. 그러나 이러한 수요견인이론은 혁신과정에서 발생되는 생산자에 의한 수요의 인식이 기술혁신으로 이어진 구체적인 사례를 밝히지 못하고 있으며, 무엇보다도 기술혁신에 있어서 기술의 변화를 무시하고 있다는 비판이 제기되고 있다.

다. 상호작용모형

기술주도이론과 수요견인이론은 각각 장·단점을 지니고 있다. 이러한 양 이론의 단점을 보완한 모델이 상호작용모형이다. 상호작용모형(Interactive model)은 과학과 기술 그리고 시장의 연속적인 상호작용을 기술혁신 행위의 주요 요인으로 지목하고 있다. 논의에 참여하고 있는 대부분의 학자들은 기술주도이론이나 수요견인이론 중 하나의 극단적 입장을 취하기보다는, 두 이론의 장점을 결합한 입장을 보이고 있다.

제 4 장

사업성분석

4.1. 사업성분석이란?

4.2. 기술성분석

4.3. 시장성분석

4.4. 경제성분석

4.5. 추진 주체의 수행능력 분석

4.6. 사업성공의 critical factor 파악과 종합

4.1. 사업성분석이란?

기업에서 이루어지는 중요한 활동 중의 하나가 미래의 성장과 수익이 보장되는 유망한 신규 사업을 발굴하는 것이다. 유망한 사업을 찾기 위해 끊임없이 신사업의 사업성분석을 하여야 한다.

사업성분석(feasibility analysis)이란 기업자원을 실제 투입하기에 앞서 검토 중인 사업 아이디어가 추진할 만한 가치가 있는지를 걸러내는 예비 평가과정을 말한다. 사업성분석을 미리 실시하면 추진하고자 하는 신규 사업의 성공 가능성을 높여 줄 수 있기 때문에, 사업성분석을 먼저 진행한다.

사업성분석 개요

사업성분석은 〈그림 4.1〉에서 보는 바와 같이 기술성분석, 시장성분석, 경제성분석, 추진 주체 능력분석의 4개의 항목으로 구성된다. 즉, 사업성분석은 "만들 수 있나?, 팔 수 있나?, 이익이 나는가?, 할 사람이 있나?"를 따져보는 절차라고 할 수 있다.

사업성분석 항목을 모두 자세히 검토하는 것은 시간이 많이 소요되어 비효율적이므로 특정사업의 성공 여부에 크게 영향을 미치는 결정적 요소(critical factor to success)를 찾아내어 이를 집중적으로 검토하는 것이 효율적이다. 사업성공의 결정적 요소는 해당 프로젝트의 처한 상황에 따라 다르다. 예를 들면 원천기술 확보, 투자자 유치, 손익분기매출액 달성, 원료 확보 등이 될 수 있다.

실제 사업성분석을 시행할 때는 분석 자료의 반복적인 수정이 필요하게 된다. 예를 들면 시장조사 결과가 좋지 않을 때에는 그 사업계획을 포기하기보다는 시장조사 목적을 재조정하여 조사를 다시 수행하는 등 분석 목적에 충실하게 반복할 수 있다.

사업타당성 분석을 위해 검토해야 할 항목은 사업타당성 검토 목적에 따라 차이가 있으며 어떤 목적으로 사업타당성 분석을 하느냐에 따라 사업성 평가 요소 및 그 가중치가 달라질 수 있다. 고려 대상 사업이 공익과 관련되는 경우 공익성분석(social profitability analysis)을 추가할 수 있다.

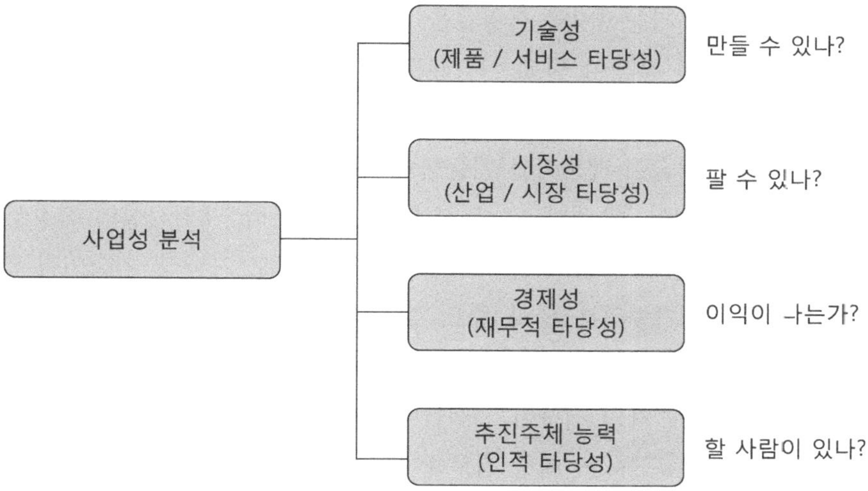

* 사업성공의 critical factor 파악

‖ **그림 4.1** ‖ 사업성분석(feasibility analysis) 체계

4.2. 기술성분석

기술성분석(product/service feasibility analysis)이란 구상하고 있는 제품 또는 서비스가 만들어질 수 있는가?, 구현될 수 있는가?, 즉 기술적으로 제조 및 실현가능성이 있는가를 점검하고 어떤 대안들이 있는가를 분석하는 것이다. 기술성분석은 사업계획의 기술적 타당성과 원가 추정을 위한 기초자료를 제공하고, 사업에 영향을 미치는 여러 가지 요인을 고려하여 기술적 대안을 비교·검토하는 단계이다.

기술성분석의 주요 항목

기술성분석의 구체적 항목은 [표 4-1]과 같다. 기술성분석 과정에서는 제품이 원만하게 생산될 수 있는지를 분석하기 위해 제품 특성, 핵심기술에 대한 파악과 기술의 유용성, 기술의 위험요소 및 성공 가능성을 평가하는 것이 필요하다. 아울러 확보 가능한 기술진에 의해 제품의 생산이 가능한지와 불량률을 낮추고 경제성과 경쟁력을 확보할 수 있는지에 대해서도 집중적인 분석이 필요하기 때문에 기술성분석은 사업성분석 과정에서 가장 전문성이 요구되는 부분이라 할 수 있다.

기술성분석은 해당 기술이 제품화를 가능하게 할 수 있는지를 평가하기 위하여 기술적 생산 환경 요소 분석, 계획제품의 용도·품질 및 경쟁성 분석, 계획시설의 적정성 및 장래성 분석, 생산 및 재고 분석 등으로 이루어진다. 원재료 확보 가능성, 기술인력 확보 방안, 초기 생산규모 결정도 기술성분석 시 중요 결정사항이다.

R&D 결과를 활용한 제품개발(product development)의 경우 구체적 제품설계(product design)를 시행하기 전에 기획 제품이 고객들이 원하는 제품이며 제품 사양이 다수의 수요자의 욕구를 충족시키는 규격인지를 검토해야 한다. 개발이 완료되어 시제품(prototype)이 만들어지면 시제품으로 제품 사용 시의 용이성, 고객의 반응을 측정하는 사용자 테스트(user test)를 실시할 필요가 있다.

[표 4-1] 기술성분석 주요 항목

- 제품 특성 파악
- 생산 시스템, 공정 등 생산제품 제조에 대한 분석
- 공장입지의 결정, 생산설비의 확보 가능성 검토
- 초기 생산규모의 결정과 시설확장계획 수립
- 제품 1단위에 대한 원재료 소요량 산정
- 원재료 확보 가능성과 조달방법 결정
- 기술 및 기능 인력 확보 방안

4.3. 시장성분석

시장성분석(industry/market feasibility analysis)은 만들어진 제품이 제대로 팔릴 수 있느냐를 분석하는 것이다. 시장에 진출하여 경쟁상품과 겨루어 소비자로부터 인정을 받을 때 비로소 매출이 늘어나고 시장점유율(market share)도 확대되어 갈 것이다. 그러나 처음 생산되어 시장에 출시하였을 때 대부분의 제품은 소비자에게 생소한 것이 보통이며 품질이 확인되기 전까지는 판매가 쉽지 않다.

시장성분석은 마케팅 믹스(marketing mix)로 언급되는 4P, 즉 제품(product), 가격(price), 유통(place), 판촉(promotion)의 4요소에 대한 전략을 구체적으로 수립함으로써, 사업수행 시의 마케팅전략을 미리 점검해 보는 것이다. 문제가 예측되는 마케팅 변수에 대해서는 사전 대책(contingency plan)을 확보하여야 한다.

시장분석 시 수요자, 공급자, 경쟁자, 잠재적 대체품의 4가지 측면에서 현황을 분석하는 마이클 포터가 제안한 산업구조분석적인 접근도 유용하다(2장 그림 2.3 참조).

거시적 측면의 시장성분석

시장성분석의 거시적 측면에서의 분석 시 중요 요소는 산업의 매력도, 시장의 시기적정성, 틈새시장 분석이라 할 수 있으며 세부 내용은 다음과 같다.

● 산업의 매력도

시장성분석에서 매력적인 시장은 다음과 같은 특징을 갖는다.

- 시장이 크고 성장하고 있는가? 이때 시장의 성장성이 중요하다.
- 시장이 쇠퇴기, 성숙기에 진입했는가, 아니면 도입기 또는 성장기 초기의 시장인가?
- 영업이익은 높은가? 매출액에서 매출원가를 차감한 영업이익은 높은 것이 좋다.
- 시장 참여자가 많은가? 경쟁자가 많을수록 대개 가격경쟁이 심하며 이익률도 낮다.

● 시장의 시기적정성

새로운 사업자가 시장에 진출하는 시기가 적당한지를 검토하는 것이며, 이는 제품이 신제품인지 단순히 기존 제품을 성능 개선한 것인지에 따라 달리 검토한다. 기존 제품인 경우 제품이 아직 도입기나 성장기 초기에 위치하고 있어 새로운 참여자가 진입할 수 있는, 기회의 창(window of opportunity)이 열려있는 시장인지를 검토한다.

시장이 최초 진입자 이점(first-mover advantage)이 있는지 판단하는 것도 중요하다. 최초 진입자의 경우 산업의 기술표준을 정할 수 있고, 브랜드 인지도와 시장을 선도할 수 있다는 점에서 유리하다. 제품에 따라서는 두 번째로 참여하는 사업자에 이점이 있는 경우도 있는데(second-mover advantage) 이는 최초 진입자의 시행착오와 실수를 인지하게 됨으로써 얻게 되는 이점이라 할 수 있다.

● 틈새시장의 확인

대부분의 새로운 시장 진입자는 시장 전체를 목표시장(target market)으로 하지 않고 전체 중 자신에게 적합하고 떠오르고 있지만 소홀히 취급되는 틈새시장(niche market)을 목표로 하는 것이 바람직하다.

시장성분석의 주요 항목

시장성분석은 대상 기술을 적용한 신제품이 속한 시장의 환경분석, 경쟁분석 결과에 근거하여 해당제품의 시장경쟁력을 평가하는 것이다. 이를 위해 대상기술이 속해 있는 산업의 특성 및 환경을 살펴보고, 시장구조, 제품 현황, 시장진입장벽, 관련 정책, 국내외 시장동향과 관련 업체 동향 등을 조사, 분석한 결과에 근거하여 해당 기술의 시장경쟁력을 평가하는 것이다. 이러한 시장경쟁력 분석 결과에 근거하여 해당제품의 시장규모와 매출(혹은 시장점유율) 예측에 사용할 정보를 제공한다.

시장성분석 내용은 크게 시장 환경 분석과 시장경쟁력 분석으로 구분된다. 시장성분석 시 주요 항목은 [표 4-2]와 같다.

[표 4-2] 시장성분석 주요 항목

평가항목	세부항목	분석내용 및 방법	활용도	평가지표 연계
시장개요	• 기술적용제품 범위 • 시장의 정의 및 특성	• 대상기술 적용제품의 정의 • 대상기술 적용시장 및 산업에 대한 정의, 범위 및 특징 • 산업발전 추이 및 전망	• 적용제품과 업종파악 • 표준재무정보 인식	
시장환경분석	• 국내외 시장규모 및 동향 • 중장기 성장률 • 시장수요 전망 • 시장진입 가능성	• 국내외 시장규모 및 동향 분석에 근거한 규모 추정 • 시장 중장기 성장률 추이 분석 • 시장진입 장애요인과 촉진요인 분석 후 진입가능성 평가	• 목표시장 성장률 추정 및 시장규모예측 정보 제공 • 시장진입 용이성 평가	• 목표시장 전망 및 규모 예측 • 상용화 시점 결정
시장경쟁분석	• 적용시장의 경쟁구조 • 경쟁업체 현황 및 시장점유율 • 경쟁제품과 비교분석 • 시장지위 확보 가능성	• 시장의 구조, 지배자 유형, 독과점 여부, 경쟁제품 • 경쟁업체 시장점유율, 추이 • 시장 진입 후 시장점유율 확보 • 역량 수준 확보	• 시장동향 자료, 기업 보고서를 종합하여 시장경쟁성 평가	• 기술의 경제적 수명, 할인율, 기술기여도 결정에 영향 • 매출액 추정에 유용한 정보 제공
종합의견	• 결과를 종합하여 제품의 미래 규모 예측과 비교분석에 근거한 시장침투(점유) 수준 의견 제시			

* 출처 : 기술가치평가 실무가이드(2011.12, 지식경제부)

4.4. 경제성분석

경제성분석(profitability feasibility analysis)은 만들어져서 판매된 제품이 수익을 낼 수 있느냐와 필요자금이 조달될 수 있느냐를 분석하는 것이다. 경제성분석은 향후 매출 및 수익 추정치를 현재 시점에서 분석하는 것이기 때문에 이의 근거자료가 되는 추정손익계산서, 추정재무상태표(과거의 대차대조표), 자금소요운용계획 등 추정재무제표 작성이 핵심 과제가 된다. 경제성분석은 사업타당성 분석의 최종단계일 수 있으며, 동시에 경영전략을 수립하기 위한 사전준비 단계의 과제일 수도 있다.

경제성분석의 3항목

경제성분석을 세 가지로 나누면 첫째, 추정재무제표의 작성, 둘째, 소요자금 추정 및 조달능력 검토, 셋째, 투자수익성분석으로 나눌 수 있다.

경제성분석의 주요 항목은 다음 [표 4-3]과 같다.

[표 4-3] 경제성분석의 주요 항목

- 사업의 총 소요자금의 구체적 내역, 초기 자본소요액 추정
- 소요자금 추정의 보조자료로서 판매대금 회수기간, 재고수준, 구매제품 및 생산원가의 항목 및 비용, 판매 및 관리비 등
- 손익계산서, 대차대조표, 자금운용표에 기초를 둔 재무추정
- 수익 관련 재무분석을 위한 투자수익률, 손익분기점, 적정생산량 및 가격분석 등
- 소요자금 조달계획 수립 : 차입계획, 초기자본금 결정, 차입금 상환계획 검토

추정재무제표의 작성

우선 사업개시 후 3~5년간의 추정손익계산서와 추정 대차대조표 등을 작성하여야 한다. 제조업의 경우 제조원가 명세서도 만들어진다. 정밀한 추정재무제표를 작성하기 위해서 많은 노력이 필요하므로 우선 개략적인 재무제표를 추정하고 추후 필요시 정교한 재무제표를 준비하는 것도 효율적인 사업성분석의 한 방법이다.

추정재무제표(estimated financial statements)를 작성하기 위해서는 기업의 매출전망, 생산계획, 원료도입계획, 인력계획, 설비투자계획 등 모든 측면의 사업 전제사항의 확정

이 필요하다. 실제로 정밀한 추정재무제표를 만들기 위해서는 엄청난 재무추정 작업과 가정(assumptions)이 필요하다. 예를 들면 매출액 하나의 항목의 정밀한 추정을 위해서도 연도·제품별 판매단가의 변화, 경쟁자, 대체품의 출현, 시장점유율 등을 고려한 판매량의 연도별 변화액의 추정이 필요하다. 모든 비용, 수익 항목의 추정이 끝나면 연도별 매출액, 매출총이익, 영업이익, 경상이익, 세전 순이익 등의 손익계산서 항목이 계산된다.

소요자금 추정 및 조달능력 검토

둘째, 미래 재무제표를 추정하는 과정에서 자연스럽게 향후 연도별 소요자금이 파악되며, 소요자금의 조달방법을 강구하는 것도 경제성분석의 핵심이다. 소요자금은 자기자본, 즉 주주들의 증자에 의해 이루어질 수 있고, 타인자본, 즉 외부차입에 의해 이루어질 수도 있다. 기업이 흑자를 실현한 후 잉여여유자금이 발생할 경우, 이 자금의 운용방법도 미리 수립한다. 자금소요 추정에는 특정 시설의 구입에 소요되는 시설구입자금 외에 흑자가 실현될 때까지 원료구입, 인건비 지급, 외상매출금 회수시점까지의 소요자금 등 운전자금(working capital) 소요액도 연도별로 추정해 보아야 한다.

총 소요자금 추정이 끝나면 제2단계로 자금조달능력을 검토하여야 한다. 자금조달방법은 자기자본과 타인자본으로 구분할 수 있는데 자금조달에 따른 위험 수준에 따라 창업자 또는 창업 멤버들의 실정에 맞춰 조달범위를 결정하여야 한다. 사업을 시행하다 보면 추가로 자금이 소요되는 경우가 반드시 발생하므로, 추정된 소요자금보다 자금조달능력을 크게 가져가는 것이 필요하다. 미래에 회수가 예상되는 현금이 많아도 현재 시점에 현금이 없어 우량회사가 도산하는 흑자도산도 발생할 수 있다.

투자수익성 분석기법

추정된 재무제표를 토대로 간단한 수익성분석을 해보아야 한다. 투자수익률분석은 계획사업을 각종 수익률 산출 방식에 따라 수익성을 평가하는 것이다. 투자수익성분석은 추정재무제표를 근거로 이루어진다. 수익성분석에 요긴한 방법들은 다음과 같다.

● 손익분기점 분석

손익분기점(BEP; Break-Even Point)이란 기업 경영에 있어서 수익총액과 비용총액이 일치하게 되어 이익도 손실도 없는 매출액 또는 조업도를 말한다. 손익분기점분석은 얼마

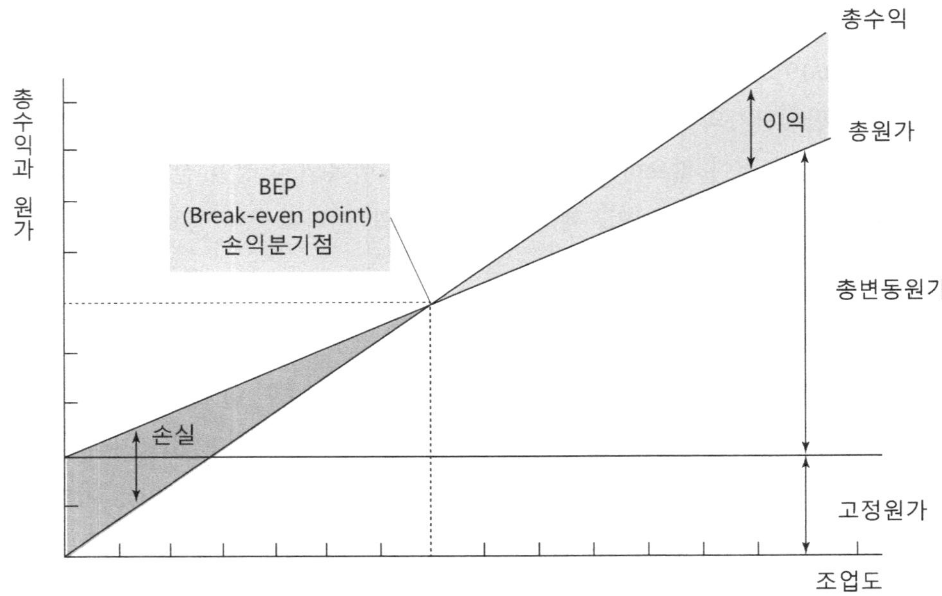

‖ **그림 4.2** ‖ CVP 도표(Cost-Volume-Profit chart)

의 매출을 달성하여야 이익도 손실도 아닌 분기점에 도달할 수 있는지와, 분기점 도달 시점은 영업개시 후 언제가 될 것인지가 핵심 쟁점이며 〈그림 4.2〉의 CVP 도표(Cost-Volume-Profit chart)에서 간략히 시행할 수 있다.

또한 손익분기점 산출 후 손익분기점 달성 시점을 재조정할 필요성이 있는 경우 판매 수량, 금액, 고정비, 변동비 등의 타당성을 검토함은 물론, 이들 요소로부터 경비의 절약 방안 등을 강구할 수 있어서 손익분기점 자체를 재조정할 수도 있다.

● 내부수익률법

내부수익률법(IRR; Internal Rate of Return method)은 어떤 사업 검토 안에서 예상되는 투자액의 현재가치와 현금유입의 현재가치를 일치시켜주는 할인율(자본수익률)에 의해 사업안의 경제성을 평가하는 방법이다. 즉, 이 방법은 장기간에 걸친 사업의 현재가치를 0으로 하는 수익률이 얼마인가를 알아보는 방법으로, 이때의 수익률(r)이 목표 수익률(r_0)보다 클 경우 채택하는 것이다.

현재가치로 할인한 투자수익과 자본투자액의 순액이 0이 되게 하는 r값을 산출하면, 이 값이 바로 구하고자 하는 내부수익률이며, 이를 수식으로 표시하면 다음과 같다. 아래 식에서 내부수익률(r)이 산출되면, 그 내부수익률에 따라 $r > r_0$이면 경제성이 있고,

$r = r_0$이면 경제성은 0이며, $r < r_0$이면 경제성이 없는 것으로 평가한다.

$$\sum_{t=0}^{n} \frac{I_r}{(1+r)^t} - \sum_{t=0}^{n} \frac{O_t}{(1+r)^t} = 0$$

● 회수기간법

회수기간법(PBP; PayBack Period method)은 투자한 자금을 회수하는 데 소요되는 기간으로 수익성을 평가하는 방법이다. 따라서 회수기간이 짧을수록 좋은 투자안이 될 수 있다. 투자수익성을 평가하는 방법 중에서 단순한 방법이다.

● 순현재가치법

순현재가치법(NPV; Net Present Value method)이란 어떤 투자안에 대한 연도별 순현금흐름(net cash flow)을 적정자본비용, 즉, 할인율로 현가화하여 산출되는 순현재가치로 투자안을 평가하는 방법이다. 우선, 연도별 추정재무제표를 토대로 투자자가 새로운 사업을 개시하였을 때 예상되는 연도별 현금유출, 현금유입을 나타내는 순현금흐름을 측정한다. 다음 연도별 순현금흐름을 적정시장할인율로 할인한 현재가치를 합하여 산출되는 순현재가치로서 사업성을 평가한다.

순현재가치가 양(+)이면 투자안이 경제성이 있다고 평가하며, 음(−)이면 없다고 평가한다. 2개 이상의 예비사업 아이템에 대해 순현재가치법으로 경제성 평가를 하는 경우, 순현재가치의 크기가 큰 순으로 우선순위를 결정하게 되는 것이다. 이를 산식으로 표시하면 다음과 같다. 매년도의 현금흐름을 할인하여 현재가치를 추정하므로, DCF법(Discounted Cash Flow method)이라고도 불린다.

$$NPV = \sum_{t=0}^{n} \frac{CI_t}{(1+k)^t} - \sum_{t=0}^{n} \frac{CO_t}{(1+k)^t}$$

여기서, CI_t : 기간 t의 현금유입(cash inflow)
CO_t : 기간 t의 현금유출(cash outflow; 투자)
k : 할인율(discount rate; 자본비용)

4.5. 추진 주체의 수행능력 분석

수행능력 분석(organizational feasibility analysis)은 사업 주체가 사업을 성공적으로 수행할 능력이 있는지와 사업에 필요한 관련 자원을 확보할 수 있는지를 검토해 보는 것이다. 추진 주체의 수행능력 분석에는 다음 두 가지 측면에서 검토가 이루어진다.

추진 주체의 경영능력

신생기업은 회사를 이끌어갈 구성원들의 능력과 사업에 대한 열정을 솔직하게 평가해 보아야 한다. 평가 요소는 기업가 1인 또는 기업을 이끌어 갈 구성원들이 사업에 대한 열정을 가지고 있느냐와 진출하려는 사업에 대해 잘 이해하고 있느냐이다. 이는 재무적 분석보다 중요한 요소이다.

사업의 성패는 결국 추진 주체의 사업에 대한 전문성, 열정과 자질에 달려 있다. 개인이든 기업이든 계획된 일의 성공과 실패는 그 일을 추진하는 주체 내지는 참여 인력의 인적 요인에 의해 좌우된다고 해도 과언이 아니다. 특히 신규 창업의 경우에는 창업자의 업종에 대한 경험·지식 및 전문성이 필수적인 요소이다.

실제로 뛰어난 사업성분석 전문가들이 성공 가능성이 낮다고 평가된 사업도 성공하는 사례가 자주 있으며, 사업의 성공 가능성이 높다고 평가된 사업도 실패하는 경우를 접하게 된다. 이 경우 사업을 추진하는 추진 주체, 특히 최고 책임자의 능력과 열정이 사업의 성패를 좌우한 경우가 많다.

필요 자산의 조달가능성

수행능력 분석의 두 번째 요소는 추진 주체가 신사업을 전개해 나아 갈 때에 필요한 관련 자산을 충분히 가지고 있는가의 여부를 평가하는 것이다. 관련 자원에 대한 분석은 예로 특정 신제품 생산에 필요한 원료, 생산기자재, 숙련된 노동력을 확보할 수 있는지, 신사업이 가지고 있는 지식재산권을 보호받을 수 있는지 등을 들 수 있다.

4.6. 사업성공의 critical factor 파악과 종합

사업성분석은 앞에서 언급한 바와 같이 기술성, 시장성, 경제성 및 추진 주체의 능력을 분석하는 것이 핵심이다. 이후 이를 종합하여 사업추진 여부를 결정해야 한다.

사업성분석 시 모든 요소를 자세히 검토하는 것은 시간적 제약도 있거니와 비효율적이므로 특정 사업의 성패에 결정적 영향을 주는 요인(critical factor to success)을 찾아내어 이들 요인에 대한 검토에 역량을 집중하는 것이 효율적이다. critical factor는 원료 조달, 투자자 유치, 제조방법 개발, 기술제휴선 확보, 매출액 증대 등 사업에 따라 다를 것이며 2개 이상인 경우도 있다. 결정적 요소의 파악은 계획사업의 위험도를 분석하는 역할도 하게 되므로 각각의 critical factor가 어느 정도 계획사업에 영향을 미치는지를 분석하고 이에 대한 대응책을 검토하여야 한다.

국내 굴지의 모 재벌 그룹의 경우, 사업성분석 시 위의 요소 외에 "시장이 큰가?, 최고 전문가를 확보할 수 있는가?"를 추가 검토하고 있다.

사례 POSCO 설립 시의 사업성분석

1960년대 경제개발을 본격적으로 시작한 한국 정부는 산업발전을 위해서는 '산업의 쌀'이라 불리는 철강의 자급자족이 우선되어야 한다는 논리에 따라 1968년 포항제철 현 POSCO를 설립하여 일관제철소 건립을 추진하였다.

부족한 소요자금을 조달하기 위해 세계은행(IBRD)과 USAID에 차관 제공을 요청하였다. 사업성을 검토한 IBRD는 거절하였는데 이유는 당시 한국의 국제수지가 막대한 차관의 원리금 상환 부담 때문에 압박을 받고 있으며, 종합제철의 경제성이 밝지 않다는 점이었다.

이러한 절망적인 자금조달 상황은 일본에서 전후 보상금으로 받은 대일청구권자금을 투입하는 것으로 우선 해결하였다. 당시 제철소 건설 기술은 미국과 유럽의 건설전문사가 대부분 보유하고 있었으나, IBRD차관 제공이 거절되자 기술 제공도 어려워졌다. 이 고비는 포항제철의 박태준 사장 인맥으로 일본 철강사의 기술을 도입하는 것으로 해결하였다. 이후 수많은 어려움을 극복한 후 제철소가 완공되고 포항제철은 높은 수익성을 시현하는 세계 굴지의 일관제철소가 되었다.

포항제철의 IBRD차관 요청 시 이를 심사하여 거절한 심사관 자페(Jaffe)의 추후 회고담을 들어보면, "과거의 내 판단이 틀렸다고는 생각하지 않는다. 한국이 기적을 만들었을 뿐이다. 당시 한국의 능력으로 보아서는 일관제철소를 짓는 것은 불가능했다"라고 말하였다. Jaffe는 포항제철의 성공 요인을 설비구매의 효율성, 낮은 생산원가, 인력개발, 건설기간 단축과 지도자의 끈질긴 노력을 들었다.

반면 IBRD에서 제철소의 사업타당성을 인정하여 자금을 제공했으나 실패한 사례가 비슷한 시기에 있었다. 브라질의 이피팅가 제철소인데, 실패 요인을 IBRD측은 "낙천적인 국민성, 리더십의 결여, 건설공기 지연"이라고 지적한 바 있다.

참고 1 DCF법에 의한 기업가치 평가방법

사업성을 분석할 때에는 추진하려는 사업의 가치를 평가하여야 한다. 이때 많이 이용되는 방법이 DCF법(discounted cash flow method)이다. DCF법은 많은 전제사항과 가정(assumption) 아래 추정되는 어려운 방법이다. 아래에 개략적 방법을 설명한다.

1. 기업가치의 구성

평가하고자 하는 기업의 가치(corporate value)는 영업가치(operating value)와 비영업용 자산가치(non operating asset value)의 합으로 표시된다(그림 4.3 참고).

영업가치는 추정기간 동안의 기업가치(Interim Value)와 추정기간 이후의 잔존가치(TV; terminal value)로 구분된다. 이를 수식으로 표현하면 다음과 같다.

- 기업가치 = 영업가치 + 비영업용 자산가치
  = (추정기간 동안의 기업가치 + 잔존가치) + 비영업용 자산가치

영업자산 가치는 미래의 현금흐름을 추정하고(projection) 이를 현재가치로 할인하는(discounting) 과정을 거치면서 산출되며, 비영업용 자산가치는 별도의 개별자산 평가과정을 거쳐 산출된다. 영업 가치는 미래에 발생되는 수익으로 인한 현금흐름을 추정하고 이를 현재의 가치로 환산하는 과정에서 할인율을 적용하는 단계를 거치게 된다.

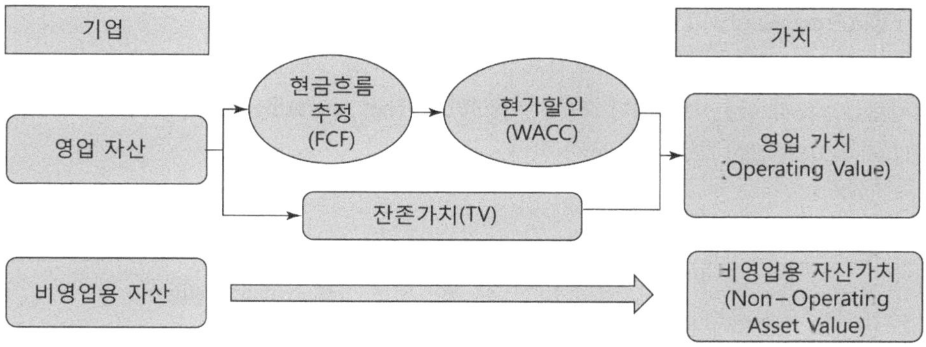

‖ **그림 4.3** ‖ DCF법을 이용한 가치평가방법

2. 기업가치 평가순서

DCF법에 의한 영업가치(operating value)는 다음의 수식에 의해 추정되며 세부 산출 단계는 [표 4-4]와 같다.

$$\text{Operating Value} = \sum \frac{\text{Free Cash Flow}}{(1+\text{Weighted Average of Cost of Capital})^n}$$

[표 4-4] DCF법을 이용한 가치평가 순서

구 분	내 용
1단계	(과거실적 분석) 과거의 실제 재무자료 분석과 원가요소인 단가, 수량 등을 검토
2단계	(미래 실적 추정을 통한 미래 현금흐름표(FCF) 작성) 수요예측, 경쟁 구조변화 분석을 통해 미래의 매출액, 원가, 비용을 추정함. 이를 토대로 연도별 현금유입, 유출액을 추정하여 현금흐름표를 완성함
3단계	(현가계산을 위한 할인율의 결정) 부채 및 자본 조달비용 분석을 통해 할인율인 가중평균자본비용(WACC)을 결정함
4단계	(추정기간 동안의 기업가치 추정) 할인율로 현재가치화한 추정 기업가치(NPV)의 계산
5단계	(추정기간 이후의 잔존가치 추정) 추정기간 이후의 수익력을 현재가치화한 잔존가치(terminal value)의 계산
6단계	(검증 및 결과 해석) 도출된 결과의 검증 및 의사결정을 위한 결과의 해석

3. FCF(Free Cash Flow)의 계산

FCF(free cash flow)란 현금흐름표상에서 계산되는 가치평가를 목적으로 재조정된 영업현금흐름과 같은 개념이다. FCF는 NOPLAT(net operating profit or loss after tax)를 [표 4-5]와 같이 조정하여 산정한다.

[표 4-5] FCF의 계산 과정

	1. 현금유출이 없는 비용 등(depreciation)
FCF = NOPLAT ±	2. 자본적 지출(CAPEX)
	3. 순운전자본의 증감(changes in NWC)

현금흐름과 할인율은 추정하는 주체에 따라 달라진다. 예를 들어 추정 주체가 보통주주일 경우 추정 주체에게 귀속되는 현금흐름(주주잉여현금흐름; FCFE)은 다음 공식과 같이 FCFF에서 법인세효과를 고려한 이자비용, 원금상환액, 우선주 배당금을 제외한 금액에서 신규부채 발행액을 더한 금액으로 계산된다. 이때 적용되는 할인율은 자기자본비용이 된다(예; 보통주주의 현금흐름).

FCFE = FCFF − 이자비용(1 − 법인세비율) − 원금상환액 − 우선주배당금
+ 신규 부채발행액

4. 자본비용의 추정

가. 자기자본비용의 추정

자기자본비용(cost of equity)이란 기업이 현시점까지 조달했던 자기자본의 누적평균 조달비용을 지칭하는 것으로, 향후 자기자본 가치를 유지하기 위해 최소한 벌어 들어야 하는 수익률을 의미한다. 따라서 새로운 투자안의 선택에 있어서도 예상투자수익률이 자기자본비용을 넘어야 하는 바, 새로운 투자안에 요구되는 최소한도의 수익률이라 할 수 있다. 이는 CAPM(capital asset pricing model)에서 제시된 개념과 상통하며, 자기자본비용을 산정하는 공식은 다음 [표 4-6]과 같이 표현될 수 있다.

[표 4-6] 자기자본비용(Ke)의 산정 공식

$$Ke = Rf + \beta \times (MRP)$$

* Rf : risk-free rate of return(무위험자산의 수익률)
* MRP : equity market risk premium(시장 위험 프리미엄)
* β : beta factor of the investment or business operation(고유 위험계수)

산정 시 Rf(무위험자산의 수익률)는 주로 장기국채수익률을 이용한다. 일반적으로 한국은 5년 만기 국고채 수익률을 사용하며, 미국의 경우 10년 또는 20년의 Treasury bond의 수익률을 사용한다. MRP는 실무적으로는 Bloomberg 등 다양한 소스의 자료들을 비교하여 이용할 수 있다. β(beta)는 비교대상 회사의 unlevered beta 평균치를 이용하여 회사의 목표자본구조로 re-levered하여 산출한다(기간 : 1년, 2년, 3년 weekly). 시장의 beta는 1이고, risky stock의 beta는 1보다 크며, low risk stock의 beta는 1보다 작다.

나. 타인자본비용의 추정

타인자본비용(cost of debt)은 타인자본의 제공자, 즉, 채권자 입장에서 기대하는 최소한의 요구수익률을 말한다. 따라서 타인자본비용은 유효세율을 감안한 세후 개념의 수익률이다. 이론적으로는 회사가 조달 가능한 타인자본의 미래 이자율을 적용해야 하나, 실무적으로는 회사가 향후 차입구조 및 채무불이행 위험이 일정하다는 전제 하에 현재 시점의 가중평균차입이자율을 적용한다. 타인자본비용을 계산하는 식은 다음과 같다(표 4-7 참조).

[표 4-7] 타인자본비용(Kd)의 산정

Cost of Debt(Kd) = pre-tax cost of debt × (1 − CT*)
* CT = marginal rate of corporation tax

다. 가중평균자본비용의 결정

가중평균자본비용(WACC; weighted average capital cost)은 기업의 다양한 자본조달 원천별 조달비용을 자본구성비율에 따라 가중 평균한 이자율을 지칭한다. 실무적으로는 대용 회사들의 자본구조(capital structure)를 목표 자본구조로 설정하여 계산한다. 기업의 현재 자본구조를 목표자본구조라고 간주하여 사용하는 경우에도 자본구조 계산 시 부채와 자본은 장부가로 계산하는 것이 아니라 시장가치로 계산하여야 한다. WACC을 산정하는 식은 다음 [표 4-8]과 같다.

[표 4-8] 가중평균자본비용(WACC)의 결정

$$WACC = \frac{Ke \times MVe}{(MVe + MVd)} + \frac{Kd(1 - CT) \times MVd}{(MVe + MVd)}$$

* Ke = cost of equity capital
Kd = cost of debt capital(before tax shield)
MVe = market value of the company's equity
MVd = market value of the company's debt
CT = marginal rate of corporation tax

5. 추정기간 이후의 잔존가치 추정

추정기간 이후의 기업의 잔존가치(TV; terminal value)는 다음 [표 4-9]와 같이 계산된다. 즉 추정한 기간의 마지막 년도 현금흐름(cash flow)에 (1 + 성장률)을 곱한 다음 이를 (할인율 − 성장률)로 나누어 계산한다.

[표 4-9] 잔존가치(TV) 추정 방법

$$TV = \frac{\text{projected cash flows (a)} \times (1 + \text{growth rate})}{\text{discount rate} - \text{growth rate}}$$

* (a) : adjusted cash flows in final year of explicit forecast period

6. 결과 산정 및 결과 해석

상기의 계산 과정과 같이 기업의 영업가치는 추정기간 동안의 기업가치와 추정기간 이후의 잔존가치의 추정을 통해 산정된다. 산정된 기업의 영업가치에 비영업용 자산 가치를 더하면 전체 기업가치가 계산된다.

DCF법에 의한 기업가치 추정은 현금흐름이 양의 값을 갖는 기업이나, 할인율을 추정하기 위해 위험의 대용치가 존재하는 기업에 적용하여 추정할 때 결과치의 신뢰도가 높다. 반면 재무적 어려움에 처한 기업이나 비활용자산이 매우 많은 기업에 적용할 때에는 신뢰도가 떨어질 수 있다. 순현금흐름을 이용한 기업가치 산정방법의 예는 [표 4-10]에서 볼 수 있다.

[표 4-10] 순 현금흐름(DCF) 산정 사례 (단위 : 억 원)

	2026	2027	2028	2029	2030	잔존가치
매출액	25,504	53,844	71,332	73,644	75,782	75,782
매출원가	48,500	66,455	64,875	68,177	70,477	70,477
매출총이익	−22,996	−12,611	6,457	5,467	5,305	5,305
판매비 및 관리비	1,192	922	869	926	1,044	1,044
영업이익	−24,188	−13,533	5,588	4,541	4,261	4,261
법인세	0	0	1,397	1,135	1,065	1,065
세후영업이익	−24,188	−13,533	4,191	3,406	3,196	3,196
증가 : 감가상각비	422	247	122	123	162	
감소 : 운전자본변동	578	345	203	141	120	
감소 : 자본적지출	151	244	106	108	278	
Debt-Free Cash Flow	−24,495	−13,875	4,004	3,280	2,960	3,196

한편 최종 단계인 매입하고자 하는 기업의 주식 지분가치(equity value)계산은 전체 기업가치(corporate value)에서 부채금액(interest bearing debt)을 차감한 금액으르 계산 된다.

지분가치 = 기업가치 − 부채

참고 2 market multiple 방법(시장가치 평가방법)

시장가치 평가방법의 대표적 방법인 market multiple 방법은 주식시장에서 거래되는 동종업체에 대한 각종 수익지표 또는 순자산 지표 대비 기업가치에 대한 배수(multiples)를 적용하여 대상회사의 기업 가치를 평가하는 방법이다. market multiple 방법의 단계별 절차는 [표 4-11]과 같다.

[표 4-11] market multiple 방법의 단계별 절차

구 분	내 용
1단계	비교기준회사(comparable company)의 선정 : 목표회사에 대한 예비분석 및 기본사항에 대한 이해가 이루어진 이후에 비교기준회사를 선정한다. 비교기준회사 선정 시 사업의 유사성(동일 제품, 사업별/제품별 sale mix의 유사성), 자산, 매출액 규모 및 성장률 등을 고려한다.
2단계	각종 시가배수의 검토 : 비교기준회사로 선정된 기업들에 대하여 지분가치 및 기업 가치를 계산하고 시가배수(market multiple)를 산정한다.
3단계	실제 적용할 시가배수의 선정(sales, PER, EBITDA, PBR 등) : 여러 market multiple 중 평가 목적에 가장 적합한 market multiple을 최종적으로 선정하여 적용한다.
4단계	평가대상회사에 시가배수의 적용 : 시가배수(market multiple)와 계산될 평가 대상회사의 수치는 비 경상적인 손익 등을 제거한 후 사용한다.

이러한 단계를 거쳐 기업의 시장가치가 산정된다. 산정된 가치는 operating value만을 고려한 가치로서, mon operating asset의 가치를 제외한 것이다.

창업 Worksheet 3 간략한 사업성분석 check list

Business Plan 작성에 앞서 다음 사항들을 기록하여 점검해 보자.

I. 기술성 : 제품(또는 서비스) 및 생산가능성 분석

1-1. 당신의 제품(또는 서비스)은 어떤 문제를 해결하는가? 또는 어떤 니즈를 충족시키는가?

1-2. 당신제품의 기술적 특징은 무엇이며, 기존 제품과 무엇이 다른가?

1-3. 제품 생산에 필요한 원재료, 기술자, 생산설비 확보가 가능하며, 생산에 문제는 없는가?

1-4. 지적재산권으로 보호될 수 있으며, 경쟁자에 비해 원가 또는 품질 측면에서 우위가 있는가?

II. 시장성 : 경쟁자, 목표시장과 판매가능성 분석

2-1. 당신의 직접 경쟁자는 누구인가? 고객은 어떤 이유로 당신의 제품(또는 서비스)을 구입하는가?

2-2. 경쟁사 대비 우위를 확보하기 위한 당신의 전략은 무엇인가? 가격경쟁력은 있는가?

2-3. 당신이 목표로 하고 있는 시장의 미래 성장잠재력의 크기는? 어떻게 시장에 진입할 것인가?

2-4. 당신의 제품(또는 서비스)을 누구에게 팔 것이며 고객의 수와 추정매출액은 얼마인가?

제 5 장

비즈니스모델과 사업계획서

5.1. 비즈니스모델의 구상

비즈니스모델이란?

비즈니스모델(business model)이란 신사업의 포괄적인 큰그림을 말하며, 사업의 개략적 계획이나 핵심 아이디어를 포함한다. 즉, 경쟁자와 어떻게 경쟁할 것인지, 소유 자원을 어떻게 분배하고 활용할 것인지, 제품이나 서비스를 어떠한 방법으로 소비자에게 제공하며, 어떤 마케팅 방법을 이용할 것인지, 고객과 협력업체들과의 관계를 어떻게 유지할 것인지 등과 같이 사업의 기본 계획과 핵심 아이디어를 비즈니스모델이라 한다.

특정산업 내의 목표시장에 적합한 비즈니스 표준 모델은 없으며, 동업종의 기업이라 할지라도 수익창출을 위해 자신들이 고안한 다양한 모델이 있을 수 있다. 사업계획서를 작성하기 이전에, 사업의 큰 그림인 비즈니스모델을 구상하고 구체화하는 과정이 필요하며, 이를 통해 자신감 있게 신사업을 추진할 수 있다.

비즈니스모델의 구성요소

신사업 추진 시의 핵심인 비즈니스모델(business model)은 시대적, 국가적 상황, 경쟁구조에 따라 달라진다. 그러나 비교적 공통되게 거론되는 요소들을 중심으로 구상한 비즈니스모델의 구성요소는 〈그림 5.1〉과 같다.

영국 런던 비즈니스 스쿨의 게리 하멜(Gary Hamel) 교수는 비즈니스모델을 핵심전략(core strategy), 전략적 자원(strategic resources), 파트너십 네트워크(partnership network), 고객 관계(customer interface)의 네 가지 요소로 구성된다고 정의하고 있어 이를 중심으로 살펴보기로 한다. 신사업 구상 시 이들 요소를 점검하다 보면 사업 구체화와 성공 가능성을 높이는 데 크게 도움이 될 것이다.

핵심전략

비즈니스모델의 첫 번째 구성요소는 핵심전략(core strategy)으로 이는 경쟁자들과 어떻게 경쟁하는가에 대한 것을 보여 준다. 기업의 사명, 제품/시장 범위, 차별화전략 등이

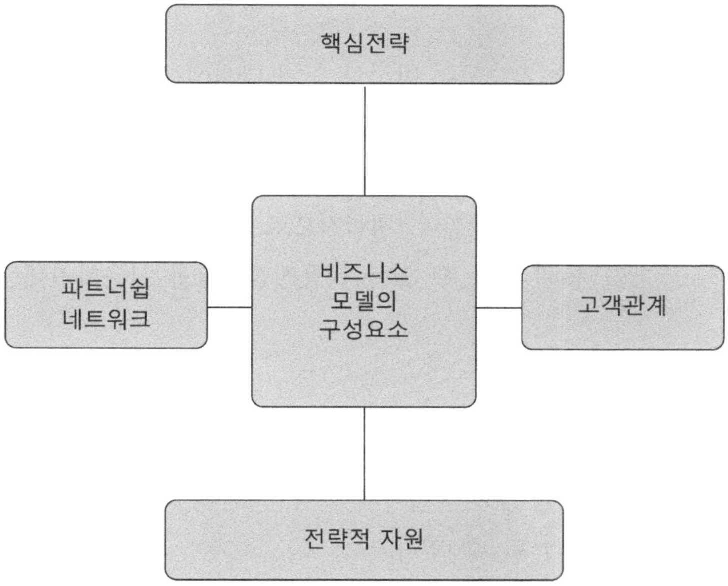

‖ **그림 5.1** ‖ 비즈니스모델의 구성요소

핵심전략의 주요 구성요소이다.

● 임무 기술서

임무기술서(mission statement)는 기업의 존재 목적(미션; mission)과 기업이 성취하려고 하는 것을 기술한 것이다. 기업에 따라 정도는 다르더라도 대체적으로 기업이 우선적으로 추구하고자 하는 바를 임무 기술서는 잘 나타내고 있다.

● 제품/시장 범위

기업이 집중할 제품과 시장의 범위를 규정하는 부문이다. 제품군(product portfolio)은 사업 개시 이후 지속적으로 변화한다. 시장의 범위(market scope)를 어떻게 정의하느냐에 따라 비즈니스모델 전체에 중요한 영향을 미치게 된다.

아마존은 처음에는 인터넷을 통해 책을 판매하는 회사였으나, 이후에 책과 관련된 모든 제품을 판매하는 것으로 진화하였으며, 야후도 처음에는 인터넷 조사 서비스로 시작하였으나, 이를 차츰 웹 광고를 통한 많은 거래가 이루어졌고, 2000년 초 IT 거품이 사라진 뒤에도 계속 진화하여 현재에 이르게 되었다.

● 차별화전략

고객에게 비즈니스 가치를 전달하는 방식이 쉽게 타사에서 동일하게 사용되지 않도록 차별화하는 것이 중요하다. 일반적으로 기업들은 비용절감전략(cost leadership strategy)과 차별화전략(differentiation strategy)을 추구한다. 기업들은 품질, 서비스, 납기 등에서 차별화된 서비스를 제공하려고 경쟁한다. 경험적으로 볼 때 신생 벤처기업이 개발에 시간이 요구되는 규모경제를 통해 얻을 수 있는 비용절감전략을 사용하기에는 매우 어렵다.

전략적 자원

기업의 전략적 자원(strategic resources)이 없으면 차별화된 전략을 실행할 수 없다. 신생 벤처기업의 전략적 자원은 최초 설립자의 역량, 파악한 기회요인, 시장에 서비스하려고 기획한 독특한 방식 등이 될 수 있다.

● 핵심역량

핵심역량은 경쟁사 대비 경쟁우위의 원천으로 작용한다. 핵심역량은 제품과 시장에 내재되어 있는 독특한 기술 혹은 역량을 의미하는 것으로 이는 고객에게 편익을 인식하게 하는 데 지대한 영향을 미친다. 핵심역량은 쉽게 모방할 수 없고, 독특한 가치를 창조할 수 있게 된다.

사례

델(Dell)의 핵심역량은 공급 사슬 관리, 효율적 조립, 기업 고객에 대한 서비스였으며 이 역량을 통해 기업 고객들에게 저렴하고, 기술적 업데이트가 잘 되고, AS 서비스가 잘 되는 비즈니스모델을 구축할 수 있었다. 장기적으로 델은 상기 역량을 발전시켜 보완재 시장에서 성장할 수 있는 기회를 갖게 되었고 델의 조립 역량은 컴퓨터 서버 혹은 다른 전기 기기 분야로 확대되었다. 한편, 이렇게 자신의 역량을 통해 새로운 기회를 개발하는 프로세스를 자원 레버리지(resource leverage)라고 한다.

● 전략적 자산

전략적 자산은 기업이 보유하고 있는 자원 중 드물고 가치 있는 자원을 의미하며, 공장, 설비, 위치, 브랜드, 특허, 고객 자료, 수준 높은 스텝, 뛰어난 파트너십 등이 대표적인 예이다. 특히 이러한 지속 가능한 경쟁우위는 쉽게 모방할 수 없는 가치를 창조하는 전략을 실행함으로써 달성될 수 있기 때문에 투자자는 기업가치 평가할 때 경쟁우위를 중요시 한다.

파트너십 네트워크

신생 벤처기업들의 경우 대체로 모든 업무를 수행할 자원을 가지고 있지 못하므로 부족한 점을 대신해 줄 수 있는 파트너십 네트워크(partnership network)가 중요한 역할을 할 수 있다. 제품을 제조하는 모든 과정에서 경쟁우위를 가질 수 없기 때문에 이를 잘 활용할 필요가 있다.

사례

보잉, 에어버스사는 복잡한 제품(항공기)을 제조하는 데 필요한 지적 자본을 공급하는 데 외부 파트너에 의존하고 있다.

● 공급자

공급 사슬(supply chain)은 원자재 구매에서 마지막 단계까지인 제품 생산에 참여하는 모든 기업들의 네트워크로서, 대부분의 기업들은 자신들의 비즈니스모델을 실행하는 데 중요한 역할을 하는 공급자들을 가지고 있다.

과거와 달리 기업들은 그들의 공급자들과 상호 이익을 향상시키는 목표를 달성하기 위해 파트너 관계를 구축하고 있다. 앞으로도 더욱 경영자들은 제품의 공급 사슬을 통해 움직이는 정보, 자금, 자재에 대한 흐름을 조정하는 공급 사슬 관리(supply chain management)에 집중하게 될 것으로 보여 효율적 공급 사슬 관리는 중요하다.

● 기타 중요한 관계자들

비즈니스모델을 작동하게 하는 중요 관계자들로서 다른 관계자들이 존재한다. 전략적 제휴, 합작 투자, 네트워크, 컨소시엄 구성 등을 통해 구축된 관계가 좋은 예이다. 특히, 상대적으로 새로운 접근 방법인 내부 소싱은 서비스 공급자가 파트너의 공장 안에 올 때 더욱 효과적으로 발생한다.

비즈니스 제휴는 실패할 확률도 상당히 높으며 실패의 원인은 잘못된 계획과 두 조직 간 문화가 잘 융화되지 않기 때문이라는 연구 결과도 있었다. 주요 실패 원인으로는 정보의 손실, 경영의 복잡함, 재무적, 조직적 위험 등을 제시한 바가 있다.

고객 관계

어떻게 기업이 자신의 고객들과 접점을 유지하느냐는 것으로 이는 기업이 어떠한 경쟁 전략을 선택하느냐에 달려 있다.

● 목표시장

목표시장(target market)은 제품을 제공하고자 하는 제한된 개인, 기업들을 의미하며, 목표시장은 전략적 자원에서부터 파트너십에 이르기까지 영향을 미친다.

● 실행과 지원

제품이 시장에서 작동하는 방식을 보여 주는 요소로서 기업이 사용하는 유통이 될 수 있고 제공하는 고객 지원 수준이 될 수도 있다.

● 가격 전략

기업들은 상이한 방법으로 가격 구조를 차별화하는 경향이 있다. 그러나 신생 벤처기업들의 경우 스스로 가격 차별화를 추구하는 것은 어렵다. 규모의 경제를 가진 대기업들에서 가격 차별화는 일반적인 영업 전략의 하나이다. 가격 경쟁(price competition)이 발생하여 판매 가격이 인하될 경우, 일반적으로 기업은 수익 감소로 손해를 보게 되며, 소비자는 가격 인하로 이득을 보게 된다.

5.2. 사업계획서 작성

사업계획서의 필요성

사업계획서(business plan)를 작성하는 일반적인 시점은 "성공적인 사업 아이디어를 개발"하는 기업의 전체 과정 중의 중간 지점에 해당된다. 사업계획서는 새로운 기업체의 신사업 추진계획과 장점을 설명함으로써, 사업계획서를 읽는 사람으로 하여금 새로운 사업을 이해하고 후원할 수 있도록 확신을 심어주어야 한다.

사업계획서는 창업자 스스로 새로운 벤처의 모든 측면에 대해 체계적으로 생각해 볼 기회를 제공한다. 또한 사업계획서는 사업에 대한 구상을 문서로 기록하는 것으로, 이는 신사업과 회사를 잠재적 투자자, 공급자, 사업 파트너, 주요 구직자에게 소개하는 자료로 활용된다.

누가 사업계획서를 읽는가 - 그들이 기대하는 것은?

사업계획서에는 두 종류의 관심 그룹이 있다. [표 5-1]에서 보듯이 하나의 그룹은 기업 내부의 직원들이며, 또 하나는 기업 외부의 투자자 및 이해관계자 그룹이다.

[표 5-1] 사업계획서를 작성하는 두 가지 주요한 이유

내부 필요성	외두 필요성
창업멤버들에게 벤처의 모든 측면에 대해 이해하고 자발적으로 행동하게 함	투자자 및 외부 이해관계자들이 벤처의 추진계획과 장점에 대해 이해하도록 함

● 기업 내부 직원

명확하게 작성된 사업계획서는 경영진 및 일반 직원 모두에게 매우 중요하다. 어떤 전문가들은 시장이 빠른 속도로 변화하여 어떤 계획이라도 금방 구식이 되기 때문에, 사업계획서를 작성하는 것은 시간 낭비라고 생각한다. 비록 시장은 자주 그리고 매우 빠르게 변화할지라도, 사업계획을 작성하는 과정 자체 또한 매우 가치 있는 일이다.

사업계획을 작성하는 것은 경영진에게는 사업의 모든 측면을 꼼꼼하게 다시 생각해 볼 수 있게 하고 그들의 가장 중요한 우선순위 및 목적을 돌이켜 보게 한다. 또한 명확하게 작성된 사업계획서는 일반 직원들이 회사의 목표와 추진 일정을 이해시켜, 조화를 이루어서 일하고 명확한 목적을 인지하면서 일할 수 있도록 도와준다.

● 외부 투자자 및 외부 이해관계자들

투자자와 잠재적 비즈니스 파트너는 사업계획서의 주요한 두 번째 청중이다. 이들에게 어필하기 위해서, 사업계획서는 현실적이어야 한다. 과도하게 낙관적인 입장 및 예측은 사업계획의 신뢰도를 떨어트리므로 바람직하지 않다. 동시에 사업계획은 사업 아이디어가 현실적이고 낮은 위험으로 높은 잠재적 수익을 가져갈 수 있다는 사실을 투자자들에게 제시해야 한다.

사업계획서는 본 사업이 수익을 창출하기 이전에 직면하게 되는 모든 종류의 제약사항에 대해서도 설명해야 한다. 예를 들면, 기업은 그들이 판매하려는 제품의 보증을 위해 서비스 관련 인력들을 채용해야 하며 이들의 인건비가 사업계획에 고려되었음을 보여야 한다.

만나기 힘든 잠재투자자를 우연히 대면하였을 때를 대비하여 1~2분 내에 사업의 매력을 설명하여 정식 설명회 자리를 유도하는 짧은 메시지도 필요하다. 소위 'elevator speech'라고 하는 것으로, 인상적이고 흥미를 줄 수 있는 간단한 설명으로 구성되어야 한다.

사업계획서 작성 시 주의사항

사업계획서는 기본적 중요사항이 포함된 구성을 따라야 한다. 일부 기업가들은 창의적으로 설명하고자 하겠지만, 전통적인 기본 구성을 따르지 않는 사업계획서 형식에서는 실수가 나오기 쉽다.

일반적으로 투자자들은 매우 바쁘기 때문에 중요한 정보를 쉽게 얻을 수 있는 사업계획서를 원한다. [표 5-2]는 사업계획서 내에 포함될 수 있는 적신호 사항들을 나타낸다.

[표 5-2] 사업계획서 내의 적신호

적 신 호	설 명
사업에 투입할 자신의 돈이 한 푼도 없는 창업자	창업자조차도 사업에 자신의 자금을 기꺼이 투자하지 않는다면, 다른 누구는 왜 해야 하나?
허술하게 인용된 계획	사업계획은 추측 및 기업가의 생각이 아닌, 탄탄한 증거와 자료, 제시된 근거로 작성되어야 함
시장 사이즈를 대략적으로 규정함	벤처가 대상 시장을 너무 대략적으로 규정한다는 것은 실제 목표시장을 명확하게 파악하지 못했다는 것을 의미함
과도하게 공격적인 재무계획	많은 투자자들이 이런 사업계획은 검토하지 않는다. 근거가 불충분하거나 낙관적인 추정은 신뢰도만 떨어뜨림
일부분이라도 경시함	이런 종류의 실수는 세심한 면에서 부주의하기 때문이고, 기업가의 신뢰도를 떨어뜨림

사업계획서의 종류

사업계획서는 명확하고 간결한 정보를 제공해야 한다. 또한 충분한 정브를 제공하여야 하나, 읽는 사람의 관심이 떨어지지 않을 정도로 너무 길지는 않게 25~30페이지 정도가 적당하다. 사업계획서 작성이 완료되면 단어, 문법이 틀린 것은 없는지, 핵심 정보가 빠진 것은 없는지 꼼꼼하게 검토해야 한다.

사업계획서는 3가지 종류가 있는데, 목적에 따라 분량 및 상세함의 정도가 달라진다.

요약 사업계획서	표준형 사업계획서	운영 사업계획서
(1~2페이지) 아이디어에 대한 투자자들의 관심 여부를 테스트하거나, 짧은 시간에 설명해야 할 경우에 적합	(25~30페이지) 자금 유치를 목적으로 하는 표준계획서로, 새로운 벤처에 적합하고, 기업의 청사진을 제시함	(50~100페이지) 내부 직원을 대상으로 하고, 신생벤처의 상세한 청사진을 제공하고 운영 가이드 라인을 알림

● 요약 사업계획서

요약 사업계획서(summary business plan)는 보통 1~2페이지 분량으로, 완전한 계획서를 작성할 준비가 덜 된 초기단계의 기업에게 적합하다. 요약 사업계획서는 주로 경험이 많고 숙련된 기업가들이 작성하기도 한다. 이는 새로운 사업에 대한 구상은 하였으나, 완전한 사업계획서를 작성하는 데 시간을 낭비하고 싶지 않은 경우에 사용하기 때문이다.

페이스북의 창업자이자 대표이사인 마크 저커버그의 경우, 새로운 사업의 시작을 생각한 후, 요약 사업계획서를 작성하여 몇몇 투자자에게 보내 반응을 얻고자 하였으며 대부분의 투자자들이 그의 페이스북 사업이 성공할 것을 알았고, 구체적인 정보를 요청하지 않았다고 한다.

요약 사업계획서를 작성하기 전에 A4 용지로 간략한 사업 개념 제안서(BCP; Business Concept Proposal)를 작성하는 것도 도움이 된다. BCP는 하나의 기회에 어떠한 장점들이 있는지를 검토한 것으로, 본격적으로 사업을 검토할 것인지를 결정하는 자료가 된다.

● 표준형 사업계획서

표준형 사업계획서(full business plan)는 보통 25~30페이지 분량으로 요약 사업계획서 대비 자세하게 작성되어 있고, 일반적으로 투자자들에게 설명할 때 많이 이용되는 형태의 사업계획서이다.

● 운영 사업계획서

운영 사업계획서(operational business plan)는 일차적으로 내부 직원을 대상으로 하는 사업계획서로, 회사 운영의 청사진을 제공한다. 50~100페이지 분량으로 작성되며, 매우 상세하다는 특징이 있다. 투자자들이 완전한 사업계획서 대신 요약본 또는 사업계획에 대한 발표자료 등을 요청하는 것은 매우 일반적인 일로서 적절하게 대응할 필요가 있다.

사업계획서를 작성하는 동안에도 계획은 계속해서 바뀔 수 있다는 것을 인지해야 한다. 새로운 통찰력은 사업가가 사업계획서를 작성하거나 다른 이들로부터 피드백을 받을 때 얻을 수 있다. 이런 과정은 기업의 전과정에 걸쳐서 일어나는 것이고, 기업가에게 경각심 또는 새로운 아이디어와 통찰력 등을 줄 수 있다.

사업계획서 구성

사업계획서의 표지에는 회사의 이름, 주소, 전화번호, 일자, 담당자 연락처(유선전화, 이메일, 휴대폰 번호 기재) 및 회사 홈페이지 주소 등을 입력한다. 또한 페이스북이나 트위터가 있다면 이 역시도 포함하도록 한다. 목차에는 부분별 내용 및 부록의 페이지를 표시하여야 하며 사업계획서의 전체 구성은 [표 5-3]과 같다.

[표 5-3] 사업계획서 전체 구성과 내용

항 목	주요 구성 내용
1. 요약	전체 사업계획에 대한 개요
2. 산업분석	산업 사이즈, 산업구조, 참여자 분석, 산업 트렌드, 장기 예측
3. 회사소개	회사 이력, 미션선언서, 제품 현황, 법적 상태 및 구조, 핵심 파트너십
4. 시장분석	시장 규모, 연간 매출액, 시장세분화, 구매자 행동, 경쟁자 소개
5. 재무 추정	변동비, 고정비, 초기 투자비용, 비용 수익 계산, 수익동인, 수익성분석
6. 마케팅 계획	마케팅 전략, 4P(제품, 가격, 프로모션, 유통전략, 판매 주기, STP 전략
7. 제품개발계획	제품의 개발 상태 및 개발과제들, 개발 비용 및 일정, 자산화계획
8. 운영계획	비즈니스 운영에 대한 일반적인 접근, 생산설비의 위치
9. 경영층 및 회사 구조	경영층(스킬 프로파일 포함), 이사회, 자문그룹, 회사 구조
10. 일정 계획	사업 전반에 대한 일정 계획
11. 추정재무제표	추정손익계산서, 재무상태표, 현금흐름표 등. 전제사항, 비율 분석

● 요약

요약(executive summary)은 전체 사업계획서의 개요를 기록한 부분으로서 신규 벤처 사업에 대해 시간이 없는 독자들을 위해 제공되는 자료이다. 분량은 2장 이내로 작성되며 내용에는 사업계획서에서 제시된 순서와 동일하게 모든 섹션의 핵심 내용들이 포함되어야 한다.

● 산업분석

산업분석에서는 시장규모, 성장률 등에 대한 자료를 제시하고, 산업 내에서 어디에 집중화를 하고 또는 분산화를 시킬 것인가에 대한 거시적 안목을 제시하여야 한다. 산업 트렌드는 산업구조분석을 포함한 산업환경(경제 추세, 사회적 추세, 기술진보, 정치적 변화, 규제변화)과 비즈니스 트렌드(산업 내에서의 수익 마진, 투입되는 비용의 증감 등)를 포함하여 설명해야 한다.

● 회사 소개

회사 소개(company description) 부분은 사업의 추진 주체인 회사에 대해 전반적인 소개를 하는 부분으로서 회사의 연혁, 임무, 생산 제품, 현재 상황, 법적 상황, 소유관계와 파트너십 관계를 설명한다.

회사의 임무 기술서(mission statement)는 왜 회사가 존재하는지에 기술하고 또한 회사 성장을 위해 영감을 불어넣을 수 있도록 구성되어야 한다. 이정표(milestone)를 통해 중요한 이벤트 혹은 주목할 만한 사항에 대해 소개한다. 이와 더불어 법적 상태(legal status) 및 소유권(ownership) 부분은 회사 형태와 소유구조를 설명한다.

● 시장분석

시장분석(market analysis)을 위해서 시장세분화(market segmenta- tion)와 경쟁자분석이 필요하다. 시장세분화는 지역적 변수(도시, 시, 국가), 인구통계학적 변수(나이, 성별, 수입), 개인별 변수(개성, 라이프스타일, 가치 등)에 따라 나눌 수 있다. 경쟁자 분석의 경우, 회사와 경쟁 상태에 있는 회사들에 대한 자세한 분석이 포함되어야 한다. 이 섹션의 마지막에는 시장분석을 통해서 회사의 연간 판매 및 시장점유율(market share)에 대한 추정 내용이 담겨 있어야 한다.

● 재무 추정

재무 추정에서는 회사의 재무 분석을 통해 재무 추정(financial projection)을 할 수 있도록 구성되어야 한다. 특히, 주요 수익 동인들이 규명되어야 한다. 이를 위해서 총마진이 계산되어야 하며, 판매원가, 단위당 공헌이익, 변동비, 그리고 운영 레버리지(operating leverage) 등도 포함될 수 있다.

초기 1회성 비용인 개업비용도 반영되어야 하며, 이 비용에는 법적 비용, 수수료, 웹사이트 디자인, 비즈니스 로고 디자인 등이 포함된다. 손익분기점(BEP)분석과 '현가로 할인된 현금흐름(DCF)' 추정을 통한 수익성분석을 통해서 얼마만큼의 제품을 생산할 때, 이익을 얻을 수 있는지에 대해서도 나타내어야 한다.

● 마케팅 계획

마케팅 계획은 어떻게 시장에서 제품과 서비스를 판매할 것인가에 대해 초점을 맞추어야 한다. 이를 위해 제품군(product), 가격(price), 판촉계획(promotion), 유통망 구축(place) 등 4P전략과 시장세분화(segmentation), 목표시장 설정(targeting), 포지셔닝

(positioning)으로 구성된 STP 전략을 설명해야 한다. 마케팅 전략이 구체화되는 과정을 통해서 경쟁사와 대비한 차별화 포인트를 어떻게 가져갈 것인지에 대한 내용이 반영되어야 한다.

● 제품 및 서비스 개발계획

제품 및 서비스의 개발과 관련한 현재 시점에서의 이슈 등을 반영한다. 특히 제품 프로토타입(product prototype) 등에 대한 소개 내용이 포함되어야 한다. "챌린지 및 리스크" 섹션을 통해서 주요 예상 디자인 및 개발과 관련된 챌린지 및 리스크 포인트들을 기술한다. 마지막 섹션에서는 현재 개발 중인 제품 및 서비스와 관련한 주요 특허, 상표권, 등록상표 혹은 영업기밀 등에 관해서 기술하고 확보 방안도 제시해야 한다.

● 운영 계획

운영 계획은 자사 비즈니스를 어떻게 운영하고 제품 및 서비스를 어떻게 생산하는지에 대해 설명한다. 이를 위해 초기 단계와 후기 단계에 해야 할 일을 구분한 backstage와 frontstage로 나누어 운영 계획을 제시할 수도 있다.

● 경영층 및 회사 구조

대부분의 투자자들은 경영층 및 회사 구조에 대한 관심이 매우 크다. 우선 경영층에 대한 기술에는 설립자와 주요 경영진에 대한 프로필이 담겨야 한다. 프로필에는 직위, 직위의 의무 및 책임, 경영층의 이전 산업경력, 성공사례, 학력 등이 반영되어야 한다. 경영층이 자격이 있고, 회사를 잘 이끌어 나갈 수 있음을 나타내어야 한다.

또한 최고경영자의 과거 회사 운영 시의 윤리적 문제와 배임에 대해서도 투자자의 관심은 매우 크다. 회사에 대한 구조화 및 역할/책임을 효과적으로 보여주기 위해서는 조직도를 보여주어야 한다.

● 일정 계획

전반적인 일정은 비즈니스 개시와 관련한 주요 일정들을 보여주도록 구성되어야 한다. 이 일정에는 벤처 등록, 프로토타입 완성, 시설대여, 주요 파이낸싱 획득 일정, 생산 시작 일시, 첫 판매 시현 등 비즈니스 성공에 필요한 주요한 일정들을 나타내어야 한다.

● 추정재무제표

비즈니스 플랜의 마지막 부분은 회사의 재무 추정을 하는 것이다. 여기에서는 자금조달의 방법 및 시기, 자금사용에 대한 내용도 기술되어야 한다. 재무 추정의 기반이 되는 전제사항도 기록이 되어야 하며, 추정재무제표는 재무상태표, 포괄손익계산서, 현금흐름표 등 제반 재무제표를 통해서 제시하도록 한다. 아울러 사업수행을 통해 얻게 될 수익을 제반 수익성분석을 통해 설명해야 한다.

● 첨부자료

첨부자료 부분에는 경영층의 이력, 제품 혹은 제품의 다이어그램 혹은 기술특허, 재무데이터 그리고 시장 리서치 예측 등 보고받는 대상이 관심을 가질 사항에 대해서 자세히 기술한다.

사례 사업계획서의 신뢰도

어렵게 만든 사업계획서도 하루 아침에 휴지 조각이 될 수도 있다. 한국의 이동통신(mobile phone) 사업은 초기 한국이동통신의 독점체제였으나 신세기통신의 참여로 복점체제가 되었다. 이후 정부 정책의 변화로 3개 업체(KT, LG유플러스, 한솔)를 추가 모집하기로 하였다. 사업자가 5개 업체로 구성된 이후에는 업체당 가입자 수, 가격, 유통망 등 전반적인 큰 변화가 예상되어 사업자가 2개인 것으로 가정하고 작성한 사업계획서는 유용성이 없어져서 폐기되었다.

이와 같이 정부 정책변경으로도 사업계획서를 의미없게 만들 수 있으나, 그래도 사업계획서는 사업 구체화에 유용한 도구이다. 또한 경제성분석(특히 NPV법)은 수많은 전제사항과 복잡성으로 작성할 때 회계 전문가가 필요하다. 이로 인해 회계사를 중심으로 한 회계전문가에게 많은 일거리와 수익을 제공한다.

사업계획서 발표

사업계획서의 발표 시간은 중요도에 따라 다르지만 일반적으로 1시간 가량 소요되는데, 30분 정도의 프레젠테이션과, 나머지 30분은 질문에 대한 응답으로 구성된다.

투자자들에게 직접 프레젠테이션(oral presentation)을 하는 경우, 투자자들이 요구하는 지시사항을 준수해야 하며, 주어진 발표시간 내에 설명을 끝내야 한다. 발표에 앞서 투자자로부터 어떠한 질문들을 받을 것인지에 대해서 사전에 예상하여 보고, 이에 대한 준비를 하는 것이 투자자에게 좋은 인상을 심어줄 수 있다.

투자 목적의 발표회는 보안이 요구되어 사업계획서가 평가자에게 사전 배포가 되지 않은 경우가 많으므로, 발표 초기에는 평가자가 사업계획서를 충분히 이해하기가 어렵다. 따라서 프레젠테이션의 끝부분에 사업의 중요하고 자랑할 만한 사항을 다시 언급하는 것이 좋은 발표전략이 될 수 있다.

사업계획 작성시 전문가의 조언(Harvard Business Review 견해 중심)

사업계획 수립과 관련하여 실무 전문가들은 아래 사항을 조언한다. 이는 Harvard Business Review에 게재된 글을 중심으로 요약한 내용이다.

Ron Shaich(2023)는 비즈니스모델 설계 시 의미 중심의 비즈니스 설계, 변화를 이끄는 공감과 상상력, 목적 중심의 접근 방식이 필요하다고 하였다. Girotra & Netessine(2014)는 비즈니스모델 혁신을 통해 수익성을 높일 수 있는 방법은 제품 포트폴리오의 재조정, 중요 결정 시기의 변경, 결정권자의 변경, 동기부여라고 제시했다.

Rich & Gumpert(1985)는 사업계획서 작성 시의 유의사항으로 시장 분석의 중요성, 회사의 가치 제안, 재무계획과 예측, 사업 실행전략, 위험관리 계획 등 5개를 거론하였다. 자세한 내용은 챕터 끝부분의 "경영 Insight"에 기술하였다.

경영 Insight

〈Business model **설계 시의 고려사항**〉

- **의미 중심의 비즈니스 설계**: 비즈니스모델은 단순히 경쟁에서 돋보이고 고객에게 가치를 제공하는 것을 넘어서, 기업이 왜 중요한지와 이해관계자에게 어떤 의미를 가지는지를 명확히 정의해야 한다.
- **변화를 이끄는 공감과 상상력**: 고객과의 연결을 통해 변화를 이끌어내고 발견된 인사이트로 지속적으로 혁신을 추진한다. 이 과정은 고객의 감정에 호응하는 방식으로 진행되어야 한다.

- **목적 중심의 접근 방식**: 설정한 목적이 전체에 걸쳐 일관되게 유지되도록 함.

출처 : Put Meaning at the Center of Your Business Model, Ron Shaich(2023), Harvard Business Review(HBR)

〈비즈니스모델 혁신을 통한 생산성 제고 방안〉

비즈니스모델 혁신을 통해 수익성, 생산성을 높일 수 있는 네 가지 방법을 제시하였다. 4개의 방법은 제품 포트폴리오의 재조정, 비즈니스모델상의 중요 결정 시기의 변경, 결정권자의 변경, 그리고 동기부여와 같은 결정 배경의 조정을 들 수 있다.

출처 : Four Paths to Business Model Innovation, Karan Girotra & Serguei Netessine(2014), HBR

〈사업계획서 작성시 유의사항〉

- **시장 분석의 중요성**: 효과적인 비즈니스 플랜은 시장 상황과 잠재 고객에 대한 깊은 이해에서 출발한다. 시장분석을 통해 경쟁사 분석, 타깃 고객의 요구와 선호도, 시장의 성장 가능성 등을 평가해야 한다.
- **회사의 가치 제안**: 사업계획의 핵심은 명확한 가치 제안에 있음. 이는 회사가 고객에게 어떤 독특한 가치를 제공할 것인지를 명시함으로써, 경쟁업체와의 차별화 요소를 제시하는 것이다.
- **재무계획과 예측**: 재무 모델을 포함하여 투자수익률, 매출 예측, 비용 구조 등을 상세히 추정해야 한다. 이는 투자자나 금융기관에 사업의 재무적 타당성을 입증하는 데 중요하다.
- **사업 실행전략**: 구체적인 실행계획을 제시해야 한다. 이는 제품 개발 로드맵, 마케팅전략, 영업전략 등 사업을 성공적으로 운영하기 위한 단계별 계획을 포함한다.
- **위험관리 계획**: 잠재적 위험요소와 이에 대한 대비책을 설명해야 한다. 이는 투자자들이 사업의 위험성을 이해하고, 기업이 위험을 관리할 준비가 되어 있음을 보이는 것이다.

출처 : How to Write a Winning Business Plan, Stanley R. Rich & David E. Gumpert (1985), HBR

창업 Worksheet 4 Business Model 도출과 사업계획서

비즈니스 콘셉트 도출을 위해 다음 사항들을 생각해 보자.

1. 비즈니스 콘셉트 도출

구분	질의서	답변
제품/서비스	상품의 기능과 목적은 무엇인가? (What) 해결하고자 하는 문제는?	
	다른 경쟁제품과의 차별은? (How) (고객들이 이 제품을 왜 찾을려고 하는가?)	
	기술적 특징은 무엇인가?	
시장성	누가 구매해줄 것인가? (유통단계 고객과 최종 사용자 포함) (Who). 고객은 충분히 있는가?	
	고객이 왜 구매하려고 할 것인가? (차별성이나 문제해결) (Why)	
	언제, 어디서 어떤 방식으로 판매할 것인가? (When, Where)	
	어떻게 잠재고객에게 홍보할 것인가? (How)	
	타겟 마켓은 어디인가? (What)	
	이익을 어디서 얻을 것인가? 판매 시 가격은?	
	얼마나 사줄 것인가?	
재무	팀조직은 확보되었는가?	
	기술개발에 얼마나 시간과 비용이 들것인가?	
	마케팅과 홍보, 영업 조직을 위한 비용이 얼마나 들것인가?	
가치	고객에게 무슨 혜택을 주는가? 창출된 가치는 무엇인가?	
	경쟁 우위 수단	
위험	성공에 이르기까지 어떤 위험이 있는가?	

2. 비즈니스모델 캔버스

<table>
<tr><td rowspan="2">핵심파트너</td><td>핵심활동</td><td rowspan="2">가치제안</td><td>고객관계</td><td rowspan="2">고객</td></tr>
<tr><td>핵심자원</td><td>채널</td></tr>
<tr><td colspan="3">비용구조</td><td colspan="2">수익원</td></tr>
</table>

3. 교과서에서 배운 사항을 토대로 간략한 사업계획서를 구상해 보자.

제 3 부

제품화 단계

제품화 단계는 선정된 사업아이템으로 조직화하여 제품으로 형상화시키는 직전 단계까지 추진하는 단계이다. 효율적인 연구개발을 통해 기술자산을 창출하고, 제품화를 시행해야 한다. 어떠한 형태의 기업 설립이 적당한지 검토하고, 인력을 충원하며, 추정재무제표를 작성해 보고 자금을 조달해야 한다. 또한 효율적 인사/조직관리에 대한 안목도 갖추어야 한다.

제 6 장

R&D 관리

6.1. R&D 전략수립

연구개발 관리의 중요성과 구성

기업에서 연구개발 활동이 중요한 이유는 연구개발 활동을 거쳐 창출되는 기술자산이 기업의 경쟁우위 및 부의 창출에 핵심이 되기 때문이다. 따라서 기업에서는 핵심기술을 어떻게 확보하는가의 문제와 제한된 자원을 어떻게 효율적으로 활용하여 기술자산을 확보하는가의 문제가 대두되게 된다. 연구개발 활동에 있어 내부의 제한된 인적, 기술적, 재무적 자원을 효율적으로 활용하는 방향으로 관리하는 방법에 관한 것이 연구개발(R&D) 관리이다.

R&D 투자규모 만큼의 기업 성과는 나타나는가?

기업이 R&D 투자를 하면서 가지는 의문점은 R&D 투자규모 만큼의 기업성과(순이익 증가)가 나타나는지 여부이다. 이 의문점에 대한 과거의 많은 연구는 상관관계가 없다는 것이었다. 즉, 상관관계는 '비례한다', '반비례한다', '아무런 관련이 없다' 등 다양한 연구 결과가 나왔다. 세계적인 컨설팅 회사인 Booz Allen Hamilton이 2006년 세계 1,000대 R&D 투자기업을 대상으로 분석한 결과도 R&D 투자규모와 기업 성과 간에 어떠한 상관관계가 없다는 것이었다.

그러나 이후 기술경영이란 요소를 추가하여 연구한 결과, 결론은 뒤바뀌었다. 즉, 최근의 일반적 결론은 'R&D 투자액의 크기보다 R&D를 어떻게 효율적으로 관리하는가가 성과에 더 중요하다'는 것이다. 즉, 기술경영(MOT; management of technology)의 효율성에 따라 R&D 투자 성과가 달라진다는 것이다.

연구개발의 유형

연구개발의 유형은 구분 기준에 따라 다음과 같이 나눌 수 있다. 우선 연구개발 단계별로 구분하면, 새로운 과학적 지식이나 이해를 얻기 위해 수행되는 기초연구(basic research), 실무적 특정 목적을 달성하기 위한 응용연구(applied research), 생활에 유익한 제품, 시스템을 창조하기 위한 개발(development)로 구분할 수 있다.

또한 연구개발은 목표로 하는 대상에 따라 다음과 같이 구분된다. 우선 새로운 제품을 개발하기 위한 연구개발은 제품혁신(product innovation)이며, 새로운 공정개발이나 공정 개선하기 위한 것은 공정혁신(process innovation), 관련된 서비스의 개선을 목표로 하는 것은 서비스 혁신(service innovation) 연구개발이다.

R&D 전략 수립

성공적인 R&D 전략수립을 위해서는 조직의 현황분석, 전략 방향수립을 위한 기술예측이 선행되어야 한다. R&D를 수행하기 이전에 연구의 외부환경 분석과 내부환경 분석이 있어야 한다.

외부환경분석에는 STEEP 분석법 등이 활용되는데, 이는 거시적 환경 요인인 사회/문화(social/culture), 기술/정보(technological), 생태학적 환경(ecological), 경제(economic), 정책 및 법규(political/ legal)의 5개 요소를 중점 분석하는 것이다.

기술의 획득방법 결정

기업이 기술을 획득하는 방법은 내부적 획득방법과 외부적 획득방법의 두 가지가 있다(표 6-1 참조). 내부적 기술획득은 자체적 연구개발 활동을 수행하여 확보하는 방법이고, 외부적 기술획득은 수탁연구, 협력연구, 라이선스, 기술 구입 등의 방법을 활용하는 것이다.

내부 연구개발 활동(in-house R&D activities)을 수행하는 경우는 높은 기술능력을 보이는 영역, 해당기술의 개발이 경쟁우위에 핵심적인 역할을 하는 영역, 활용하려는 기술들과 높은 시너지가 있는 영역이 적합하다.

[표 6-1] 기술 획득 방법과 장·단점 비교

원천	방법	장점	단점
내부	자체개발	• 독점적 기술지식 획득 • 생산 전에 전문가 양성 가능 • 기술개발/판매 이득 큼	• 대규모/장기간 개발비 지출 필요 • 위험부담 큼 • 상업적 성공의 불확실성 존재
	모방개발	• 낮은 기술개발 비용 • 자체 기술능력 배양 가능 • 기업여건에 맞는 기술개발 가능 • 기술 제공자의 횡포 및 예속 방지	• 기술 격차가 클 경우 실패 위험 큼 • 기술 구매보다 생산 개시에 시간 소요 • 어느 정도의 기술 능력이 요구됨 • 장치산업/고도 기술분야는 어려움
외부	기술도입	• 약간의 독점기술 획득 가능 • 투자 이전에 위험부담 예측 가능 • 개발비용이 적고 사전 교육 가능 • 새로운 시장에서의 수급조절 가능 • 원천기술의 소재 가치 하락	• 적합한 프로젝트의 탐색 필요 • 기술 도입비용 필요 • 자체 개발능력이 저하되는 경향
	기술구매	• R&D 노력이 거의 필요 없음 • 생산(운용) 빠름 • 기술적 위험 부담 적음 • 원천기술의 소유 가치 하락	• 독점기술의 획득 곤란 • 전문가 양성은 생산 개시 후 가능 • 경쟁적인 기술 이득 낮음 • 구매비용 매우 높음
합작개발		• 시너지효과 큼 • 필요 자원에의 접근 용이 • 상대적으로 낮은 위험/비용 • 한 분야에의 집중도 높음	• 파트너에 대한 신뢰 및 정보 부족 • 문화/관리 방침의 차이에서 오는 비효율성 • 협조적인 분위기 조성 어려움

* 출처 : 정재용 외, “공학기술과 경영”, 2006

6.2. R&D 프로젝트 관리

R&D 프로젝트의 특징

R&D 관리의 핵심내용을 정리하면 〈그림 6.1〉과 같다.

프로젝트(project)는 특정의 목적을 달성하기 위하여 착수하는 한시적인 활동을 의미하며, 사업의 목표가 명확해지는 단계부터 프로젝트라는 용어를 사용한다. 프로젝트는 잘 알려져 있는 사업을 수행하는 ‘시공형 프로젝트’와 새로운 것을 찾아내거나 만드는 ‘연구

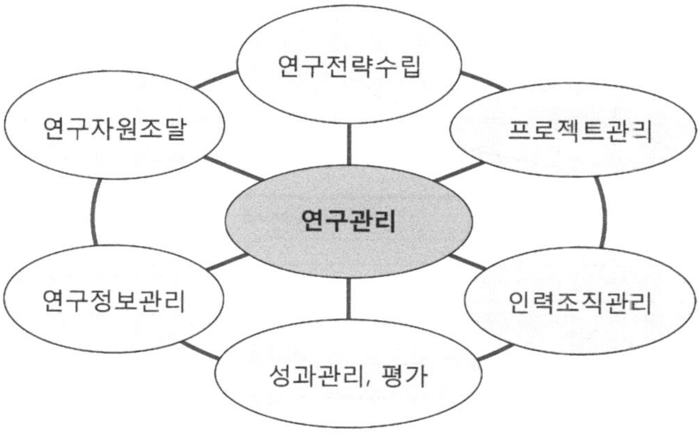

‖ **그림 6.1** ‖ R&D 관리의 핵심 내용

[표 6-2] R&D 프로젝트의 특징 및 관리 주안점

R&D 프로젝트 특징	관리 주안점
불확실성	• 과거의 동일한 경험이나 자료가 존재하지 않아 프로젝트 관리에 유연성과 어느 정도의 자유가 필요함
긴 투자회수기간	• 전략 및 투자에 대한 고유한 평가관리체제가 필요 • R&D 성과에 대해 장기적인 시각에서 평가 필요
상호 의존성	• 연구과제들의 기획 단계부터 과제 간의 관계를 체계적으로 고려해야 함
다양성	• 기초/개발, 단기/중기/장기, 제품/공정, 단일/복합제품 등 유형에 따라 다른 방식과 기준이 필요
우연성	• 자율성 보장을 통해 창의력 발휘 기회 부여 필요 • 실패를 수용할 수 있는 문화 조성 필요

개발형 프로젝트'로 구분된다.

연구개발형 프로젝트는 불확실성이 크며, 투자회수 기간이 길고, 프로젝트들 상호 간 의존적인 경우가 많으며, 프로젝트 성격이 다양하며 우연성(serendipity)이 존재하는 경우가 많다는 특징이 있으며, 연구개발형 프로젝트의 특성에 따른 관리 방향은 [표 6-2]와 같다.

프로젝트 관리 단계 및 세부활동

연구개발 프로젝트 관리 단계는 〈그림 6.2〉 '프로젝트 창출 → 계획 → 수행 → 평가'의 4단계로 구성된다. 우선 '프로젝트 창출' 단계에서는 기술예측 및 산업정보 수집/분석, 연구개발 또는 외부획득에 대한 제안서 작성, 경제성 평가에 의한 프로젝트 선정이 이루

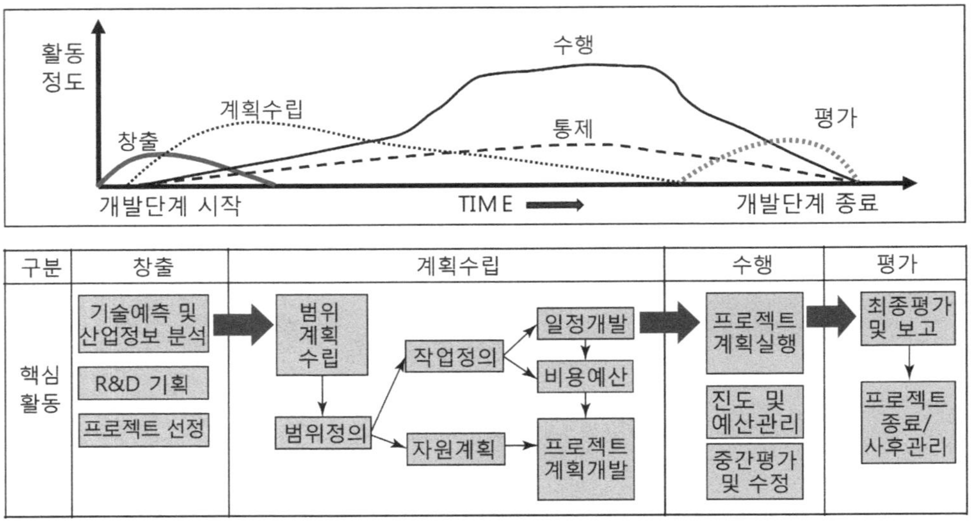

‖ 그림 6.2 ‖ 연구관리 프로젝트 관리 단계

어진다. '프로젝트 계획' 단계에서는 프로젝트를 구성하는 세부 활동 파악, 세부 활동에 대한 일정관리 계획, 예산배분 계획, 자원배분 계획이 작성된다.

'프로젝트 수행' 단계에서는 프로젝트가 당초 예정대로 진도가 관리되고 있는지, 예산은 차질 없이 집행되는지에 대해 중간평가를 시행하고 문제가 있을 경우 수정한다. '프로젝트 평가' 단계에서는 프로젝트가 완료된 시점에서 최종적인 결과를 정리하여 종합평가를 실시하고, 사후관리 계획을 수립하게 된다.

프로젝트 과정별 관리기법

프로젝트 관리는 프로젝트의 창출에서 평가까지 일련의 단계를 거치면서 다양한 활동들을 포함한다. 그러나 이러한 활동들에서 공통적으로 중요하게 여겨지는 것은 일정관리와 평가(선정, 결과평가)관리에 관한 기법이다. 프로젝트의 일정관리를 위한 기법은 일반적으로 간트 차트(gantt chart), PERT/CPM, SGP 등이 있으며, 이에 대한 설명은 "이론 따라잡기"에 적었다.

이론 따라잡기

1. PERT/CPM 기법

간트 차트의 단점을 보완하기 위해 개발된 현대적 관리기법이 PERT/CPM 기법이다. PERT (Program Evaluation and Review Technique)는 미국 해군에 의해 개발된 것으로 프로젝트의 개별 활동들의 수행시간이 하나의 값으로 정해지지 않았다는 것이 CPM과 구분되는 가장 큰 특징이다. PERT 기법에서는 프로젝트 활동의 수행시간을 확률분포로 파악하여 그 분포에서의 최단추정치, 정상추정치, 최장추정치의 3가지를 통해 수행시간을 구하고 그것을 바탕으로 프로젝트의 공기를 단축하는 것을 목표로 한다. CPM(Critical Path Methoc)는 CuPont사에 의해 PERT으로 예측하는 것으로 주 목적은 원가절감이다. 현재는 두 기법이 통합되어 PERT/CPM 또는 그냥 PERT라고 불린다.

PERT의 전체 흐름은 크게 3단계로 나눌 수 있다. 첫 단계는 'PERT의 구성단계'로 이 단계를 통해 프로젝트가 어떤 개별 과업으로 이루어지며 각 과업이 어떤 순서로 연결되어 있는지를 알 수 있다. 두 번째 단계는 PERT 분석을 통해 가장 중요한 관리 대상이 되는 주경로(critical path)를 찾는 과정이다. 주경로는 수행 시간을 계산하여 가장 긴 경로를 말한다. 주경로를 찾으면 프로젝트를 끝내는 데 걸리는 시간을 알 수 있다(그림 6.3 참고).

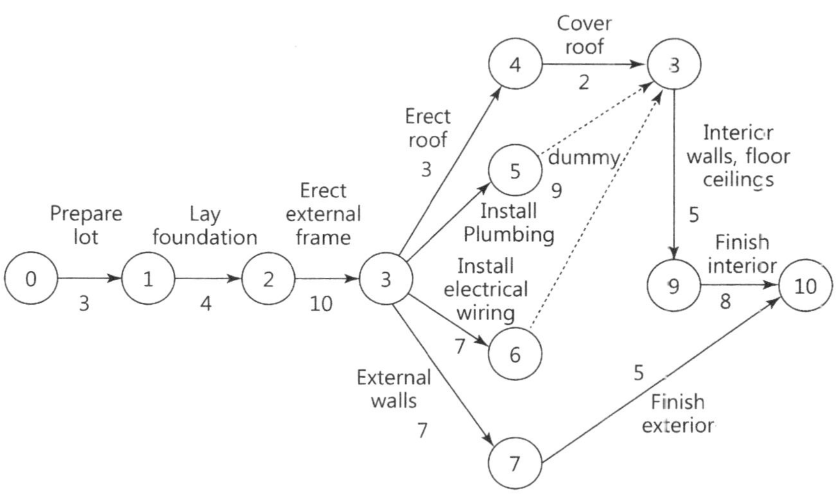

- 마디(○) : 원모양으로 사건(event)을 나타내며 과업의 시작과 끝의 기준
- 가지(→) : 하나의 화살표는 프로젝트를 구성하는 과업 중의 하나를 의미(화살표의 길이는 아무런 의미가 없음)
- 점선으로 표시된 화살표는 가상 과업으로 과업간 선후관계만을 의미하며 과업소요시간은 없음

‖ **그림 6.3** ‖ PERT 선행관계도(예시)

마지막 과정은 PERT 결과에 대한 평가를 토대로 전략적 의사결정을 내리는 과정으로 일정을 더 줄여야 하는지, 줄이면 어느 세부 과업부터 줄여야하는지를 결정하고, 시간 절감을 위해 한다. 대부분 어느 세부 과업을 줄여야 하는지는 과업의 수행시간을 줄일 때 드는 단위당 비용으로 파악하는데, 그 비용이 적은 과업부터 줄여나가는 것을 원칙으로 한다.

경영 Insight

〈유연성이 필요한 연구개발 process〉

전통적인 순차적 연구개발 방식은 오늘날의 빠르고 유연한 시장 요구를 충족시키기에 부족함. 이에 대응하여, 럭비 게임처럼 유연하고 통합적인 팀 작업을 통한 제품개발 방식이 필요함.

- **럭비 경기 접근 방식**: 이 접근 방식에서는 제품 개발팀이 시작부터 끝까지 긴밀하게 협력하며, 개발의 각 단계가 중첩되어 연속적이고 동적인 상호작용을 통해 진행됨.
- **핵심 특성 여섯 가지**:
  - 내장된 불안정성: 도전적인 목표를 설정하여 팀에 긴장감을 제공함.
  - 자율적인 프로젝트팀: 팀이 스스로 조직하고 자율적으로 목표를 달성하도록 함.
  - 중첩개발 단계: 개발의 여러 단계가 서로 겹치며 진행됨.
  - 다중 학습: 다양한 기능과 수준에서 지속적인 학습을 촉진함.
  - 미세한 제어: 엄격한 관리 대신 자율성을 강조하며 팀원 간의 상호 의존성을 통한 자연스러운 조정을 장려함.
  - 조직적 학습의 전달: 프로젝트팀에서 얻은 지식을 조직 전체로 확산시킴.

출처 : The New New Product Development Game, Hirotaka Takeuchi & Ikujiro Nonaka(1986), HBR

제 7 장

회사 설립과 벤처

7.1. 기업의 형태

사업의 본격적 추진을 위해 추진 주체인 기업을 설립하여야 한다. 기업의 형태는 여러 가지가 있는데, 주어진 목적을 효과적으로 달성하기 위해서는 내외부 여건에 가장 적합한 기업형태를 갖추는 것이 필요하다. 우리나라 기업의 형태는 〈그림 7.1〉과 같이 분류된다.

기업은 크게 사기업, 공기업, 공사합동기업으로 분류되며, 사기업은 개인기업과 법인기업으로 분류된다. 법인기업은 다시 사업의 목적과 구성원의 수에 따라 소수법인기업과 다수법인기업으로 분류된다. 소수법인기업의 경우 구성원의 책임 범위 등에 따라 합명회사, 합자회사, 유한회사로 분류되며, 다수법인기업은 협동조합과 주식회사로 분류된다.

합명회사

합명회사(general partnership company; 合名會社)는 무한책임 사원만으로 구성되는 회사로서, 사원은 회사의 채무를 연대하여 변제할 무한책임을 진다. 따라서 정관에 다른 규정이 없는 한, 사원은 회사를 대표하는 권한을 가진다. 사원의 기업 경영에 대한 참가를 강화함으로써 회사는 마치 개인기업의 공동경영과 같은 인상을 주게 되며, 사단법인이면

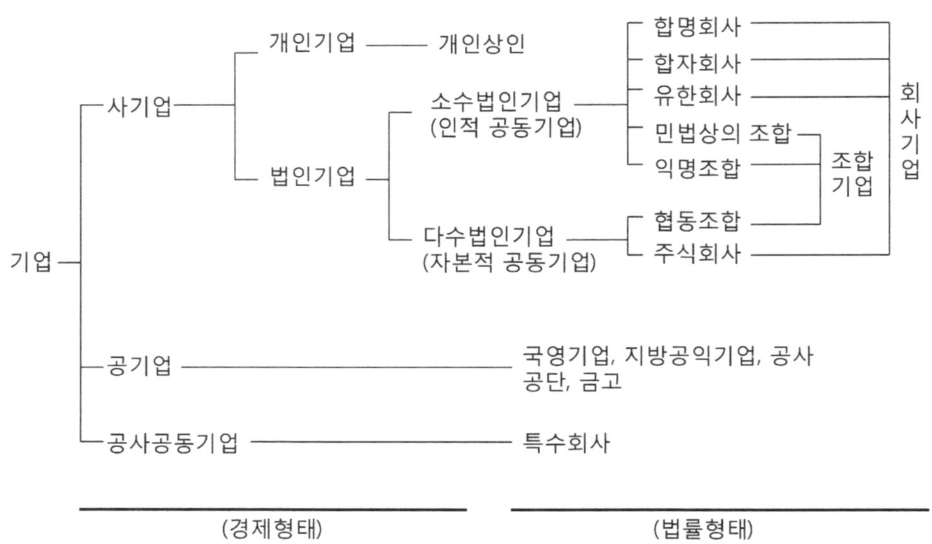

‖ **그림 7.1** ‖ 기업의 형태

서도 조합적 성격을 띤다.

합명회사는 설립 절차가 간단하며, 정관을 작성하여 설립등기를 하면 회사가 설립된다. 입사 및 사원의 지위의 양도(지분의 양도)는 다른 사원의 승낙을 필요로 하며, 반면에 퇴사의 자유가 인정되고 제명 제도가 있다. 합명회사는 자본적 결합의 색채보다도 가족적·인적 결합의 색채가 짙은 전형적인 인적회사이며 인적 신뢰관계가 있는 소수의 인원으로써 구성되는 법인기업에 적당한 회사이다.

합자회사

합자회사(limited partnership company; 合資會社)는 무한책임사원과 유한책임사원으로 구성되는 복합적 조직의 회사이다. 사업의 경영은 무한책임사원이 하고, 유한책임사원은 자본을 제공하여 사업에서 생기는 이익의 분배에 참여한다. 무한책임사원이 있는 점은 합명회사와 같으나, 회사채권자에 대하여 출자액의 한도 내에서만 연대하여 책임을 지는 유한책임사원이 있는 점이 합명회사와 다르다.

합자회사도 사단법인이지만 실질적으로는 조합적 성격을 띠며 인적회사에 속한다. 상법도 별단의 규정이 있는 것 외에는 합명회사의 규정을 준용하여, 합명회사의 하나의 변형으로 규정하고 있다.

유한회사

유한회사(LLC; Limited Liability Company, 有限會社)는 사원이 회사에 대하여 출자금액을 한도로 책임을 질 뿐, 회사채권자에 대하여 아무 책임도 지지 않는 유한책임사원으로 구성된 회사이다. 상법에 규정된 회사의 하나로, 물적(物的)회사와 인적회사의 요소를 가미한 중간 형태의 회사이다. 많은 점에서 주식회사와 유사하나, 복잡하고 엄격한 규정이 완화되고 지분의 양도가 자유롭지 못한 점이 주식회사와 다르다.

설립 절차는 간단하고 발기설립에 해당하는 방법만이 인정되며, 모집설립에 해당하는 것이 없다. 1인 또는 다수의 이사를 두어야 하며, 이사회나 대표이사라는 기관의 분화도 없으며, 감사도 임의기관이다. 사원총회의 소집절차도 간소화되어 있고, 서면결의 방법이 인정되어 있다. 사원수는 원칙적으로 50인을 초과하지 못하며, 사원에게 법정의 출자인수권을 인정한다.

주식회사

주식회사(corporation; 株式會社)는 주식의 발행으로 설립된 회사로서, 주주의 출자로 이루어지며 권리·의무의 단위로서의 주식으로 나누어진 일정한 자본을 가진다. 모든 주주는 그 주식의 인수가액을 한도로 하는 출자의무를 부담할 뿐, 회사 채무에 대하여 책임을 지지 않는다. 많은 기업들이 주식회사 형태를 선호한다.

주식회사의 설립 시 필요한 사항은, 정관 작성과 설립등기 외에 발행할 주식 총수, 이사·감사의 선임 등 회사 실체를 구성하는 제반 절차들이다. 주식회사는 법률상 반드시 의사결정기관인 주주총회, 업무집행과 대표기관인 이사회·대표이사와 감독기관인 감사의 세 기관을 가져야 한다. 또한 업무집행기관에 이사회제도를 채용하여 권한을 강화하고 감사의 권한을 회계감사만으로 한정하고 있다. 주식회사가 해산한 때에는 합병과 파산의 경우를 제외하고 청산 절차를 밟게 되므로, 회사는 청산의 목적 범위 내에서 존속한다.

사례 개인사업자는 샐러리맨보다 세금이 절약된다

동일한 조건이라면 일반적으로 개인사업자는 샐러리맨보다 세금을 적게 부담한다. 아래 그림과 같이 동일 수입, 세율, 사용비용을 가정하고, 개인사업자와 샐러리맨의 저축 가능액(여유자금)을 비교해 본다. 결과는 개인사업자의 저출 가능액이 크다. 이는 샐러리맨은 세금을 급여 수령 시점에 공제하는 반면에 개인사업자는 모든 비용 사용 후 잔액에서 세금을 공제하는 개인사업자 특성 차이에서 발생한다.

개인사업자와 샐러리맨의 세금 비교 (단위 : 천원)

	샐러리맨		개인사업자
수입	80,000	수입	80,000
-소득세(30%)	−24,000	-비용 사용	−30,000
세후 소득	56,000	비용 차감 후 잔액	50,000
-비용 사용	−30,000	-세금(30%)	−15,000
저축 가능액	26,000	저축 가능액	35,000

- 동일한 수입, 세율, 사용비용이라도 개인사업자의 저축 가능액이 크다.
- 세금공제를 먼저 하느냐, 나중에 하느냐(비용 사용 후)의 차이
- 전체 사항 : 동일한 수입(8천만원), 세율(30%), 사용비용(3천만원)

7.2. 회사 설립 절차

기업은 다양한 형태로 설립될 수 있지만 우리나라에서는 일반적으로 법인기업 형태인 주식회사형 기업과 개인사업자 형태의 개인기업이 가장 많이 존재한다. 기업의 형태가 개인기업 또는 법인기업인지에 따라 회사의 설립 절차와 세제의 적용이 다르기 때문에 우선 기업 형태를 개인기업으로 할 것인지 또는 법인기업으로 할 것인지를 결정하여야 한다.

개인기업의 설립 절차

개인기업의 설립 절차는 법인기업에 비해 간단하다. 설립하기 위해서는 관할 세무서에 사업자 등록을 하여야 한다. 개별법에 따라 인·허가가 필요한 업종은 사업자 등록에 앞서 인·허가를 받은 후 사업자 등록 시 인·허가 자료를 제출해야 한다.

사업자 등록은 사업을 시작한 날로부터 20일 이내에 구비서류를 갖추어 관할 세무서 민원실에 사업자 등록을 신청하여야 하며, 창업자가 세무서에서 사업자등록증을 발급받으면 개인기업은 새로운 기업으로 설립된다.

법인기업의 설립 절차

법인기업은 사업의 목적과 구성원의 책임여부 등에 따라 다양하고 설립 절차가 상이하지만, 여기에서는 우리나라에서 가장 일반적인 법인기업 형태인 주식회사의 설립 절차는 〈그림 7.2〉와 같다. 주식회사는 1인 이상의 발기인이 발기인조합을 구성하여 상법이 정하는 바에 따라 정관 작성, 주식인수 및 주금납입 등 일정한 절차를 거쳐 법원에 설립등기를 함으로써 설립된다.

* 출처 : 창업절차 매뉴얼(중소기업청) 참조

‖ **그림 7.2** ‖ 법인기업의 설립 절차

개인기업과 법인기업의 장·단점

개인기업은 기업이 완전한 법인격이 없고 소유자인 개인에게 종속되는 기업이고, 법인기업은 완전한 법인격을 가지고 스스로의 권리와 의무의 주체가 되어 소유자로부터 분리되어 개인기업에 비해 영속성이 유지되는 기업을 의미한다.

따라서 기업의 영속성과 성장성을 추구하기 위해서는 법인기업을 창업하는 것이 바람직하다. 법인기업은 개인기업보다 대외공신력과 신용도가 높기 때문에 자금조달과 영업수행에 있어 유리한 점이 많기 때문이다. 특히, 벤처기업을 창업하는 경우에는 국가로부터 각종 우대 지원제도 수혜를 받기 위해서라도 개인기업보다는 법인기업의 형태로 하는 것이 유리하다고 할 수 있다. 개인기업과 법인기업의 장·단점과 세제상의 특징을 자세히 살펴보면 [표 7-1]과 같다.

[표 7-1] 개인기업과 법인기업의 설립 장·단점

구분	개 인 기 업	법 인 기 업
장점	• 설립등기가 필요 없고 사업자등록 만으로 사업개시가 가능하므로 기업설립이 용이 • 기업이윤 전부를 기업주가 독점할 수 있음 • 창업비용과 창업자금이 비교적 적게 소요되어 소자본을 가진 창업자도 창업가능 • 일정 규모 이상으로는 성장하지 않는 중소규모의 사업에 안정적이고 적합 • 기업활동에 있어 자유롭고, 신속한 계획수립, 변경이 가능 • 개인기업은 인적조직체로서 제조방법, 자금운용상의 비밀유지가 가능	• 대표자는 회사운영에 대해 일정한 책임을 지며, 주주는 주금납입을 한도로 채무자에 대해 유한책임을 짐 • 사업양도 시에는 주식을 양도하면 되므로 주식양도에 대하여 원칙적으로 낮은 세율의 양도소득세가 부과되고, 주식을 상장 후에 양도하면 세금이 없음 • 일정 규모 이상으로 성장 가능한 유망사업의 경우에 적합 • 대외공신력과 신용도가 높기 때문에 영업수행과 관공서, 금융기관 등과의 거래에 있어서도 유리
단점	• 대표자는 채무자에 대하여 무한책임을 지고 대표자가 바뀌는 경우에는 폐업을 하고, 신규로 사업자등록을 해야 하므로 기업의 계속성이 단절됨 • 사업양도 시에는 양도된 영업권 또는 부동산에 대하여 높은 양도소득세가 부과됨	• 설립 절차가 복잡하그 일정액 이상의 자본금이 있어야 설립가능 • 주식회사인 벤처기업의 설립 자본은 2천만원 이상임 • 대표자가 기업자금을 개인용도로 사용하면 회사는 대표자로부터 이자를 받아야 하는 등 세제상의 불이익이 있음

* 출처 : 창업절차 매뉴얼(중소기업청) 참조

참고 간편한 회사 설립 과정

회사를 설립하고 사장이 되는 것은 간단하다. 소액의 수수료를 법무사에게 지급하면 회사 설립에 필요한 정관, 자본금, 법인인감 개설 등을 법무사가 대행하여 수행해 준다. 물론 회사에 대한 책임은 부담해야 하지만, 기업체에서 임원이 되는 것보다 사장이 되는 것이 훨씬 쉽다.

7.3. 윤리문화와 법적인프라의 필요성

갈수록 윤리 및 법적인 문제가 엄격하게 다루어지는 기업 환경에서, 사업 초기에 기업이 윤리적, 법적 문제에 대한 대비를 철저히 하지 않으면 추후 신생 기업에는 치명타가 될 수 있는 문제가 발생할 수 있다. 따라서 기업 설립 초기부터 강력한 윤리문화 체계와 법적 인프라 구축이 필요하다.

강력한 윤리문화 구축

벤처 기업가가 해야 하는 중요한 조치들 중 하나가 기업 내에 강력한 윤리문화를 구축하는 것이다. 범법행위, 사회적 책임, 고객존중, 성희롱 문제 등에 대한 윤리문화 구축을 통해 조직은 비윤리적 행위로 인한 사고를 경감시키고, 사고 발생 시 손실을 줄일 수 있다. 다음에 설명하는 내용들은 강력한 윤리적 조직문화를 구축한 기업들의 특징이다.

● 윤리적 조직문화 구축

윤리적 조직문화 구축에 있어 모범적인 조직의 사례들은 조직에 강력한 윤리문화를 구축할 수 있는 계기가 된다. 이와 같은 사례들을 통해서 투명성과 책임 등에 대해 많은 것을 배울 수 있게 된다.

● 행동강령의 제정

행동강령(code of conduct)은 특정 윤리와 사회적 문제에 대한 조직 가치의 공식적인 표현이다. 행동강령에는 제품 품질, 고객, 직원에 대한 존중, 사회적 책임 등의 문제에 대한 조직의 의지에 대해 일반적인 원칙을 포함할 필요가 있다.

● 윤리교육 프로그램의 실시

회사는 윤리적 행동을 장려하기 위해 윤리교육 프로그램을 실시할 필요가 있다. 대부분의 직원들은 자신의 업무수행 중에 크고 작은 윤리적 딜레마를 만나게 된다. 전문 교육기관은 현장 워크숍, 연설문, 트레이너 교과 과정, 비디오, 컨설팅 서비스 등을 통해 다양한 윤리 교육 프로그램을 제공한다. 이러한 훈련이 직원의 위법 행위 및 불법 행위를 줄이고 사기를 높일 수 있다.

회사의 변호사 선임

기업을 창업할 때 가능한 한 초기에 변호사를 선택하는 것이 중요하다. 변호사를 선택 시 고려 사항은 변호사가 창업에 대한 문제를 잘 알고 있고, 성공적으로 초기 프로세스를 구축한 경험이 있어야 한다는 것이다. 지식재산권(IP; Intellectual Property) 보호를 위해 특허 등록 시에는 특허 전문 변호사나 변리사를 선임하는 것이 필요하다. 기업은 법적 인프라의 핵심인 변호사를 선택할 때 다음 사항을 고려하여야 한다.

● 다양한 법률문제를 함께 상담

일반적으로 몇 가지를 별도로 다루기보다는 한 번에 여러 문제에 대해 변호사와 동시에 상담하는 것이 효율적이다.

● 변호사를 지원하기 위한 자료 제공

신생기업의 경우 변호사가 설립 시 진행하는 계약 또는 계약서의 초안을 작성하거나 법적 문제를 해결하는 데 필요한 문서를 기업이 대신 수집함으로써 소요되는 시간을 절약할 수 있다.

● 회사의 자문위원회에 변호사의 참여

기업이 좋은 출발을 할 수 있도록 도와줄 수 있는 자문위원회의 멤버 중에 변호사를 선임할 경우, 자문위원회의 변호사는 여러 자문뿐만 아니라 법률 서비스도 함께 제공할 수 있어 효과적이다.

● 비법률 전문가 활용

각 분야의 전문가는 변호사보다 적은 비용으로 작업을 수행할 수 있다는 것도 염두에 두어야 한다. 예를 들면 사업계획 관리 컨설턴트, 세금 업무에 대한 준비 서비스, 보험 계획에 대한 보험 에이전트의 조언, 단순 법무행정 수행 시 법무사를 활용하는 것 등이 좋은 사례이다.

법적분쟁 피하기

대부분의 법적 분쟁은 오해, 법률 지식이 부족하여 발생하는 경우가 많다. 법적 분쟁을 방지하기 위한 시스템을 구축하는 것이 초기 새로운 비즈니스에서 중요하다. 법적 분쟁을 방지하기 위해 취할 수 있는 몇 가지 사항에 대하여 설명한다.

● 계약의무를 미리 충족시킴

정해진 시간에 모든 계약의무를 충족하는 것이 중요하다. 합의를 체결한 대로 서비스를 업체 및 직원에게 제공하는 것을 원칙으로 하되, 시간을 지킬 수 없는 경우 가능한 한 빨리 당사자들에게 알려주어야 한다. 의무를 지킬 수 없는 경우 당사자와 솔직하게 사전에 협의함으로써 추후에 발생할 수 있는 분쟁을 줄일 수 있다.

● 계약의 서면화와 기록으로 남김

많은 경우 서면계약의 부족 때문에 비즈니스 분쟁이 발생한다. 분쟁 당사자의 권리와 의무를 서면으로 처리해 두는 경우(documentation), 나중에 분쟁이 발생하였을 때 해결하기가 용이하다. 신생기업은 자신의 제휴 파트너를 선택할 때 협력 관계에 있는 기업에 너무 의지하지 않도록 경계해야 한다.

법적 분쟁이 발생할 때, 기업들은 종종 협상이나 중재보다 더 많은 비용과 위험성이 존재하는 소송을 통해 해결하는 경우가 있다. 그러나 중재는 공정한 제3자(일반적으로 전문적인 중재자)가 분쟁에 연루된 사람들 합의에 도달하는 데 도움이 주는 존재로서, 때때로 법적 분쟁도 간단한 중재를 통해 해결할 수도 있다.

● 규범 설정과 non-disclosure agreement

기업은 규범을 통해 발생할 수 있는 직원들의 행동규제 기준을 설정해야 한다. 조직에서 발생하는 도덕적인 문제들의 발생 범주는 직원의 윤리적 문제, 고객과의 신뢰 충돌, 기업자원의 부적절한 사용 등이다.

기업들이 채택하고 있는 직원, 거래처와의 서면 체결계약은 두 가지가 있다. non-disclosure agreement는 채용 직원과 거래처와 체결하는 약정으로, 근무 또는 계약 이행을 통해 알게 된 기밀을 밝히지 않겠다는 약정서이다. non-compete agreement는 종업원이 퇴직 후 일정 기간 동안 동종 업계의 회사와 경쟁하지 않겠다는 계약이다.

참고 변호사/법무사와 회계사/세무사의 활용법

회사를 운영하려면 법률이나 회계 전문가의 도움이 필요하다. 변호사는 법률 지식이 우수하나, 수수료가 높은 반면에, 법무사는 법률지식은 다소 떨어지나 비용이 적게 들고 실무지식이 뛰어나다.

회계 측면에서 회계사는 회계이론 지식은 뛰어나나 수수료가 높은 반면에, 세무사는 회계이론 지식은 다소 떨어지나 비용이 적게 들고 보통 절세 측면에는 많은 실무경험을 가지고 있다.

따라서 높은 단계의 지식이 필요하지 않는 경우에는 법무사/세무사를 활용하는 것이 변호사/회계사를 활용하는 것보다 유리하다.

경영 Insight

〈어려운 환경에서의 start-up 구축 방법〉

자금 사정이 어려운 대부분의 스타트업은 아래 사항에 유의하며 경영해야 한다.

- **제품-시장 적합성 입증**: 제품의 시장적합성을 가능한 적은 비용으로 입증해야 함. 이를 위해 소규모 반복적인 단계를 통해 피드백을 받아야 함.
- **신뢰할 수 있는 자문위원과 이사회 구성**: 성공에 필요한 조언과 비용 절감에 긴요함.
- **보수적 자금조달**: 최소한의 자금만을 조달해야 하며, MVP 테스트 를 통해 투자자들에게 제품에 대한 고객의 호응을 보여야 함.
- **문화와 거버넌스의 중요성**: 스타트업은 종종 성장 단계에서 문화와 거버넌스를 간과하는 경향이 있지만, 이는 팀이 비즈니스를 지속하는 데에 중요한 요소임.
- **디지털 기술을 활용한 진화**: 디지털 도구를 활용하여 신속하게 시장에 출시하고, 피드백을 통해 개선해야 함.

출처 : Building a Startup in a Tough Funding Environment, Catalina Daniels & James Sherman (2024), HBR.

제 8 장

기술 인사 및 조직관리

8.1. 인적자원관리와 조직

인적자원관리의 개념

인적자원관리(human resource mangement)란 조직과 인력의 목표를 동시에 만족시키기 위해서 인적자원을 효과적으로 관리하기 위한 기능으로 정의될 수 있다. 인적자원관리는 크게 조달활동, 개발활동, 유지활동으로 구분할 수 있다.

기업은 성과를 지향하는 이익집단으로 성과창출을 위해 금전으로 대표되는 물적자원과 사람을 지칭하는 인적자원을 활용하게 되는데, 인적자원은 물적자원과 다르게 동기부여 시스템을 가지고 있고, 또한 계량화나 평가가 상대적으로 쉽지 않다는 특징을 가지고 있다. 따라서 인적자원은 물적자원과 같은 단기적 관점의 생산요소가 아닌 장기적 관점의 투자가 필요하다는 견해가 지배적이다.

조직설계

새로운 조직설계 시 일반적인 과정은 다음과 같다. 우선 조직이 추구하는 가치관과 전략 방향이 함축된 조직 이념(corporate mission)을 짚어 본다. 이를 토대로 보다 구체적인 조직 목표를 설정하고, 이후에 비로소 조직구조가 설계된다.

구체적인 조직설계를 위해서는 조직설계의 기본변수와 상황변수를 점검하면서 진행해야 한다. 기본변수는 필수적 변수로서 과업의 분화, 권한 배분, 조직활동의 통합을 말한다. 상황변수는 기본변수 결정에 영향을 미치는 것으로서 조직 규모, 조직 연령, 외부환경을 들 수 있다.

조직의 유형

조직설계 시 고려할 수 있는 조직의 유형은 다음과 같다. 첫째는 경영자를 정점으로 기능에 따라 세분화된 전통적인 라인 조직(line organization)이다. 둘째는 라인 조직에 조정 역할을 담당할 스텝 조직을 추가한 형태로 라인-스텝 조직이다. 셋째, 기능별 조직에 사업부 조직을 결합한 사업부제 조직이다. 넷째, 프로젝트 조직으로서 기존 조직으로부터 파견 형식으로 인력을 모은 후 독립적인 프로젝트 팀을 구성하는 것을 말하며, 테스크 포스 조직(task force organization)이라고도 불린다. 마지막 다섯째는 매트릭스 조직(matrix organization)인데(그림 8.1), 라인 조직의 효율성과 프로젝트 조직의 유연성을 동시에 만족시키려 제시된 조직이다.

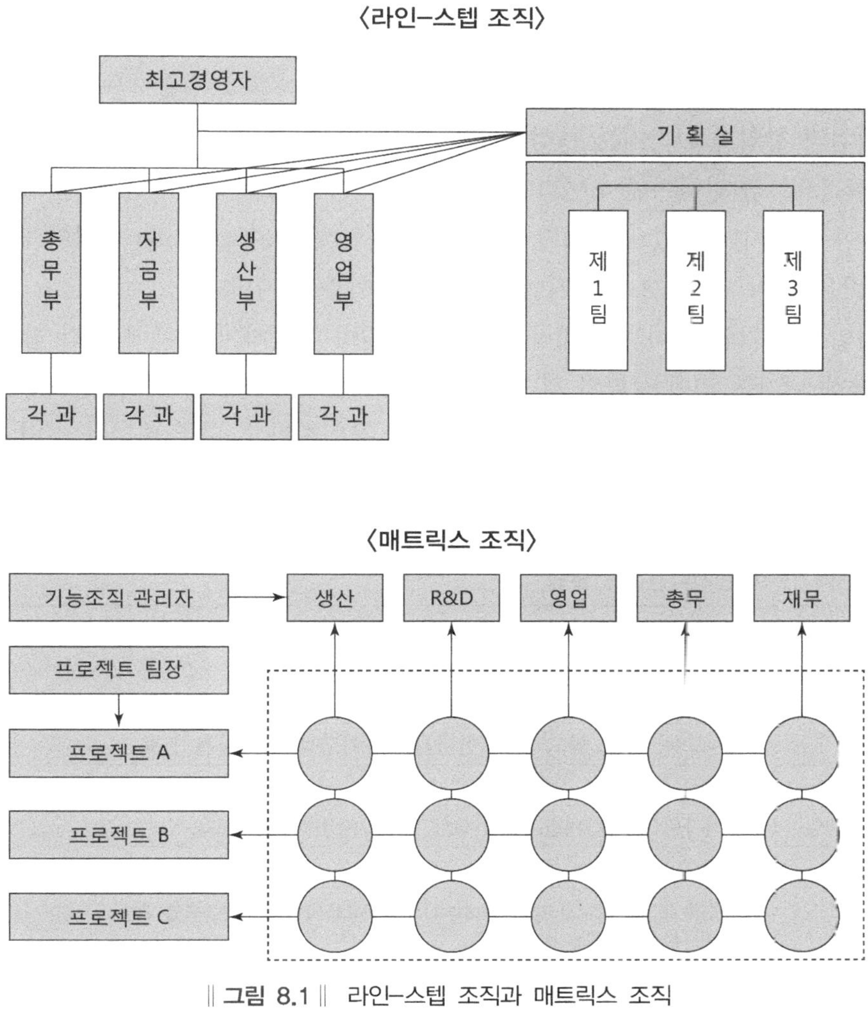

‖ 그림 8.1 ‖ 라인–스텝 조직과 매트릭스 조직

8.2. 벤처기업의 인사관리

벤처기업의 인적자원관리의 특성

벤처기업은 일반 기업이 가지는 특성들을 보유한 반면에, 직원들이나 창업자는 일반 기업과는 다른 특성을 보이기도 하는데, 특히 창업자가 다른 특성을 나타낸다.

벤처기업의 창업자가 가지는 특성을 보면, 첫째, 기업가로서 사회 변화에 도전하고 모험을 적극적으로 받아들이면서 변화에 대해서 예견력과 창조력을 지닌다. 둘째, 일반적으로 높은 학력을 지니고 있으며 대기업으로부터 독립해 나온(spin off) 사람이 많다. 셋째, 비교적 젊은 층이 많고 새로운 기업관과 산업사회관을 지닌다.

벤처기업은 대기업에 비해 상대적으로 인적자원이 부족하기 때문에 인적 잠재력을 최대한 활용해 나가는 것이 성공의 필수조건이다(표 8-1 참고). 핵심 인력을 확보 및 유지하는 방안 중 하나는 경제적 인센티브 제공을 통한 유인책이고, 다른 하나는 인력 개개인의 역량을 간섭받지 않고 마음껏 발휘할 수 있는 직무와 자율성을 제공하는 것이다.

[표 8-1] 벤처기업의 인적자원관리 특성

구분	벤처기업
인적자원 관리계획	• 비체계적인 인적자원계획 • 장기적인 관점에서 필요하나 인력부족 및 자금부족으로 미수립
모집	• 외부노동 의존, 연고 및 추천 활용. 사외모집, 경력사원 선호
선발	• 임의적 선발기법 적용. 협력과 팀워크 중시, 수시채용
훈련 및 개발	• 인적자원의 자기개발, 사내 OJT 강조, 제한적 사외교육
인사고과	• 인사전담부서 미비로 공정한 고과 미실시
보상	• 연봉제와 스톡옵션(stock option)으로 대표되는 성과위주형 제도 • 제한적인 성과배분제도
노사관리	• 무노조기업, 집단적 노사관계의 부재
작업시스템	• 수평적 조직구조로서의 다양한 직무수행
의사소통	• 수평적 의사소통 필요. 높은 의사결정권한과 자율적 분위기
고용안정	• 타이트한 인력운용, 제한적인 고용 조정

벤처기업의 조직 구축

벤처기업은 초기에는 작은 규모이어서 구성의 필요성은 적지만 조직 확대에 따라 추후 필연적으로 만들어야 하는 구성요소들이 있다. 필요한 조직요소는 핵심 종업원, 이사회, 자문단, 투자자 집단 등을 들 수 있다.

● 핵심 종업원

핵심 종업원(key employees)은 창업자를 위시하여 창업기업에 초기부터 참여하는 소수의 정예 인원을 말한다. 상호 간의 강점, 약점이 보완되게 멤버가 구성되어야 하는데, 즉 창업 CEO가 기술개발에 강한 엔지니어이면 다른 핵심 인력은 판매나 관리능력을 갖춘 사람이 보완되면 좋을 것이다. CEO가 추진력이 강한 스타일이고, 핵심 참모는 꼼꼼히 챙기는 스타일이면 시너지효과가 클 것이다.

● 이사회

이사회(board of directors)는 주주총회 권한사항을 제외한 중요 업무집행사항을 결의하는 기구이다. 대표이사 선임, 신주발행, 주주총회 소집 등 주요사항이 결정되며, 과반수로 승인 여부가 결정되며, 주식회사인 경우 초기부터 갖추어야 할 조직이다. 종업원 중에서 선정한 사내이사와 회사 외부에서 선정한 사외이사(outside director)로 구성된다.

● 자문단

자문단(advisory group)을 효율적으로 구성해 놓으면 높은 수준의 자문을 효율적으로 적은 비용으로 받을 수 있다. 장시간 근무 필요성이 없는 전문가들이 자문단에 포함되면 효율적이다. 즉, 법률, 회계, 투자, 기술 분야의 전문가인 변호사, 회계사, 기술 전공 박사가 자문단에 많이 선정되며, 주주 중에서 자문단이 선정되면 더욱 충실하고 진지한 자문을 기대할 수 있다.

● 투자자 집단

투자자 집단의 예로, 자기자본인 주식에 출자한 주주들의 모임이나 타인자본인 회사채에 자금을 제공한 채권자 모임을 들 수 있다. 투자자 집단의 특성에 따라 필요한 회의를 소집하여 회사 상황을 설명한다. 평소에 지속적으로 투자자 집단을 관리하여 두면 증자나 추가 차입 시에 용이하게 목적을 달성할 수 있다.

신생 벤처기업의 창업팀 구성

창업자의 중요한 역할 중 신생 벤처팀을 구성하는 방법은 잠재적 투자자, 파트너, 그리고 관련 인력들에게 중요한 신호를 보낸다. 투자자와 관련자들은 경험 있는 내부 인적자원과 양질의 충고를 얻을 수 있는 자문위원회를 구성하는 것이 신생 벤처기업의 성공에 기여한다고 여긴다.

팀원들이 공존할 수 있는지, 전문 영역에서 적절하게 균형을 유지할 수 있는지 등을 고려해야 한다. 팀원 구성 시 [표 8-2]와 같이 흔히 저지르는 실수가 있다.

[표 8-2] 신생 벤처기업의 인적자원 구성 시 공통적인 실수

- 자격이 없는 친구, 가족을 관리직에 앉힌다.
- 과거의 다른 사업군에서의 성공 경험이 신생 벤처기업으로 자동적으로 전환될 것이라는 가정
- "one man team" 팀원 증원 및 강화 계획없이 한 사람 또는 소수가 일인다역을 하도록 구성
- 기업에 대한 소유권의 분리없이 고위 관리자 고용
- 기술과 팀원의 자격 요건과의 차이를 줄이기 위한 막연하거나 명확하지 않은 계획

핵심 인력의 확보

창업을 결심하면, 핵심 인력을 확보, 고용하고 관리팀을 구성하는 것을 시작해야 한다. 핵심 인력을 확보하기 위해 창업자들은 개인적 네트워크를 활용하거나, 고용된 인력으로부터 추천을 받기도 하고, 인턴제도 및 구직사이트를 활용하기도 한다. 최근에는 인터넷의 발달로 인해 SNS를 적극 활용하기도 한다.

국내에서 많이 이용하는 취업사이트를 통해 효율적이고 저렴하게 채용을 추진할 수 있다. 고용노동부에서 운영하는 구직사이트인 워크넷(www.worknet.co.kr)을 이용하면 비용 없이 채용을 추진할 수 있다. 고급 기술인력의 스카우트는 전문 채용기업인 헤드헌터(head hunter)를 통해서도 가능하며, 이때는 고액의 비용이 발생한다.

8.3. R&D 조직관리

R&D 조직관리 개념과 조직 유형

R&D 조직관리는 조직의 경쟁력 강화를 위해 사업조정 및 조직구조 설계, 구성원과 집단 그리고 조직수준의 상호협력과 상호연계를 강화하고 조직문화의 변화와 조직 효과성 및 효율성 증대를 강화하기 위한 활동이다.

R&D 조직의 유형은 크게 계층적 조직(hierarchical organization)과 매트릭스 조직(matrix organization)으로 대별되며 각 조직은 다음과 같은 유형으로 분류될 수 있다.

계층적 조직은 하향식 접근으로 연구개발부서장을 중심으로 기능/제품/프로젝트 등의 특정한 한 가지 기준에 따라 하위부서가 편성되며 기능적, 제품별, 프로젝트별 조직으로 분류된다. 수직적 형태의 조직이기 때문에 관리가 용이한 반면, 하위부서 간 의사소통을 위해서는 단계를 거쳐야 한다.

매트릭스 조직은 연구과제와 결부되어 각 연구부서가 공동으로 유기적인 R&D 활동을 수행하는 조직형태이다. 최근 연구소 내의 R&D 조직은 기능조직 → 프로젝트 조직 → 매트릭스 조직의 변화 과정을 밟고 있다. 그러나 장·단점 파악과 내부사정 등을 감안해야 할 것이다. 매트릭스 조직은 유연한 조직운영과 자원 활용을 극대화하는 장점을 가지고 있는 반면 소속감의 혼란과 성과평가가 어렵다는 단점이 있다.

R&D 조직의 창의성 제고 방안

조직의 창의성이란 조직 내 개인들이 창의성과 개인들이 교류하고 접촉하는 방식에 영향을 미치는 다양한 사회적 프로세스와 환경요소의 복합작용이다. 그러므로 한 조직의 전반적인 창의성의 수준은 그 조직이 고용한 개인의 창의성의 단순 합은 아니며, 조직의 구조, 일처리 방식, 그리고 보상 시스템 등은 개인의 창의성 발휘에 영향을 미친다.

조직 창의성에 영향을 미치는 요인들은 조직의 동기화, 자원, 보상 시스템, 창의경영 관행 등이 있으며 세부 내용은 다음과 같다.

● 조직의 동기화

조직의 동기화란 조직 내에서 창의성과 혁신을 이루도록 조직에 혁신문화를 갖추게 하는 것을 말한다. 동기화가 잘된 조직은 개인의 창의성이 충분히 발휘될 가능성이 높아져 집단 및 조직 창의성도 높게 나타날 것이다(Woodman et al., 1993).

● 자원의 적절한 제공

조직의 자원(resources)은 구성원들이 업무나 과제에 필요한 자원 등에 대한 활용을 풍부하고 유연하게 할 수 있는 정도로 제공되어야 한다. 아마빌레(Amabile, 1996)은 조직의 창의성을 촉진하는 환경적 요인으로 충분한 정보, 시설, 기자재, 자료, 기금, 사람 등에 대한 접근 정도와 문제에 대해 충분히 생각할 시간 등을 거론하였다.

● 보상 시스템 확립

조직의 보상 시스템이란 조직의 창의적인 아이디어나 과업수행, 결과에 대한 경제적, 비경제적 보상의 정도를 말한다. 창의적인 성과창출에 기여하는 개인 또는 팀에게 충분한 사회적, 경제적 보상이 이루어질 수 있는 제도적 기반을 갖추어야 개인이나 팀을 지속적으로 동기부여할 수 있다.

연구개발 인력의 경력 유형

R&D 인력이라도 개인의 관심과 적성, 삶의 목표나 가치관, 조직 내의 위치와 기대 역할, 소속, 연구소의 성격 등에 따라 지향하는 경력의 유형이 다를 수 있다. 일반적으로 R&D 인력이 추구할 수 있는 경력 유형은 다음과 같이 다섯 가지로 나눌 수 있다(조근태, 2011).

● 기술개발 전문가

CTO(Chief Technology Officer)와 같이 담당 분야의 국내 및 세계 최고의 기술자를 목표로 새로운 지식 창출이나 신기술 개발을 위해 자신이 담당하고 있는 분야에만 몰입하기를 원하는 유형이다. 이들이 선호하는 보상은 연구 자율성이나 도전적인 업무부여, 학회 발표 등 자신의 전문성을 높일 수 있는 것들이다.

● 제품개발 전문가

관리직이나 전문직으로의 승진보다는 도전적이고 흥미로운 제품개발 프로젝트를 지속적으로 수행하고 싶어하는 프로젝트 전문가 유형이다. 또한 기술개발 전문가와는 달리 현장경험이나 실무능력을 중요시한다. 일부 연구소나 설계실 등에서 명장 혹은 명인 등의 호칭을 부여 받고 있으며, 한 분야에서 최고의 실무 전문가로 인정받고 있다.

● 연구 관리자

연구소장과 같은 관리자를 목표로 인사권 및 예산권을 갖고 연구소나 연구기획 등 담당부서를 책임지고 운영하는 관리자가 되는 것을 선호하는 유형이다. 관리능력과 리더십이 우수한 연구원 중에서 선발하는 것이 좋다.

● 기술사업가

CEO, CMO(Chief Marketing Officer), COO(Chief Operating Officer), 사업본부장 등 경영자를 목표로 자신이 개발한 결과를 사업부까지 직접 이관하는 것을 선호하는 유형이다. 이들은 제품의 성공적인 출시에 기여하기 위해 프로젝트 수행 초기부터 최종 제품 완성까지 참여한다. 이 유형은 조직 측면에서 R&D와 생산부서 등 기능 간 연계를 촉진하고 개인에게는 다양한 기회를 제공한다는 효과가 있다.

● 창업가

자신의 R&D 경험을 바탕으로 독자적인 창업의 길을 모색하거나, 그러한 기회가 주어질 경우 조직 내외의 벤처기업에 참여하는 것을 선호한다. 이 유형은 조직에 대한 만족도가 낮아 조직 내 성공보다는 창업하거나 사내 벤처 등을 통해 경제적 보상과 자율성을 확보하고자 하는 욕구가 강한 연구원에게서 많이 나타난다.

R&D 인력 양성을 국내 환경에 맞춰 검토해 보면 대다수의 기업에서는 제품개발 전문가, 기술사업가, 창업가 유형을 선호한다. 이는 순수 연구개발에 의한 시장진입 관점 보다는 시장 중심형 R&D 관점에서 경쟁사 대비 스피드 경쟁력을 중시하기 때문이다.

R&D 인력의 동기부여와 보상

기업은 연구개발 인력에 대한 합리적인 보상 시스템을 운용하여야 한다. 보상은 프로젝트 자체로부터 유발되는 내생적 보상과 특정한 행동에 대한 물질적, 비물질적 지원인 외생적 보상으로 나눌 수 있다. 기업은 보상 시스템을 구축하여 연구개발 인력이 높은 성과를 창출할 수 있도록 유도하여야 할 것이며 그 구체적인 방법은 다음과 같다.

첫째, 연구개발 프로젝트는 연구개발인력들에게 그 자체로서 매우 중요한 동기유발 요인(motivator)이다. 따라서, 흥미롭고 도전적인 과제를 수행할 수 있는 기회는 연구개발 인력에게는 중요한 보상이 된다.

둘째, 물질적인 보상으로는 연구개발 인력에 대한 임금인상 및 성과배분 등을 들 수 있다. 이와 같은 물질적인 보상은 연구개발 인력을 포함한 모든 인력들에게 중요한 동기유발 요인이 된다.

셋째, 비물질적 보상으로는 승진, 교육훈련, 연구의 자율성 등을 들 수 있다. 연구개발 인력은 일반 인력들과 달리 교육훈련, 연구 자율성, 독자적인 연구팀의 구성 등이 중요한 동기유발 요인으로 작용할 수 있다.

벤처기업의 경우 강력한 동기부여 수단으로 스톡옵션(stock option; 주식매수선택권) 제도를 채택할 수 있다. 스톡옵션은 자기 회사의 주식을 특정 가격에 일정 물량을 특정 기간 동안 매입할 수 있는 권리를 주는 것이다. 스톡옵션을 부여받은 자는 주가를 높이기 위해 노력할 것이다. 회사 입장에서는 당장 자금 부담이 없다는 점에서 유리하나 주식 물량이 늘어날 수 있어 미래 주가를 하락시키는 효과가 있다.

이론 따라잡기

벤처기업의 진화와 벤처 붐

벤처기업의 진화 과정은 다음의 [표 8-3]과 같이 나눌 수 있다. 20세기 초 주식회사의 설립과 함께 태동된 벤처기업은 1950년대 미국 보스턴 지역의 창업 러시, 1970년대 실리콘 밸리 중심의 벤처붐, 그리고 최근 IT, BT 등을 기반으로 기술창업이 활성화되는 단계를 거쳐 진화되었다고 할 수 있다.

[표 8-3] 벤처기업의 진화와 벤처 붐

시 기	주 요 특 징
20세기 초	• 전통적 수공업에서 자동화 생산으로 전환되면서 산업자본주의 정착과 주식회사 설립 시작 • Ford, Carnegie 등과 같은 창업자 탄생 시작
1950년대	• 미국 보스턴 중심으로 벤처 붐 발생 • 2차 세계대전 이후 실직한 연구자들의 창업 급증
1970년대	• 실리콘 밸리 중심의 벤처 붐 형성 • 스탠포드 대학 중심으로 대학, 기업, 금융기업이 함께 입주하면서 실질적 기술 기반 벤처기업 탄생 시작
현재	• 세계적으로 IT, BT, NT 등의 최첨단 신기술 등장과 함께 창업 활발해짐 • 인공지능(AI)과 Chat GPT의 도입으로 새로운 영역의 기업이 증가하고 있음 • 공학적 배경을 가진 기업가 증가

특히, 최근에는 경제난을 해결하기 위한 세계 각국의 경제정책에 따라 세계적으로 기술창업과 벤처기업 설립이 증가하는 추세이다.

창업 Worksheet 5 창업팀 조직구축

1. 당신이 잘하는 일과 분야는 무엇이며, 업무 추진 시의 장점은 무엇인가? 당신이 부족하다고 느끼는 분야와 업무 추진 시의 단점은 무엇인가?

2. 창업자로서 필요한 능력은 무엇이며, 창업조직이 갖추어야 할 의사결정 방식은 무엇이라고 생각하는가?

3. 창업된 회사가 잘 성장하고, 당신의 단점을 보완하려면 어떤 전공과 기질을 갖춘 구성원이 보완되어야 하는가?

4. 당신이 필요로 하는 사람을 어떻게 뽑을 것인가? 다음 사항에 대해 브레인스토밍방식으로 토의해보자.
   (1) 구성원 채용과 screening 방법

   (2) 구성원의 보상 방안

   (3) 구성원과의 소통 방법

5. 당신이 뽑은 구성원이 회사 결정과 다른 의견을 제시하면 어떤 행동을 해야 하는가? 구성원 간 합의에 많은 시간이 소모되고 잘 합의되지 않는다면 어떻게 할 것인가?

경영 Insight

〈신생 start-up과 위험관리〉

새로운 사업을 시작할 때 위험을 관리하는 방법에 대해 설명하였다.

- **위험 관리의 중요성**: 성공적인 기업가들은 위험을 관리하는 방법에 능숙함. 발생할 수 있는 다양한 위험을 식별하고 체계적으로 제거해 나가는 것이 중요함.
- **위험 유형의 구분**: 모든 위험을 동일하게 다루지 않음. 위험을 '거래 파기 위험(deal-killer risks)', '경로 의존적 위험(path-dependent risks)', 그리고 '쉬운 승리, 높은 ROI 위험(easy-win, high-ROI risks)'으로 분류하여, 중요도에 따라 우선순위를 정할 수 있음.
- **실험을 통한 학습**: 새로운 사업에 대한 가설을 검증하기 위해 작고 경제적인 실험을 실행함.

출처 : Beating the Odds When You Launch a New Venture, Clark Gilbert & Matthew Eyring(2010), HBR

제 9 장

재무능력 평가 및 자금조달

9.1. 기술사업화와 자금조달

9.2. 자금원별 조달 방법

창업자의 회계지식의 필요성

기술을 기반으로 한 창업의 경우, 창업자는 보통 기술계통의 전공을 가진 경우가 많다. 해당 산업의 기술을 안다는 것은 매우 중요하나, 기술 지식과 함께 경영자는 회계, 재무에 대한 기초지식도 보유하고 있어야 한다. 회계나 재무지식은 일반 회계 교과서로 보충이 되므로 9장에서는 자금조달을 중심으로 설명하고자 한다.

9.1. 기술사업화와 자금조달

초기 자금조달의 중요성과 조달방법

기업들이 설립 초기에 심각하게 당면하는 문제들은 자금조달과 관련된 것이 많다. 초기에 기업의 자금조달이 필요한 이유는 [표 9-1]과 같다.

설립 초기에 기업들은 많은 자금이 필요하지만, 자금조달의 어려움으로 개발한 기술을 활용하여 사업화하는 단계까지 이르지 못하고 도산하는 현상이 발생하게 된다.

혁신적 기술로 사업화에 성공하기까지의 어려움을 의미하는 '죽음의 계곡(valley of death)' 현상은 초창기 기업들이 극복하기 가장 어려운 문제로서 대두되고 있다. 확보한 자금을 매월 자금소요액으로 나눈 'burning rate'라는 개념으로 초기 자금조달의 긴박함을 나타내기도 한다.

일반적으로 창업의 초기단계에는 회사의 신용도가 낮기 때문에 본인이나 가족, 친지, 주변의 지인들로부터 투자재원을 유치하게 되며, 사업이 진행됨에 따라 제품 개발 자금 및 제품 양산을 위한 설비 투자 등 더 큰 자금 수요가 생기게 된다. 기업의 성장단계별 소요자금과 자금조달 방법은 [표 9-1]에 정리하였다.

기업이 자금을 조달하는 방법은 크게 재무상태표 상의 자본을 늘리는 방식인 자기자본 조달 방법과 부채를 늘리는 방식인 타인자본 조달방법으로 나눌 수 있다.

일반적으로 벤처기업이 외부로부터 자금을 조달하는 방법은 자기자본 조달방법이 바람직하다고 할 수 있는데, 이는 대출이 아닌 투자의 개념으로 기업의 안정성이 확보될 수

[표 9-1] 성장단계별 자금조달 방법

<table>
<tr><th>구분</th><th>성장단계</th><th>소요자금</th><th>자금조달방법</th></tr>
<tr><td rowspan="2">예비
창업
단계</td><td>아이디어 단계</td><td>아이디어개발자금</td><td rowspan="2">자기자금, 가족.동료 자금
정부창업보육자금
기술개발 출연자금
창업자금, 지자체 창업자금
특허등록자금</td></tr>
<tr><td>연구개발 단계</td><td>연구개발비
시제품 제조비용
특허 등 자금</td></tr>
<tr><td rowspan="2">본창업
단계</td><td>사업화
초기단계</td><td>시제품개발, 제품 양산자금
시설자금 또는 운전자금
기계설비 보완 투자자금</td><td rowspan="2">창업자 보유자금, 엔젤 투자금, 친지. 지인의 투자 또는 융자 금융기관 담보 대출
장기 저리 정책자금
창업투자 등 벤처캐피탈 투자
신용보증기관의 신용 보증</td></tr>
<tr><td>성장단계</td><td>설비투자 및 회전운전자금
마케팅 채널 구축 자금
판매시장개척자금
해외시장개척자금</td></tr>
<tr><td rowspan="2">창업
수성
단계</td><td>확장단계</td><td>매출증대에 따른 운전자금
시설확장 투자자금
차세대 제품개발자금
경영권 확보자금</td><td>회사채 및 전환사채
다양한 벤처캐피탈 투자
연·기금, 투자기관 투자 유치, 코스닥 시장 등록</td></tr>
<tr><td>성숙단계</td><td>사업다각화 전략자금
미래기술개발자금</td><td>기업공개(IPO)에 의한 조달, 기업가치 증대전략</td></tr>
</table>

* 출처 : 벤처창업경영[창업/경영/금융/투자전략], 홍성도, 무역경영사

있다는 장점이 있다. 반면에 대주주의 지분율이 낮아지면 경영권을 위협받을 수도 있는 단점이 있다. 〈그림 9.1〉은 국내 중소기업의 자금조달 방법을 나타낸다.

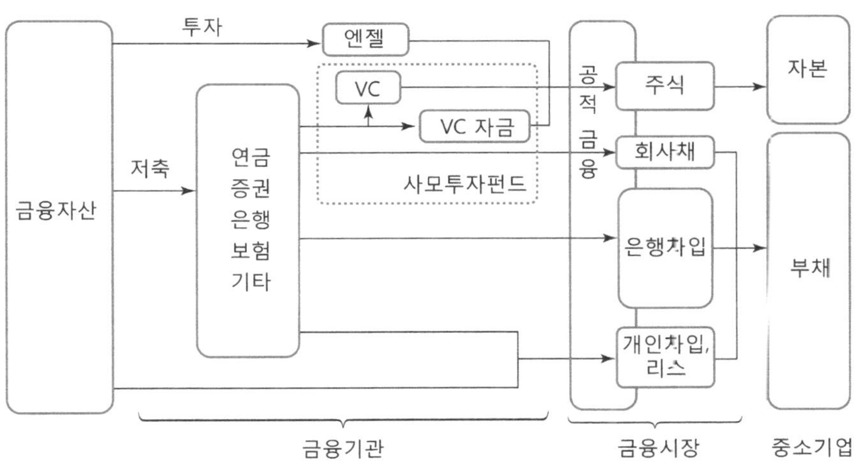

* 출처 : 한국의 중소기업 금융정책에 대한 실증적 평가, KDI 강동수

‖ **그림 9.1** ‖ 국내 중소기업의 자금조달 방법

9.2. 자금원별 조달 방법

자기자본 조달

자기자본 조달 방법(equity financing)은 차입을 하지 않고 자본금의 증가를 통해 자금을 조달하는 방법이다. 이를 통해 조달된 자금은 변제 의무가 없는 장점은 있으나, 경영권에 대한 리스크를 수반한다.

자기자본 조달 방법으로는 일반적으로 엔젤 투자, 크라우드 펀딩, 벤처캐피탈, 모태펀드, 기업공개(IPO), 지식금융재산(IP 금융) 등이 있으며, 세부적인 내용은 다음과 같다.

● 종잣돈

종잣돈(seed money)은 회사 설립 시 초기의 소요자금을 창업자와 가족, 지인들을 중심으로 갹출한 자금을 말한다. 설립 초기에는 자금이 부족한 경우가 많으므로 boot-strapping 같은 절약정신이 필요하다.

● 엔젤 투자

초기단계에 천사처럼 나타나 필요한 자금을 공급하는 개인투자가를 지칭하는 용어로 사용되고 있다. 엔젤 투자자(angel investor)는 기술과 아이디어는 있지만 자본이나 경영 수완이 부족한 기업에 경영 노하우와 지분 투자 형태의 자금을 지원하며 벤처기업의 창업 자금난을 해결해 주는 의미에서 엔젤이라는 단어가 사용되었다.

엔젤 투자자는 자기 자신의 펀드(fund)를 개별적으로 투자한다는 점에서 다른 사람(또는 기관)들의 펀드를 전문적으로 관리하는 잘 조직화된 벤처캐피탈과 다르다. 이들은 단지 수익만 얻으려고 투자한다기보다는 특정한 사업 분야의 발전을 원하거나, 차세대 기업가를 돕는다거나, 또는 자신의 경험이나 네트워크를 활용하기 위한 이유로 투자한다.

● 크라우드 펀딩

크라우드 펀딩(crowd funding)은 인터넷 등을 통해서 일반 대중으로부터 자금을 모으는 자금조달방식이다. 좀 더 엄격하게 정의하자면, 크라우드 펀딩은 “일반적으로 온라인 커뮤니티를 활용하여 다수의 개인들로부터 소규모의 후원이나 투자자금을 모으는 것"이라고 할 수 있다. 특히 트위터, 페이스북, 카카오톡 같은 SNS를 통해서 투자홍보가 이루어지기 때문에 '소셜 펀딩(social funding)'이라고도 불린다.

크라우드 펀딩은 소액으로라도 일반 사람들이 투자할 수 있으므로 소자본 창업자들이 쉽게 사업화 할 수 있는 자금조달 방법이다.

또한 크라우드 펀딩 과정에서 투자자들의 반응을 통해서 자사 제품에 대한 수요예측도 가능하다. 아이팟 나노용 시계줄 사례에서 순식간에 목표액의 60배에 달하는 투자자금을 모집한 것은 아이디어에 대한 시장조사가 성공한 것으로 볼 수도 있다.

● 벤처캐피탈

벤처캐피탈(VC; Venture Capital)이란 고도의 기술력과 장래성은 있으나, 아직 역사가 짧고 경영기반이 약하여 일반금융기관에서 융자하기에 위험부담이 큰 벤처기업과 성장이 기대되는 발전단계 초기의 기업 등에 대하여 자금을 공급하고 투자된 기업의 성장을 지원하고자 하는 기업 또는 투자자 그룹을 의미한다.

벤처캐피탈은 주식 취득 등의 형식을 빌려 투자를 실시하고 벤처기업이 성공하면 주식 매각을 통해 투자 회수하는 방식으로 지원하는 형태를 취하고 있어, 기존 금융기관이 일정한 담보를 조건으로 융자형태의 자금을 지원하는 것과 다르다. 벤처캐피탈과 일반 금융기관을 비교한 내용은 [표 9-2]에 정리했다.

[표 9-2] 벤처캐피탈과 일반 금융기관의 비교

구 분	벤처캐피탈	금융기관
지원대상	사업성이 있고 미래 성장 유망기업	신용이 있거나 담보력이 있는 기업
지원형태	주식인수, 전환사채 인수 등 투자	대출(채권, 채무)
담보	원칙적으로 요구하지 않음	신용평가, 담보, 신용보증서 등
회수방법	기업공개, 환매, M&A, 주식매각	원리금 상환
리스크	높음(투자자금 전체)	낮음(담보가치 부족분)
기대수익	기업가치 증가에 따른 자본 이익	일정률의 이자수입
지원결정	전문적인 투자 심사	융자심사, 담보여력 등
지원효과	장기적 안정된 자금 확보, 재무구조 개선, 기업가치 제고	단기, 중기 자금 확보, 부채비율 증대, 재무구조 약화
원금의 책임	투자자의 유한 책임 (돈을 공급한 사람 책임)	기업의 무한 책임 (돈을 사용한 사람 책임)

* 출처 : 벤처창업경영[창업/경영/금융/투자전략], 홍성도, 무역경영사

벤처캐피탈은 벤처기업의 성장단계별로 특성에 맞게 자금을 지원해 줄 수 있는 프로그램을 운영하고 있으며 신생기업의 성장단계별 벤처캐피탈 지원자금 내용은 [표 9-3]과 같다.

[표 9-3] 신생기업 성장단계별 벤처캐피탈 지원 자금

단 계	내 역
창업준비 자금지원(seed funding)	제품개발, 시장조사, 사업계획자금
창업 자금지원(start-up funding)	창업 중이거나 창업 후 1년 이내의 기업으로 제품을 시판하지 않는 기업의 지원자금
시작단계 자금지원(first-stage funding)	초기단계의 제조 및 판매활동에 필요한 자금
2단계 자금지원(second-stage funding)	제품을 생산/출하하고 있으며, 재고가 증가하고 있는 기업의 초기화장을 위한 운전 자금
3단계 혹은 '메자닌'단계 자금지원 (mezzanine financing)	매출액 및 이익이 증가하는 기업의 시장 확대, 마케팅, 운전자금
기업인수 자금지원(buyout funding)	고용된 전문 경영인이 미공개기업 또는 가족소유형태의 기업을 인수하거나 기존기업의 사업의 일부를 인수받아 사업의 활성화를 추진하는 경우

* 출처 : 벤처기업 창업과 자금조달의 모든 것, 허창문, 청림출판

엔젤 투자가와 벤처캐피탈은 모두 장래성과 기술력이 있는 벤처기업에 투자하며 고수익이 가능한 반면 위험이 크다는 점에서 비슷하나, 벤처캐피탈의 대부분은 제품출시가 확실한 단계에 투자하는 반면, 엔젤 투자의 경우는 R&D 단계에 자금조달이 곤란한 시기에 투자하여 high risk-high return의 투자 방식을 취하고 있다.

● 모태펀드

모태펀드(fund of funds)는 현재 우리나라 벤처캐피탈의 신규재원 조성에 큰 역할을 수행하고 있다. 모태펀드는 〈그림 9.2〉에서 보는 바와 같이 벤처기업에 직접 투자하기보다는 개별펀드(벤처캐피탈 펀드)에 출자하여 직접적인 투자위험을 감소시키면서 수익을 목적으로 운영하는 펀드로서 전체 출자자금을 하나의 펀드(母펀드)로 결성하고, 母펀드를 통해 펀드운용사가 결성하는 투자펀드(子펀드)에 출자하는 펀드를 의미한다.

투자규모가 큰 출자자의 입장에서 모태펀드에 출자한다면 대규모 기관투자가는 PE (Private Equity)에 대한 자산배정 규모가 크므로 규모가 작은 개별 펀드에 투자총액을 나누어 투자할 수 있게 된다. 또한 대규모 기관투자가들이 개별 벤처펀드에 대한 정보가 부족할 경우 모태펀드 펀드매니저의 펀드관리능력을 활용할 수 있다. 모태펀드의 특성을

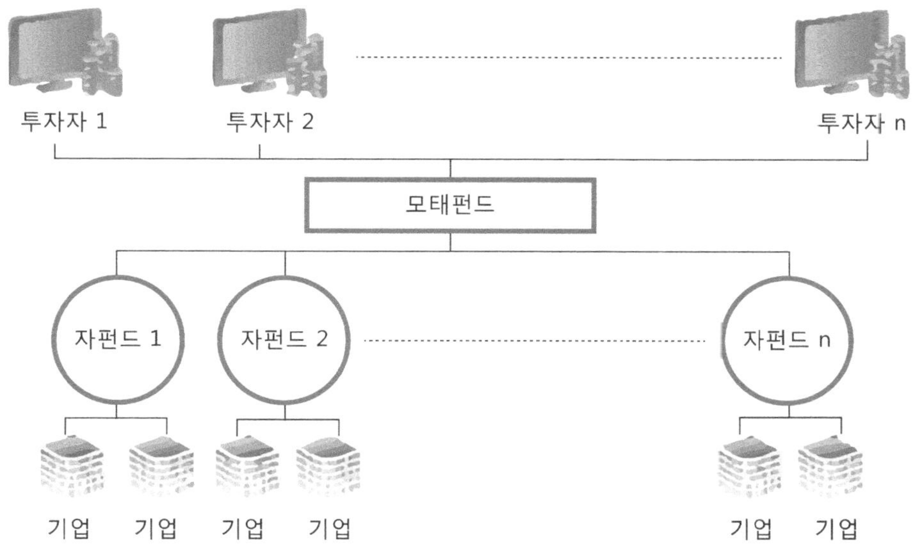

* 출처 : 성태경(기술마케팅과 사업화, 2011)

‖ **그림 9.2** ‖ 모태펀드의 개념

[표 9-4] 모태펀드의 특성

특성	설명
통합된 자본	개별 투자자의 자본을 전문적인 투자풀을 통해 운영 가능
전문적인 운영	펀드매니저에 의한 투자심사 및 실사서비스 제공
중앙집권적 의사결정	집중된 투자 의사 결정 가능
다각화	다양한 종류의 펀드에 대한 투자를 통해 포트폴리오 위험분산 가능

* 출처 : 성태경(기술마케팅과 사업화, 2011)

살펴보면 [표 9-4]와 같다.

● 기업공개

기업공개(IPO; Initial Public Offering)은 넓은 의미로는 기업의 전반적 경영 내용의 공개, 즉 기업공시(disclosure)까지도 포함하지만, 좁은 의미로는 주식 공개를 의미하는 것이다. 기업이 주식을 발행하여 기업을 공개한 후 공개거래시장(증권거래소, 코스닥)에 상장 또는 등록함으로써 자금을 회수하는 방법이다. 즉 증권시장에 기업의 주식을 상장하고 최초공모주(IPO)를 발행하면서 투자한 주식을 매각하는 방법이다.

창업자가 자본이득을 실현하기 위한 목적보다는 새로운 투자자금의 조달이 필요할 때나, 주식의 시장가격 형성을 위해 기업을 공개하는 과정에 투자자금을 회수할 수 있는 기회가 된다. 발행회사는 주식 발행가격이 높을수록 IPO가격이 높아지므로 유리하지만 투자자의 투자수익은 줄어 추가공모 등을 통한 자본조달 여건에 불리하다. 따라서 적정 가격에 기업을 공개하는 것이 중요하며 관련 과정에서 투자자들의 관심을 갖게 하는 것이 필요하다.

● 지식재산금융

지식재산금융(intellectual property-based financing)은 기업의 기술적 잠재력과 전반적인 기술사업화 역량을 활용하여 자금을 조달하는 방식이다. 기술평가를 통하여 이루어지는 기업금융수단의 일종으로 특허 등 지식재산의 창출, 사업화, 활용과정에 따라 지식재산을 기반으로 투자, 융자, 보증 등의 자금을 공급하는 기업금융활동이다.

타인자본 조달

타인자본 조달(debt financing)은 필요자금을 자본이 아닌 부채(liability)로서 조달하는 방법이다. 타인자본으로 필요자금을 조달할 경우, 자본금이 증가하는 것은 아니므로 창업자의 지분율이 줄어들지 않아 지배권 약화를 걱정할 필요는 없다. 그러나 대부분의 자금차입 시 확실한 담보를 요구하므로 부동산 등의 담보가 없는 경우에는 자금차입이 어려울 수 있다. 우수한 기술을 보유한 경우에는 이를 담보로 금융기관에서 차입할 수도 있다. 초기에는 사채로 발행하나 일정 기간 경과 후, 주식으로 전환할 수 있는 권한이 부여된 전환사채(convertible bond)를 발행하여 자금조달을 할 수도 있다. 부채 종류별 자금 조달 방법은 다음과 같다.

- **회사채 발행** : 기업 신용도가 높은 경우 회사가 직접 회사채 발행을 통해 타인자금을 유치할 수 있다. 이 경우 원금상환일, 지급이자율도 결정되어야 한다.
- **은행, 금융권 차입** : 은행이나 기타 금융기관으로부터 이자를 지급하는 조건으로 금전을 차입하는 것을 말하며 일반적으로 확실한 담보제공이 필요하다.
- **기술담보 차입** : 기술 벤처기업의 경우 개발된 기술을 담보로 차입을 받을 수 있다. 기술가치를 인정받아야 이를 대가로 차입이 이루어지나 성사가 쉽지 않다. 정부의 지원금을 제공하는 정책금융 형태를 띠는 경우가 많다.
- **개인 차입** : 지인이나 거래처로부터의 금전차입을 말한다. 차입 이후 약속어음을 발행

하는 경우도 있으며, 이자지급 여부는 쌍방 간 합의에 따른다.

• **장비 리스** : 회사에서 필요한 장비를 구매하는 것이 아니라 임대(lease)하는 방식으로 사용할 수 있다. 이때 회사는 이자를 대신하여 임대료를 지불한다.

참고 기업의 재무정보는 어디에서 얻는가?

우리는 실제 사회 활동을 하면서 주식투자, 기업분석 등의 목적으로 특정기업의 재무정보가 필요한 경우가 종종 발생한다. 이러한 경우 기업의 재무정보는 다음과 같은 소스에서 얻을 수 있다.

• 인터넷, 일간신문 자료
• 금융감독원(http : //dart.fss.or.kr) : 상세한 기업 재무자료
• 증권거래소(http : //www.krx.co.kr/index.jsp), 한국공인회계사회 홈페이지
• 한국은행 기업경영분석(http : //ecos.bok.or.kr)
• 증권회사의 상장회사 투자분석자료, 상장회사협의회 자료
• 한국신용평가㈜의 주가 및 재무제표 데이터(KIS-value)
• 개별 기업의 홍보자료, 해당 산업의 국책연구원 홈페이지

참고 금융감독원 홈페이지에서 기업 재무제표 찾기

풍부한 기업재무자료를 얻을 수 있는 금융감독원의 기업공시자료 찾는 법을 소개한다.

① 금융감독원 홈페이지(http : //dart.fss.or.kr) 접속 후 상단 검색창의 회사명 입력
② 원하는 기간 설정 후 아래의 정기공시 클릭
③ 이후 알고 싶은 내용을 클릭하여 찾을 수 있다.

이론 따라잡기

1. 비율분석의 한계점

비율분석은 재무제표를 이용하여 합리적 의사결정을 내리는 데 유용한 정보를 제공하기 때문에 도산예측, 신용평가, 여신심사, 주식평가, 경영전략 수립 등에 널리 이용된다. 특히 재무제표 수집이 비교적 용이할 뿐만 아니라 이해하기가 쉽다는 장점이 있으나 다음과 같은 한계점이 있으므로 분석과 해석에 주의를 기울여야 한다.

첫째, 비율분석은 과거 일정 기간 경영성과와 재무상태가 미래에도 계속될 것이라는 가정하에서 분석된다. 그러나 과거 상황이 미래에도 지속된다는 보장이 없을 것이므로 항상 이 점을 염두에 두어야 한다.

둘째, 분석결과 판단을 위해 표준비율이 필요한데, 현실적으로 표준비율을 합리적으로 산정하기가 쉽지 않다. 표준비율 자체도 일정한 조건 아래 계산된 점을 고려해야 하며 결과의 해석에 유의할 필요가 있다.

셋째, 재무제표분석은 재무제표에 기초하고 있기 때문에 재무제표의 한계점이 재무제표분석에도 그대로 적용된다. 즉 기업마다 다양한 회계처리 방법을 사용하기 때문에 기업 간의 재무제표분석의 결과를 비교하는 데 제약이 있다. 또한 일부 재무제표 항목은 역사적 원가자료에 근거하여 작성된 점도 분석 상에서의 한계점이다. 마지막으로 재무제표에 반영되지 않은 인적자원, 기술개발 능력, 노사관계, 경영노하우 등을 고려하여 판단하여야 할 것이다.

2. 신생기업의 자금소요 cycle

창업된 기업(start-up)의 시간 경과에 따른 자금소요는 일반적으로 다음과 같으며, 이를 그래프 형태로 새로이 제시하여 본다. t_1 시점이 매출에 의한 자금유입액이 자금유출액을 초과하는, 손익분기점(BEP)에 해당한다. t_2 시점은 신사업에 의해 투입된 모든 자금이 회수되는 투자비회수 시점(pay-back period)이다. 창업자는 F_1 만큼의 소요자금을 조달하여야 한다.

〈시간 경과에 따른 신생기업의 자금소요 싸이클〉

- 사업 개시 시점에 R&D 비용, 장비 매입 등으로 자금소요 발생
- 자금소요 최대점인 죽음의 계곡(valley of death)을 이겨내야 함.
- 생산이 개시되고 매출이 발생하면 자금유입이 시작됨. 이후 매출증대에 따른 운전자금(working capital)도 증가하며, 자금소요액도 증가함.
- 매출이 계속 증가하여 마침내 손익분기매출액(BEP)에 도달함. 나아가 자금유입액이 유출액을 추월, 여유자금이 발생하고 총부채액도 감소함.
- 여유자금은 계속 증가하여, 다른 사업을 추진할 자금여력을 가지게 됨.

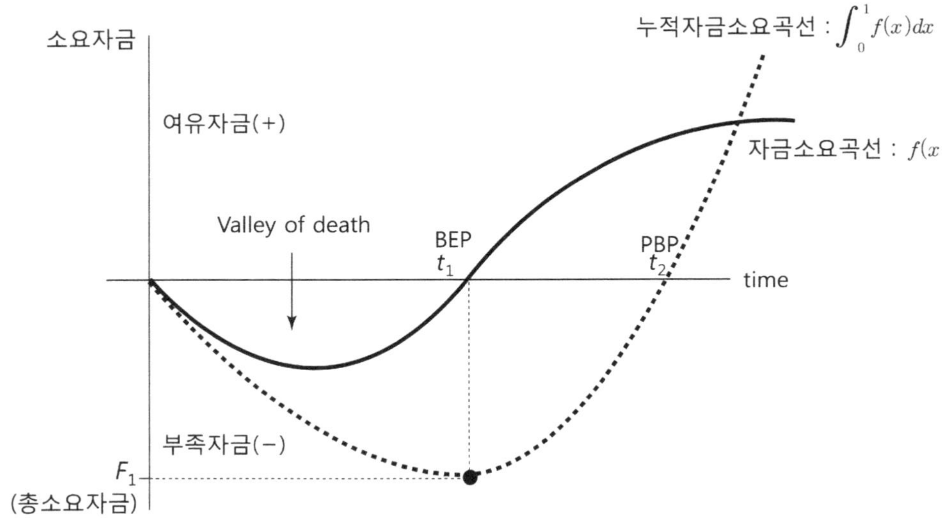

(단, 자금소요곡선 : $f(x)$, 누적자금소요곡선 : $\int_0^1 f(x)dx$)

‖ **그림 9.3** ‖ Start-up 기업의 Financing Cycle(SFC)

* 출처 : 박원구, 이광숙, 윤성수, <New Product Investment Curve>, Investment for new product development(2016), Engineering management journal (SSCI)

창업 Worksheet 6 재무계획 작성

1. 연간 자금계획 수립

다음 항목들에 대해 자금소요액을 추정하여 보자. (단위 : 천 원)

구분	세부 활동 내역	1Q	2Q	3Q	4Q	합계
법인 신규 설립	법인 등록비, 교육세					
	사무실 임차 보증금					
	사무실 중개 수수료					
	인테리어 공사비용					
	책상, 서랍, 의자, 회의실 탁자					
	전화, 인터넷, 보안 설치비					
	사무집기 초기 세팅비					
일반 관리비	월 인건비					
	회의비					
	회식비					
	교통비					
	4대 보험료					
	회계 기장료					
	월 임대비					
	월 전화료					
	인터넷 사용료					
	일반 사무용품비					
마케팅(1)	로고 제작비					
	명함 제작					
	도메인 신청					
	웹사이트 구축					
	회사 카탈로그 제작					
	회사 봉투 제작					
	다이어리 제작					
개발비	외주 개발비					
	특허 출원료					
	디자인비					
	PC 구입비					
	SW 구입비					
	자문비					
	기술서적 구입비					
	세미나 참가비					
마케팅(2)	홍보물 제작비					
	대외 홍보비					
	시장 조사비					
	시작품 제작비					
	업무 추진비					
	접대비					

2. 매출액 추정

- 판매가격
- 판매 수량 예측
- 매출 예측

구분	세부 내역	1차년도	2차년도	3차년도	4차년도	합계
매출 예측	판매 수량					
	판매 가격					
	매출 예측					
	원가 추정					
	매출 총이익					

3. 매출원가 및 일반관리비 추정

- 인건비 추정

구분	직급	평균 월급	1차년도	2차년도	3차년도	4차년도	합계
인력 운용	대표						
	임원						
	부장						
	차장						
	과장						
	대피						
	사원						

- 시설투자비 또는 개발비 추정
- 연도별 매출원가 및 일반관리비 추정

구분	세부 내역	1차년도	2차년도	3차년도	4차년도	합계
매출원가 추정	매출원가					
	일반관리비					

4. 필요자금 규모 및 조달방안

5. 추정 손익계산서

6. 손익분기점(BEP) 예상 시기? 순현재가치(NPV) 추정

제 10 장

기술자산전략

10.1. 지식재산권

지식재산권의 개념과 분류

지식재산권(IP; Intellectual Property right)이란 발명, 디자인, 문학, 예술, 연출, 공연, 음반, 방송 등 지식 활동에서 발생하는 모든 권리를 뜻한다. 과거에는 지식재산권 혹은 지적소유권이라고도 불렸으며, 창작보호 여부, 법 목적, 규제형식 등의 기준에 의해 다양하게 분류된다. 〈그림 10.1〉과 같이 지식재산권은 구분된다.

산업재산권은 특허권, 실용신안권, 디자인권, 상표권을 말하며, 산업경제와 관계가 깊은 지식재산권을 의미한다. 이 네 가지의 산업재산권은 그 보호대상이 '발명', '고안', '디자인', '브랜드'로서 권리마다 보호대상이 다르며, 특허법, 실용신안법, 디자인보호법 및 상표법 등 서로 다른 법률에 의하여 각각의 권리를 규율한다.

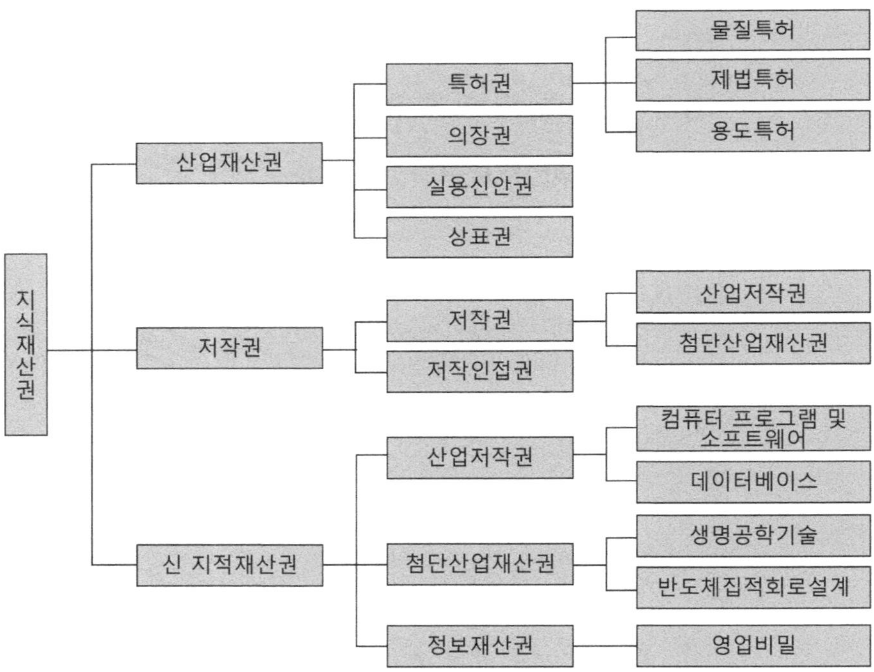

‖ **그림 10.1** ‖ 지식재산권 체계

지식재산권의 출원 및 등록절차

지식재산권을 소유하기까지에는 출원과 등록절차를 거쳐야 되며, 지식재산권의 종류와 등록 과정에서의 거절 여부 등에 따라 그 절차도 매우 다양하게 나타나고 있다. 여기에서는 지식재산권의 대표적인 사례인 특허를 중심으로 과정을 도식화하면 〈그림 10.2〉와 같다.

지식재산권의 출원은 발명의 내용을 서면으로 제출하는 것을 의미하는데, 출원 서류는 기본정보를 기입한 출원서, 발명의 개요를 요약한 요약서, 구체적 내용을 설명한 명세서로 구분된다. 출원서류는 일반적으로 발명자가 직접 작성하지 않고 변리사가 작성하여 특허청에 제출한다. 세부 내용은 〈그림 10.2〉에서 보는 바와 같다.

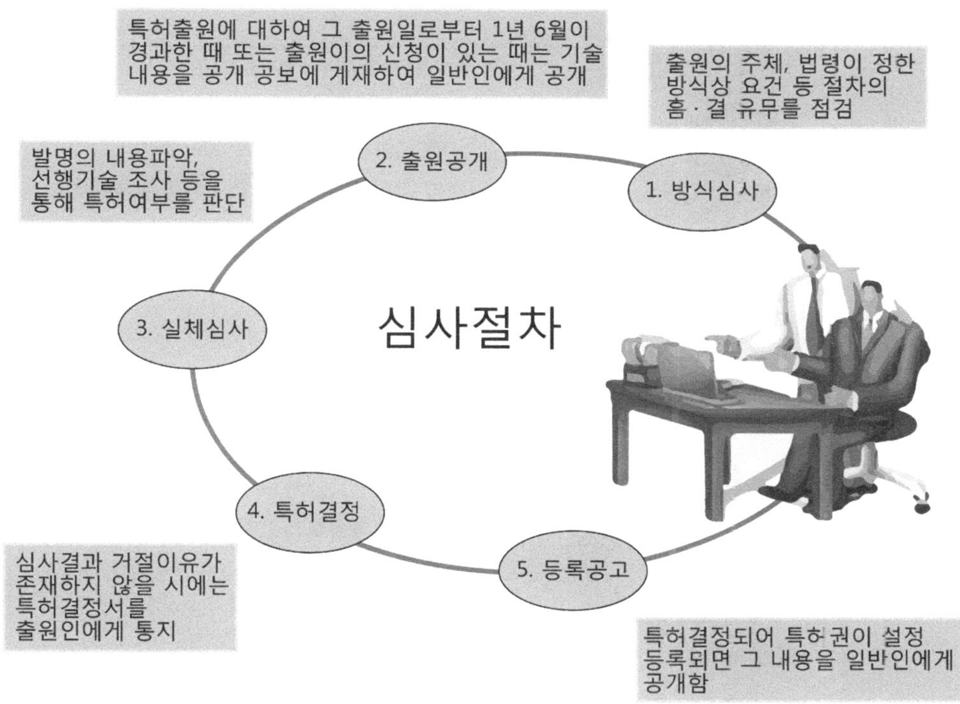

* 출처 : 특허청 홈페이지

‖ **그림 10.2** ‖ 특허출원 및 심사절차 흐름도

특허 등록 과정

특허 심사는 출원된 특허에 대하여 서류상에 문제가 없는지와 특허가 갖추어야 될 요건을 만족시키는지를 평가하여 등록이나 거절을 하는 과정을 의디한다. 등록 과정에서 거

절 판정이 내려지면 거절이유에 대해 보완하여 다시 재심사를 청구할 수 있으며 이러한 과정을 거쳐 최종적으로 특허심사를 통과한 기술에 대해 공식적인 권리를 부여하는 것을 등록이라고 한다. 특허 등록절차는 〈그림 10.3〉과 같다.

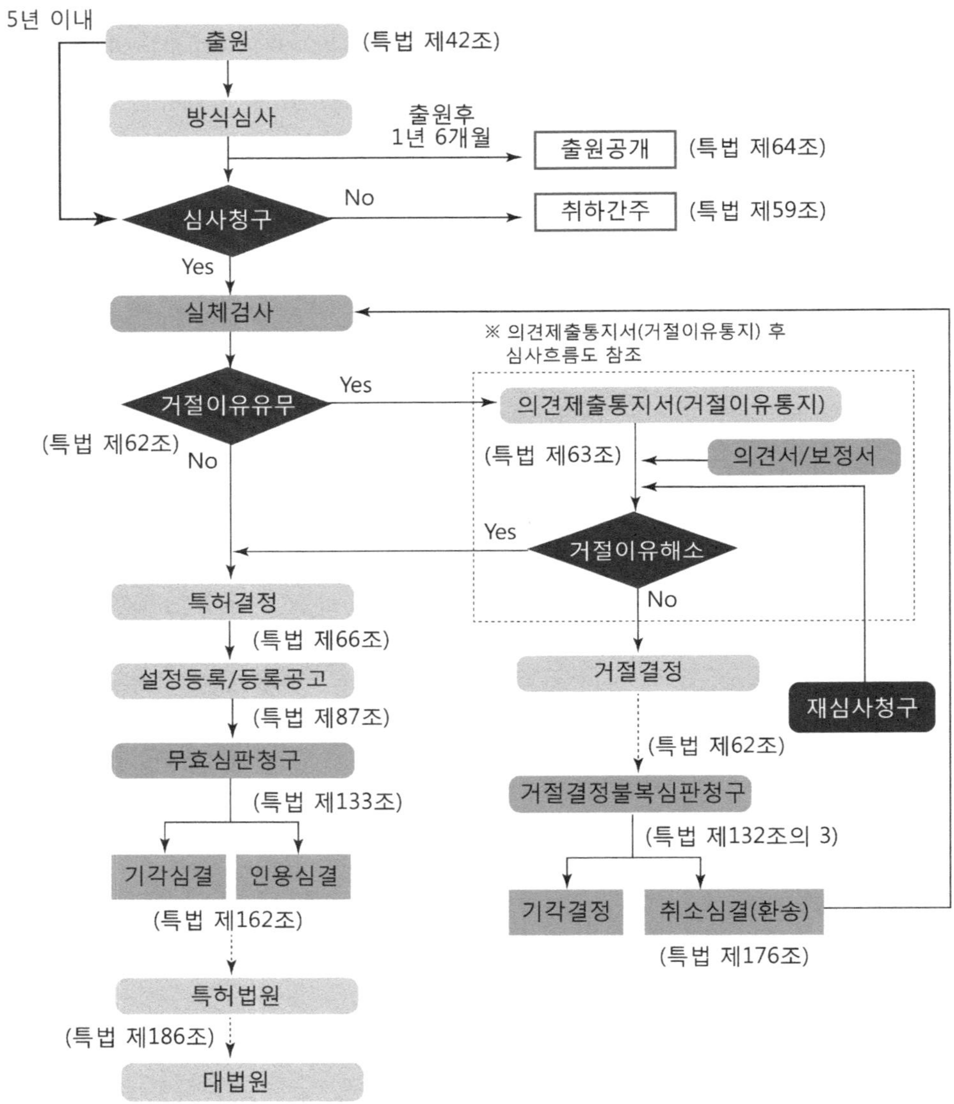

* 출처 : 특허청 홈페이지

‖ **그림 10.3** ‖ 특허출원 후 심사 흐름도

10.2. 지식재산권의 종류와 대책

특허와 특허 제도

특허(patent)제도는 발명을 보호·장려함으로써 국가산업의 발전을 도모하기 위한 제도이며, 이를 달성하기 위하여 '기술공개의 대가로 특허권을 부여'하는 것을 구체적인 수단으로 사용하는 것이라고 할 수 있다.

특허권은 자연법칙을 이용한 기술적 사상의 창작으로서 발명수준이 고도한 발명에 대하여 부여되는 권리이다. 특허권의 권리는 등록일로부터 발생하며 권리 존속기간은 출원일로부터 20년이다. 특허권은 권리를 획득한 국가 내에서만 효력을 발생(속지주의)한다.

이러한 특허권을 얻기 위해서는 출원된 발명이 갖추어야 될 일정 요건이 있는데, 이는 출원발명은 산업에 이용할 수 있어야 하며(산업상 이용가능성), 출원하기 전에 이미 알려진 기술이 아니어야 하고(신규성), 선행기술과 다른 것이라 하더라도 그 선행기술로부터 쉽게 생각해 낼 수 없는 것(진보성)이어야 한다. 특허의 요건을 정리하면 [표 10-1]과 같다.

특허출원과 관련하여, 동일한 발명이 둘 이상 출원되었을 때 어느 출원인에게 권리를 부여할 것인가를 결정하는 기준으로서 '선출원주의'와 '선발명주의'가 있다(표 10-2 참고). 우리나라를 비롯한 대부분의 나라가 선출원주의를 채택하고 있으며, 미국도 2013년 3월부터 선발명주의에서 선출원주의로 변경하였다.

[표 10-1] 특허가 갖추어야 할 요건

구 분	내 용
산업상 이용가능성	이 요건의 목적은 아이디어나 개념에 불가하거나 단순히 장래의 연구를 위한 기반으로서의 발명이 아니라 어느 정도의 현실적 가치를 갖는 발명들로 특허권 보호를 제한하기 위한 것
신규성	특허 출원한 발명이 그 출원일 이전에 공지되거나 실시된 적이 없는 새로운 발명이어야 한다는 것으로, 새로운 발명을 공개하여 산업발전에 이바지하기 위한 특허지도의 목적을 달성하기 위하여 발명자에게 기술을 공개한 대가로 특허권이라는 독점권을 줌
진보성	출원한 발명이 출원일 전에 공지되거나 간행물에 기재된 발명으로부터 용이하게 창작할 수 없을 정도의 개선이 있어야 등록을 받을 수 있다는 것을 의미

[표 10-2] 선출원주의와 선발명주의

구분	내용
선출원주의	발명이 이루어진 시기와 관계없이 특허청에 먼저 출원한 발명에 권리를 부여하는 것으로, 신속한 발명의 공개를 유도할 수 있으며 발명의 조속한 공개로 산업발전을 도모하려는 특허제도의 취지에 부합(대부분 국가, 한국 채택)
선발명주의	출원의 순서와 관계없이 먼저 발명한 출원인에게 권리를 부여하는 것으로, 발명가는 발명에 관련된 일지를 작성하고 증인을 확보해야 하며 특허청으로서는 발명의 시기를 확인하여야 하는 불편이 있음

● 해외 특허출원

해외 특허출원의 경우 출원 비용과 출원 시간이 각 나라마다 다르기 때문에 사업전략에 따라 특허를 취득하고자 하는 나라와 취득 경로를 우선 정하는 것이 효율적인 특허출원을 가능하게 한다. 일반적으로 해외 특허출원의 경우가 국내에 비해서 비용이나 시간을 많이 필요로 한다. 해외 특허출원을 함에 있어 직접적으로는 제조국가와 시장을 판단하는 것이 가장 중요하다.

해외 특허출원에 있어 권리적인 요소로는 권리 구제의 실효성과 권리의 유효성이 있다. 권리구제의 실효성은 등록된 특허권이 제대로 보호될 수 있는 국가인지를 고려하는 것이다. 그리고 권리의 유효성은 국가별로 특허성을 판단하는 기준이 다르기 때문에 어느 국가에서 특허를 내줄지 판단하여 출원국가를 정하는 것이다.

해외 특허출원은 해당 특허에 대한 특성에 따라 출원 방법이 구분된다. 개별국가에 대해서 출원을 할 것인지 특허협력조약에 기초한 국가에 일괄적으로 출원을 할 것인지에 따라 출원방법이 달라진다. PCT(Patent Cooperation Treaty; 특허협력조약) 출원의 경우 여러 국가에 동시적인 출원이 가능한 장점을 가지고 있는 반면, 각 국가마다 번역문을 제출해야 하고 출원에 따른 소요 기간이 오래 걸리는 단점을 가지고 있다. 일반적으로 3개국 미만에 특허를 출원할 경우에는 PCT보다는 파리조약에 기초해 우선권 제도를 이용하여 각 국가마다 출원을 하게 된다.

● 파리조약에 기초한 개별국 출원

파리조약에 기초한 개별국 출원이란 우선권 제도를 이용하여 국내 출원 후 1년 이내에 원하는 국가에 각각 출원하는 방식이다.

우선권 제도란 파리조약의 동맹국의 제1국에서 특허권을 먼저 출원한 자나 그 승계인이 우선권 주장기간인 1년 안에 다른 동맹국에 같은 발명에 대해 출원하여 우선권을 주장하는 경우 제1국의 출원일을 기준으로 특허요건 등을 판단하는 제도이다. 제1국의 출원일을 실체적 특허요건의 판단시점으로 고려한다는 것이지 제1국의 출원일을 제2국에서의 출원일과 동일하게 적용해주는 것은 아니다.

● PCT에 기초한 출원

국제협력조약에 기초한 PCT는 하나의 발명에 대하여 여러 나라에 동시 출원할 때 PCT에서 규정한 서류에서 원하는 나라를 지정하여 특허청에 제출하면 되기 때문에 비용과 노력을 줄여주고 각 나라마다 심사에 따른 부담을 줄여주는 조약이다. PCT 출원은 통일화, 간소화, 경비절감 효과 등 장점을 가지고 있다. 하지만 PCT 출원 자체가 국제적으로 특허의 효력을 발생시키는 것은 아니다.

실용신안권

실용신안권은 물품의 형상, 구조, 조합에 관한 고안[1](소발명)에 대하여 부여되는 권리이다. 실용신안권의 권리는 등록일로부터 발생하며, 권리존속기간은 설정등록일로부터 출원일 후 10년이다.

실용신안권은 특허와는 달리 기술과 관련된 아이디어 중에서도 물품의 형상, 구조 및 조합에 관한 고안만을 보호대상으로 한다.

이러한 이유로 스마트폰 앱에 관련한 아이디어는 실용신안의 보호대상이 되지 못하지만 스마트폰용 악세사리, 스마트폰 보조 디바이스 등에 관한 아이디어 등은 실용신안으로 보호받을 수 있다. 실용신안은 등록요건이 특허권과 거의 비슷하나, 특허요건 중 진보성의 요건은 특허에 비해 진보정도가 낮은 차이점이 있다. 대발명(major invention)이라고 불리는 특허에 비해 소발명(minor invention)이라고 불리는 실용신안은 특허만큼의 경제적 가치나 기술적 진보는 없다.

상표권

상표권(trademark)은 식별력 있는 상표 또는 서비스표에 부여되는 권리이다. 상표란 타

1) 실용신안법상 고안은 "자연법칙을 이용한 기술적 사상의 창작"으로 정의되며, 창작의 고도성 정도에 비추어 고안을 "소발명"이라고 일컫기도 한다(실용신안법 제2조 제1호).

인의 상품과 식별되도록 유형의 상품에 사용하는 표장으로 기호·문자·도형·입체적 형상·색채·홀로그램·동작 또는 이들의 결합을 말하며, 서비스표는 무형의 서비스에 사용하는 표장을 말한다. 광의의 상표개념으로서는 상표 외에 서비스표, 단체표장, 업무표장을 포함한다.

상표권의 존속기간은 등록일로부터 10년이나 다른 산업재산권과 달리 갱신 절차를 거쳐 10년씩 존속기간을 지속적으로 연장할 수 있다.

유의해야 할 사항은 상표라는 것은 출원만 한다고 전부 등록되는 것은 아니라는 사실이다. 상표는 '나의 제품'과 '남의 제품'을 구별하기 위해 탄생한 제도이기 때문에 '식별력(구별하는 힘)'이 없는 브랜드는 상표로 등록될 수 없다. 따라서 '카카오톡', '마이피플', '에버노트' 등과 같은 식별력 있는 스마트폰 앱 이름을 만들어서 출시 전에 반드시 상표출원을 하여야 한다.

또 한 가지는 상표권을 획득함에 있어서는 '먼저 사용'했는지 여부가 전혀 중요하지 않다는 점이다. 매우 유명해진 경우는 일부 예외를 인정받을 수 있으나, 그런 경우가 아니라면, 동일한 브랜드를 '먼저 출원'했는지 여부가 등록을 결정한다. 최근에는 상표를 사냥하는 브로커(브랜드 사냥꾼)들에 의해 이러한 인기 스마트폰 앱 브랜드네임 사냥이 급격히 증가하고 있다.

디자인권

디자인권은 물품의 외관인 디자인에 대한 아이디어를 보호하는 권리로서 독특한 형상, 모양, 색채가 있는 물품의 외관에 부여되는 권리로서[2] 권리의 존속기간은 설정등록일로부터 15년이다. 디자인은 영어의 'design'에서 비롯된 외래어로서 제품에 관한 제품디자인, 광고포스터·그래픽디자인·디지털디자인 등과 같은 시각디자인, 생활공간이나 환경에 관한 환경디자인 등을 포괄하는 광의의 개념을 포함하는 용어이다.

디자인보호법 제2조 제1호에는 "디자인이라 함은 물품의 형상, 모양이나 색채 또는 이들을 결합한 것으로서 시각을 통하여 미감을 일으키게 하는 것을 말한다"라고 규정하고 있어 디자인보호법상 디자인은 독립거래의 대상이 되는 유체 동산인 물품의 외관(형상·모양·색채)에 관한 디자인으로 특정될 수 있다.

얼마 전 삼성이 애플로부터 국제적인 소송을 당한 이유에 대하여 구체적인 내용을 들

---

2) 디자인보호법 제2조 참조.

여다보면 '특허권'보다는 '디자인권'이 애플의 주요 공격수단이었다. 애플에서 창조적으로 만들어낸 스마트폰 앱의 사용자 인터페이스 및 독특한 디자인은 '디자인권'으로 보호받을 수 있었고, 창의적인 디자인을 보유한 애플이 소송을 유리하게 전개할 수 있었던 원동력이 되었다.

저작권

저작권(copyright)은 인간의 지적 능력을 발휘하여 달성한 미술, 음악 등의 예술 분야와 시, 소설 등과 같은 문학 분야의 창작물에 대하여 창작자의 사후 50년까지(미국은 70년) 그 창작물에 대한 독점권이 인정되는 권리이다. 저작자의 권리는 저작권 등록과 무관하게 저작물을 창작한 시점에 발생한다. 저작권은 저작자가 자신의 저작물에 대해 가지는 인격적 권리인 저작인격권과 저작물을 일정한 방식으로 이용하는 것으로부터 발생하는 경제적인 이익을 보호하기 위한 권리인 저작재산권을 포함한다. 저작권을 침해한 자는 5년 이하의 징역 또는 5천만원 이하의 벌금에 처해질 수 있기 때문에 함부로 저작권을 침해해서는 안 된다.

따라서 스마트폰 앱의 경우 완성과 동시에 발생한다고 볼 수 있고, 스마트폰 앱 개발자는 자신의 스마트폰 앱을 개발함과 동시에 저작권을 행사할 수 있으며, 보다 명확한 권리 발생을 입증하고 행사하기 위해서 저작권 등록을 하는 것이 좋다.

영업비밀

기업이 자기기술을 보호하는 방법으로는 3가지가 있다. 첫째, 특허로 보호 받는 것, 둘째, 영업비밀(노하우)로 관리하는 것, 셋째, 계약에 의해 보호를 받는 경우다.

이들 방법에는 각각의 장·단점이 있다. 첫 번째 방법인 특허는 명실공히 대단한 권리(배타권)를 주장할 수는 있으나 그 기술에 대한 가치판단(특허성 여부)을 받아야 하고 기술내용을 공개해야 한다. 두 번째 방법인 영업비밀로 관리하는 것은 기술내용을 감출 수는 있으나 내부 직원의 이직 등에 따른 관리에 매우 큰 어려움이 따르고, 세 번째 방법인 계약은 미래의 적을 현재의 협력자로 묶어둘 수 있는 장점이 있으나 계약의 당사자만 구속하는 한계가 있다.

지식재산권의 관리

기술을 보호하고자 특허권을 받았으나, 특허는 영원히 주어지는 것이 아니고 20년이라는 기간은 의약, 화학분야 등에서는 너무 짧은 기간이며 특허의 범위를 너무 제한적으로 등록하였을 경우에는 그 권리가 너무 협소하여 특허 등록과 유지를 위한 비용만 많이 들고 오히려 보유하고 있는 기술의 공개만 되었을 뿐, 이에 대한 보상인 배타적 권리가 무색해질 수 있다.

앞에서 언급한 여러 가지 사항을 고려할 때, 기업의 관점에서 보면, 굳이 비용이 소요되는 특허출원을 하지 않더라도 그 기술내용이 공개되지 않도록 노하우로 잘 관리할 수만 있다면 그것이 오히려 효율적이고 남는 장사로 여겨질 수 있다.

그러나 부정경쟁방지법은 이러한 영업비밀을 함부로 누설한 자를 처벌할 수 있도록 하고 매우 강력하게 다스리도록 하고 있는데, 5년 이하의 징역 또는 그 재산상의 이득액의 2배 이상 10배 이하에 상당하는 벌금에 처하도록 하고 있다.

비밀의 부여 및 관리, 영업비밀의 중요성에 관한 직원 교육, 임직원과의 비밀 준수 계약 등의 조치를 취하지 않으면 영업비밀을 보호할 수 없다.

10.3. 기술자산의 전략 및 보호

기술자산과 특허 전략

기업에 있어서 지식재산권은 기업의 가치와 경쟁력의 원천으로, 지식재산이라는 무형의 자산은 기업을 성장시키고 경쟁우위를 차지하는 데 중요한 결정요인이라 할 수 있다.

특허 전략이란 특허를 어떻게 획득하고 활용하며 소송이나 분쟁에 어떤 식으로 대응할 것인지에 대한 전략이라고 할 수 있다. 특허를 획득하는 방법은 자사의 R&D를 통해서 가능하거나 M&A 및 구매, 전략적 제휴(크로스라이선싱) 등이 있다. 일반적인 M&A는 기업 간 인수합병을 의미하지만, 오늘날에는 특허만을 M&A할 수 있다.

● 사업전략과 R&D 전략과의 연계

기업이 지속적으로 이익을 증가시키고 경쟁우위를 유지하기 위해서는 지식재산전략을 기업의 사업전략, R&D 전략과 연동해서 추진해야 한다. 지식재산전략에는 선행 기술 조사와 타사 동향 조사를 수행하는 사전 조사 부분과 특허 출원이나 영업 기밀로 관리하는 권리 취득 부분이 있다. 또한 지식재산의 권리를 보호하고 활용하는 방안도 포함되어 있다.

지식재산 분석

● 특허지도

특허지도(PM; Patent Map)란 특정한 특허정보를 목적에 따라 가공하여 결과를 시각적인 형태로 정리한 도표이다. 특허지도는 1960년대 후반 일본 특허청에서 특허정보를 도표화한 것에서 출발하며, 1980년대 초에 국내에 도입되었다. 특허지도는 작성 목적에 따라 3가지로 구분된다. 첫째, 경쟁기업 동향 등이 포함된 경영정보 지도이다. 둘째는 신제품개발 동향, 기술분포가 표시된 기술정보 지도이며, 셋째는 권리 기간, 전유권이 표시된 권리정보 지도이다. 특정 기술이나 기업을 대상으로 해당 기술이나 기업이 속한 분야의 전체적인 구도를 파악할 수 있으며 자사의 기술적 위치와 경쟁사의 기술적 위치를 파악함으로써 전략수립에 도움이 된다.

● 특허 포트폴리오

기업의 지식재산전략을 성공적으로 수행하기 위해서 특허 포트폴리오(portfolio) 구축이 필요하다. 특허 포트폴리오 구축의 초기 단계는 어떤 특허 포트폴리오를 구축할 것인지부터 출발한다.

지식재산전략은 사업전략과 R&D 전략과 연계되어 수행되기 때문에, 두 전략으로부터 선정된 R&D 과제가 특허 포트폴리오 구축 대상이 된다. 또한 선정된 R&D 과제 결과의 사업화 부분을 고려하여 초기 특허분석 결과에서 시작하여 최종 특허 출원에 이르기까지 지속적인 특허 출원을 고려하여 특허 포트폴리오를 작성해야 한다.

사업전략이나 R&D 전략의 변화에 따라 지식재산전략도 변화되고, 결과적으로 특허 포트폴리오도 변경된다. R&D 전략 및 기획 수립을 위한 특허 포트폴리오는 여러 기준 정보를 기반으로 작성할 수 있다. 〈그림 10.4〉의 특허 포트폴리오는 기술 포트폴리오 매트릭스로, 기업이 보유한 기술매력성과 자원강도를 근거로 하여 기술혁신평가, 기술의 위치

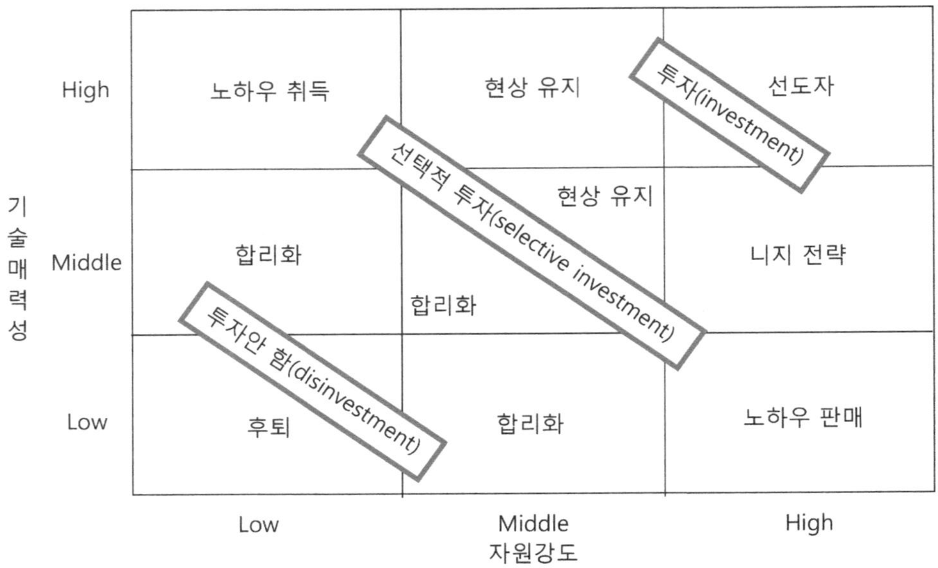

* 기술매력성 : 기술이 내재하고 있는 전략적 요소, 자원강도 : 역량
* 출처 : 한국산업기술재단, 2007

‖ **그림 10.4** ‖ 기술 포트폴리오 매트릭스

를 파악하여 R&D 전략 및 기획 수립을 위한 정보를 보여준다.

지식재산 창출

지식재산(특허)의 전략적 창출은 자사의 연구개발 전략과 연계된 지식재산 전략에 따라 내부 핵심역량이 될 수 있는 특허 또는 경쟁사가 반드시 사용할 수밖에 없는 특허를 만들어내는 것이다(한국산업기술재단, 2007).

그러나 지식재산권을 창출하기 위해서는 좋은 특허를 만들어야 한다. 기업의 입장에서 좋은 특허란 경쟁사보다 앞서 있으며 자사의 사업 목적 및 방향과 부합해야 한다. 특허를 만들기 위해서는 지속적으로 특허 정보를 분석하여 특허출원 동향을 파악해야 하며, 경쟁사들을 벤치마킹하여 R&D 전략에 반영하도록 해야 한다.

특허의 경제적 활용

특허는 발명자에게 일시적인 독점권을 부여해 준다. 이러한 독점의 경제적 이득은 발명이 과연 신제품 또는 신공정으로 전환될 수 있는지, 그리고 이러한 기술혁신에 대한 수요가 있는지에 의존한다. 특허의 경제적 활용 방법은 아래와 같다.

● 특허 기반 창업

특허의 독점적 이득을 실현하는 첫 번째 방법은 발명자가 직접 창업자가 되는 것이다. 즉, 발명가가 특허를 기반으로 직접 자금을 조달하여 제품개발, 생산, 판매활동을 수행하는 것이다. 발명의 역사를 돌이켜 보면, 19세기에는 대부분의 발명가들은 직접 경영자가 되어 특허의 경제적 이득을 실현시켰다.

● 특허의 판매

발명가가 특허를 자신이 직접 사업화할 수 없을 경우에는 특정한 가격을 받고 특허를 판매하기도 한다. 발명가가 위험 기피자이거나 사업화를 위한 자금을 조달할 수 없는 경우에 이 방법이 사용된다. 특히 독립적인 발명가가 제품 개발을 위한 인력 및 설비를 갖추고 있는 대기업에 기술을 파는 경우가 일반적이다. 그러나 대기업도 자신의 기업전략이나 사업에 적합하지 않은 기술을 판매하기도 한다.

● 특허의 라이선싱

특허 활용의 가장 일반적인 형태가 바로 라이선싱이다. 즉 한 번만 대가를 받고 기술을 판매하는 것이 아니라, 특허를 대여해 주고 상업화의 정도에 따라서 정기적으로 로열티를 받는다. 이 경우에 특허의 대여자가 받는 금액은 구매자의 경제적 및 기술적 능력에 의존하기 때문에 특허의 판매보다는 위험도가 높다.

● 특허의 미사용

획득한 발명특허를 사용하지 않는 것도 하나의 대안이 될 수 있다. 기업은 사용하지 않을 특허를 획득하여 축적시킴으로써 이를 보호 장벽으로 삼아, 현재 사용하고 있는 기술을 보호하기도 한다. 이는 경쟁기업들로 하여금 해당 특허와 관련된 발명을 더 어렵게 함으로써 경쟁우위를 지킬 수 있다. 이를 방어적 목적의 특허라고도 한다.

물론 이와 같이 특허를 선반 위에 올려놓고 의도적으로 사용하지 않는 행위(patent shelving)는 법적으로 논란이 되고 있다. 즉 반경쟁적인 의도로 특허를 사용하지 않는 행위는 불법이라는 것이다. 우리나라는 '독점규제 및 공정거래에 관한 법률'로 이 행위의 규제가 어느 정도 가능하다.

특허출원 후 특허를 계속 보유할 경우, 매년 특허 유지비가 발생하며, 금액도 적지 않다. 특허청은 특허 개발자가 아닌 일반인의 특허 무료 사용이 가능하게 하기 위해 특허공개를 유도하고 있다.

기술자산 보호

● 기술유출 대응 방안

기술을 개발하기 위해서는 많은 시간과 노력이 투자되어야 하며, 기술의 불확실성으로 인해서 기술이 반드시 성공한다는 보장을 얻을 수 없기 때문에 위험성이 높다. 따라서 일부 기업들은 다른 경쟁사의 핵심기술을 빼내어 단기간에 경쟁력을 확보하려는 기업들로 인해서 기술 유출에 따른 피해가 증가하고 있다.

기술 관련 기업비밀에 대한 침해로 제소를 당한 기업은 소송을 통해 자신의 책임이 입증될 경우 상당한 손해배상액의 지불 이외에 기업 이미지의 실추라는 무형의 손실을 받을 수 있다.

최근에는 제품은 생산하지 않고 특허소송만으로 수익을 내는 특허전문 기업인 특허괴물(patent troll)과 생산에 꼭 필요한 길목특허를 사들여 특허소송을 유도하는 지식재산관리회사(NPE; Non-Practicing Entities)의 등장으로 더욱더 특허관리에 신경을 써야 한다.

기술이 유출되는 경로는 인력이동, 부품/장비, 기술거래, 인수합병, 스파이 등 다섯 가지 유형으로 구분할 수 있다. 기술 유출이 단지 한 기업만의 문제가 아니라 국가경쟁력을

[표 10-3] 기술 유출 유형별 대응 방안

유형	대응 방안	유의사항
인력 이동	• 비밀 유지 서약서 작성 • 핵심 인력 관리 및 보상 강화	이직 자유와의 조화
부품/장비	• 기밀 유지 관련 조항을 계약서에 삽입 • 협력업체와 상생의 파트너십 형성	해외 진출한 협력업체 감독
기술 거래	• 국가별 지식재산 보호수준에 따라 전략 차별화 • 기술이전 과정에 대한 관리 감독 강화	계약 이외의 기술유출 차단
인수합병	• 구각 핵심 기술을 지정하여 체계적으로 관리	해당 산업에의 영향 고려
스파이	• 보안체계를 상시적으로 점검하고 보완 • 전체 직원에게 정기적인 보안 교육 실시	불법행위 감시

* 출처 : 박창규, 2010

위협하는 요소로도 작용할 수 있기 때문에 국가적 차원에서 기술 유출에 대한 대응책을 강구해야 한다(표 10-3 참고).

● 폐쇄적 기술보호전략

폐쇄적 기술보호전략에는 특허 전략, 블랙박스 전략 등을 활용할 수 있다. 일반적으로 기업의 핵심기술을 보호하기 위해서 특허 전략을 많이 활용한다. 특허 전략은 자사 기술과 관련된 특허 출원을 통해 무단 도용을 방지하고 로열티 수입을 획득하기 위한 전략이다.

그러나 반대로 특허를 출원하는 과정에서 오히려 경쟁사에게 노출되는 경우가 있다. 이는 특허 정보가 공통적이고 공식적으로 공개되기 때문이다.

또 다른 전략으로 활용될 수 있는 것은 블랙박스 전략이다. 블랙박스 전략은 영업 기밀과 유사한 성격을 보이는데, 외부 공개를 막기 위해 신기술과 관련된 특허를 등록하지 않는 것이다. 그러나 만약 핵심기술은 유출이 되었을 경우 보상 받기가 어렵다. 이외에도 보안 인프라를 구축하여 정보 유출을 방지할 수 있고, R&D 과제를 세분화하여 과제 참여원들이 전체적인 내용을 알 수 없도록 하는 방법이 있다.

● 개방적 기술보호전략

기술이나 제품의 융복합화로 인해서 독립적인 기술과 제품만을 개발하는 것이 어렵다. 또한 경쟁자 수가 증가하면서 다양한 경합기술이 등장하기 때문에 자신에게 유리한 기술을 업계 표준으로 정착시키기 위해 같은 입장의 기업들과 지식재산권을 공유하는 전략을 수립하기도 한다. 이와 같은 산업표준 선점을 위한 다양한 기술개방 및 제휴 활동은 이미 전자업계에 보편화되어 있다.

제 4 부

상업화 단계

상업화 단계는 연구개발을 통해 획득한 기술을 토대로 제품으로 구현하고, 판매계획을 세우는 단계이다. 시장조사를 통해 고객이 요구하는 제품의 규격을 결정하고, 목표시장과 포지셔닝을 정한다(STP). 판매할 제품의 portfolio, 가격, 유통망, 판매촉진책 등 4P을 마련하여 상품을 출시(launching)하는 단계이다.

START-UP

제 11 장

제품개발

11.1. 제품개발 개요

제품개발의 필요성과 분류

효율적으로 신제품을 개발하는 능력은 기업을 성공으로 이끄는 가장 중요한 요소이다. 많은 기업들이 매출의 50% 이상을 최근 5년 동안에 새로 출시한 제품들에 의존하기 때문이다. 그러나 신제품개발에 대한 지대한 관심에도 불구하고 제품개발(product development) 프로젝트의 실패율은 매우 높은 것으로 조사되었다.

제품개발이란 '기술혁신에 의해서 새로운 품질, 성능을 갖춘 제품을 개발하거나, 기존 제품의 품질향상 또는 가격인하를 유도한 제품개발' 또는 '시장 조사 및 분석에 의한 상품기획을 근거로 품질, 비용, 개발 기간을 만족하고 시장 경쟁력이 있는 제품을 설계, 생산하는 것'을 말한다. 따라서 제품개발은 연구개발의 목표이며, 연구개발 활동은 제품 혁신을 위한 기술적 성공을 목적으로 하여 수행된다고 할 수 있다.

일반적으로 제품개발은 선도적 신제품개발, 신제품 개량 또는 유사제품 개발 및 기존제품의 개량 등 3가지 형태로 분류하며 세부 내용은 [표 11-1]과 같다.

[표 11-1] 제품개발의 분류

구 분	내 용
선도적 신제품개발	시장수요변동을 사전에 예측하여 새로운 품질 및 성능을 갖춘 신제품을 개발
신제품 개량 또는 유사제품 개발	신제품의 시장성이 판명된 후 신제품의 개량 또는 유사제품으로 개발
기존 제품의 개량	기존 제품의 품질향상 또는 가격인하를 유도할 수 있는 제품의 개발

신제품개발의 중요성 및 어려움

기업이 소멸하지 않고 계속 성장하는 기업이 되기 위해서는 신제품을 개발해야 한다. 따라서 기업은 신제품개발에 대한 제품차별화(product differenciation) 전략을 가지고 있어야 한다. 제품차별화전략이란 자사의 제품을 핵심제품, 상표, 포장, 서비스, 이미지 중 어느 하나 또는 이들의 조합을 이용해서 경쟁제품과 구별되도록 함으로써 독점적 혜택을 누리는 전략이다.

● 신제품개발의 어려움

신제품이 탄생하기까지는 많은 노력과 비용이 든다. 신제품이 실패한다면, 회생불능에 빠질 수도 있다. 신제품 실패율을 통계적으로 살펴보면 신제품 중에서 약 80%가 실패한다. 그리고 약 4년 내내 90%가 되는 제품들이 실패하며, 아이디어로 구성해 낸 신제품 중에서 58개의 제품이 실질적으로 개발이 된다면 그중에서 1개 정도가 최종적으로 성공을 한다. 예컨대, 포드는 에드셀(Edsel)의 개발로 3억 5천만 달러의 손해를 보았으며, 듀퐁사는 카팜이라는 인조가죽의 개발로 1억 달러의 손해를 보았다. 이와 같이 기업에서 신제품개발 실패율이 높은 원인들은 [표 11-2]와 같다.

[표 11-2] 신제품개발 실패 원인들

- 신제품개발 과정상에 많은 비용이 증가하고 있다.
- 시장의 세분화로 인하여 신제품은 이익을 내기가 쉽지 않다.
- 신제품은 경쟁기업으로부터 빨리 모방되기 때문에 수명주기가 매우 짧다.
- 소비자의 안전과 공공성에 대한 각종 규제로 인한 소비자주의의 증가로 소비자를 만족시키기가 어려워지고 있다.

신제품개발 시 고려요인

성공적인 신제품개발을 위해 개발자가 중점을 두고 고려해야 할 요인은 4가지로서, 소비자 만족도의 최대화, 개발 기간의 최소화, 개발비용 관리, 품질의 조기 안정화를 들 수 있다. 이러한 고려요인이 도출된 것은 신상품기획 시의 5가지 평가항목인 ① 고객은 누구인가, ② 어떤 요구(needs)에 부응한 상품인가, ③ 어떠한 기술, 재료로 만들 것인가, ④ 적절한 시기에 제공 가능한가, ⑤ 수익성은 맞는가 등의 평가항목을 충분히 검토한 후 이루어진 것이다.

● 소비자 만족의 최대화

신제품이 성공하기 위해서는 소비자가 만족할 수 있는 제품을 만들어야 되는데, 이는 경쟁 제품보다 나은 기능, 높은 품질 또는 더 매력적인 가격의 제공을 통해 이루어질 수 있다. 그러나 이렇게 명백한 목표에도 불구하고 많은 신제품개발 프로젝트들은 소비자를 만족시키는 데 실패하였으며 그 이유는 [표 11-3]과 같다.

[표 11-3] 신제품개발이 소비자 만족에 실패하는 원인

- 기업은 소비자들이 어떠한 가치를 가장 중요하게 생각하는지에 대한 이해가 없어서 소비자들이 더욱 가치 있다고 느끼는 기능 이외의 기능들에 과도한 투자를 하는 경우가 많다.
- 기업은 특정 기능에 대한 소비자들의 선호를 과대평가하여 시장에서 받아들여지기에는 너무 비싼 가격의 상품들을 만드는 경우가 있다.
- 기업은 고객 요구의 이질성을 해결하는 데 어려움을 겪을 수가 있다.

● 개발 기간의 최소화

고객의 요구와 잘 부합되는 제품이라도 시장에 나오기까지 너무 오래 걸린다면 실패할 수 있다. 제품을 시장에 빨리 출시하는 것은 기업이 브랜드 충성도(brand royalty)를 구축하고, 희소한 자산을 먼저 획득하고, 고객 전환 비용을 마련하는 것을 도와준다.

신제품 출시가 빨라지면 제품이 불완전한 상태에서 출시되는 경우도 있으나, 이런 위험에도 불구하고, 대부분의 연구들은 신제품들의 속도와 상업적 성공 사이에서 강한 양의 상관관계를 발견했다.

제품수명주기(product life cycle)와 관련하여 설명하면 늦게 제품을 출시한 기업은 그 세대가 진부화하기 전에 개발에 관한 고정비용을 모두 상환할 수 있는 가능성이 줄어든다. 특히 제품수명주기가 짧은 전자제품 산업(컴퓨터, 반도체)에서는 개발 사이클에 매우 민감하다고 할 수 있다. 18개월의 수명주기를 갖는 반도체 제품에서 3개월 개발지연은 이익의 약 15%가 감소하고, 6개월 지연은 약 50%의 이익감소를 초래하는 것을 의미한다.

● 개발비용 절감

어떤 경우에는 기업이 소비자의 기대치를 상회하는 제품을 만들고 일찍 시장에 출시시키기 위하여 집중적인 노력을 하는 과정에서, 개발비용을 지나치게 지출하여 제품이 시장에서 성공적인 반응을 얻더라도 개발 비용을 회수할 수 없는 경우가 있을 수 있다. 이는 개발 노력이 효과적이어야 할 뿐 아니라, 효율적이어야 함을 강조한다. 개발 사이클 시간은 개발 비용과 직결된다. 즉 개발 사이클이 길어질 경우 개발에 참여한 종업원들의 보수와 기업의 자본비용 모두 증가하게 된다.

● 품질의 조기 안정화

새로 개발된 신제품은 생산수율(yield)도 낮고 부대비용도 많이 소요된다. 이는 초기 생

산설비의 비효율성에도 기인하지만 생산인력의 낮은 숙련도에도 영향을 받는다. 조기에 생산숙련도를 제고하고 제조원가를 낮추는 것이 신제품의 성패에 큰 영향을 준다. 생산설비를 개선하고 자동화율을 높이는 것도 원가경쟁력 측면에서 비교우위를 확보하게 되므로 중요하다.

신제품의 상업화 프로세스

원천기술을 토대로 초기제품을 완성하고 나아가 본격 판매를 위한 최종 제품을 완성하는 과정을 크게 제품화와 상업화로 구분할 수 있다(그림 11.1 참고).

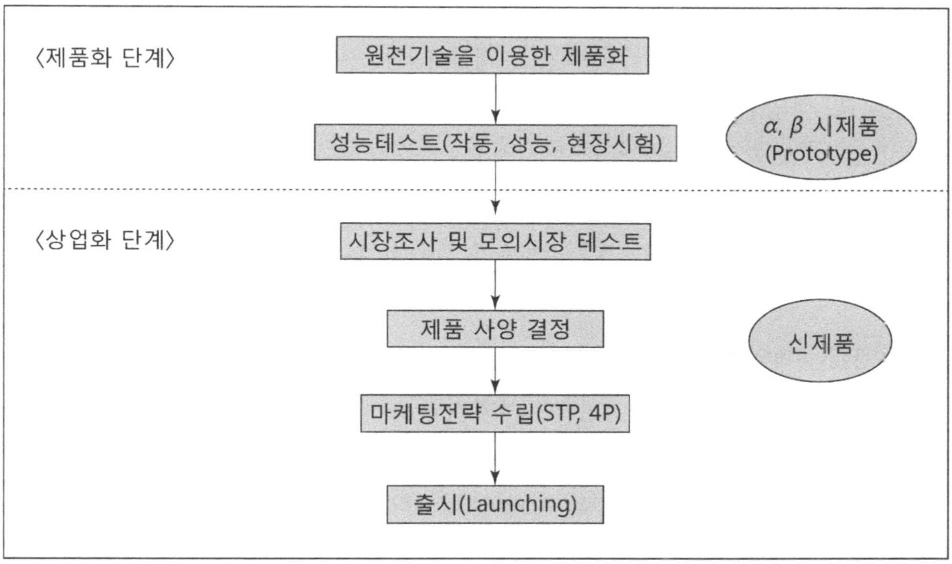

‖ **그림 11.1** ‖ 제품화와 상업화 프로세스

● 제품화 단계

원천기술을 토대로 팔릴 수 있는 제품으로 형상화하는 것이 제품화이다. 제품으로 구현하기 위해서는 다양한 연구개발이 시행되어야 하며, 이 과정에서 개발이 실패로 끝날 수도 있다. 제품이 어느 정도 성공적으로 만들어진 경우, 시제품을 대상으로 성능테스트가 시행된다.

성능테스트는 크게 3가지로 구분된다. 첫째, 작동모형테스트(working model test)는 초기에 만들어진 모형이 제대로 작동하는지를 점검하는 테스트이다. 둘째, 성능테스트

(performance test)는 알파 시제품(α- prototype)으로 테스트 하는 것인데, 모형 작동이 확인된 후 시제품을 만들어서 성능을 테스트하는 것이다. 알파 시제품은 최종제품과 같은 재질, 형상이지만 양산 공정이 아닌 실험 공정에서 만든 것으로 핵심 성능을 시험하는 것이다. 셋째는 베타 시제품(β-prototype)으로 현장시험 (신뢰도) 테스트(field trial reliability test)를 수행하는 것이다. 이는 실제 사용될 부품을 양산 공정에서 생산하나 수작업으로 조립한 베타 시제품을 대상으로 극한 상황에서도 작동하는지를 측정하는 테스트이다.

● 상업화 단계

상업(commercialization)은 '개발, 이전된 기술을 상업적으로 성공적인 상품으로 전화하는 과정'이라고 정의된다(미국 상무성). 제품의 성능이 목표하는 수준을 달성하게 되면 출시를 앞두고 다양한 시장테스트(market test)를 수행한다.

시장테스트는 모의시험시장과 시험시장으로 구분된다. 모의시험시장(simulated test market)은 신제품 구입 가능성이 높은 잠재고객을 초청하여 신제품에 대한 구매의사, 반응 등을 다양하게 파악하는 것으로 신제품의 기술적 문제를 해결하고 출시전략을 수립하는 데 도움이 된다.

시험시장(test market)은 실제 출시할 제품과 동일한 제품을 표본고객을 구성하여 판매하면서 구매반응을 점검하는 활동이다. 시험시장은 구매의사가 높은 집단을 선택하거나, 전체시장을 대표할 수 있는 표본을 선정해야 한다. 이러한 제반 시장조사(market survey) 활동을 통해 제품규격(product specification)을 확정한 후 마케팅전략을 구체화하여야 한다.

11.2. 신제품개발을 위한 프로세스

제품개발 프로세스

PLM(Product Lifecycle Management) 시스템이 발전하면서 여러 가지 제품개발을 위한 다양한 방법론, 프로세스들이 같이 발전되어 왔다. 이러한 제품개발 방법론들은 기업들이 목표로 하는 제품개발기간 단축, 비용절감, 품질향상을 위한 주요 기술로 고려되어 왔다.

효율적인 제품개발을 위해 다양한 방법들이 개발되어 왔으나 여기에서는 쿠퍼(Cooper) 모형 프로세스만을 설명하기로 한다.

쿠퍼(Cooper) 모형 프로세스

이 분야의 오랜 연구자인 쿠퍼는 신제품 개발과정에 대한 연구를 통해 신제품 개발과정을 제시하였다. 쿠퍼 모형 프로세스의 각 단계별 내용은 다음과 같으며, 그림으로 나타내면 〈그림 11.2〉와 같다.

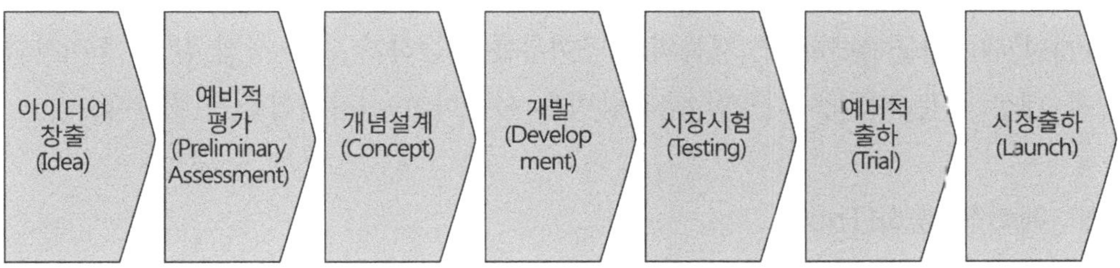

‖ 그림 11.2 ‖ 쿠퍼의 신제품개발 과정

1단계 : 아이디어 창출(Idea)

아이디어가 창출되는 단계로서 기업 내부의 아이디어 창출과 기업 외부 아이디어 창출의 두 경우가 있다.

2단계 : 예비적 평가(Preliminary assessment)

제품개발 단계부터 소요비용이 급상승하므로, 좋은 수익성이 예상되는 아이디어만을 선정하기 위한 평가 단계가 필요하다.

3단계 : 개념설계(Concept)

개념설계는 concept 개발과 concept 테스트로 나뉜다. concept 개발은 몇 가지 제품 concept를 발전시켜 각 concept가 소비자에게 얼마나 매력적인지 알아내고, 가장 좋은 것을 선택하는 방식으로 이루어진다. concept 테스트는 목표한 소비자 그룹을 대상으로 신제품 concept를 시험해 보는 것이다.

4단계 : 개발(Development)

앞의 concept 테스트에서 선정되고 마케팅전략과 사업성분석의 결과가 긍정적일 때 필요한 기능적 특징을 잘 갖추도록 개발하는 단계이다.

5단계 : 시장시험(Testing)

실제 출시의 실패에서 오는 비용은 테스트 비용보다 월등히 높기 때문에 시장테스트는 반드시 필요한 단계이다. 전체시장을 대표할 만한 몇 개의 대표적 시험시장을 선정한 후에 마케팅 캠페인을 실시한다. 제품의 성공여부를 가늠하기 위해 상점 감사, 소비자와 유통업자 대상 설문조사 등 다양한 측정방법을 사용하여 시장시험을 진행한다.

6단계 : 예비적 출하(Trial)

예비적으로 개발된 신제품을 출하하는 단계로서 최종적인 점검이 이루어진다.

7단계 : 시장 출하(Launching)

최종 단계로서 본격적인 제품의 시장 출하가 행해진다.

순차개발 및 병렬개발 프로세스

● 순차개발 프로세스

〈그림 11.3〉은 순차개발 및 병렬개발 프로세스를 그림으로 표현한 것이다. 1990년대 중반 이전에는, 대부분의 회사들에서 신제품개발은 하나의 개발 단계로부터 다른 단계로 이어지는 순차적 방식으로 진행되었다. 이 프로세스에는 여러 단계의 관문들이 있는데, 각 관문에서 관리자들은 프로젝트를 다음 관문으로 이동시킬지 아니면 전 단계로 되돌려 보낼지, 또는 프로젝트를 중단할지를 결정하게 된다.

프로젝트가 제품디자인과 제조프로세스 디자인 단계들을 왔다갔다 반복함에 따라 제품개발 기간이 길어질 수 있다.

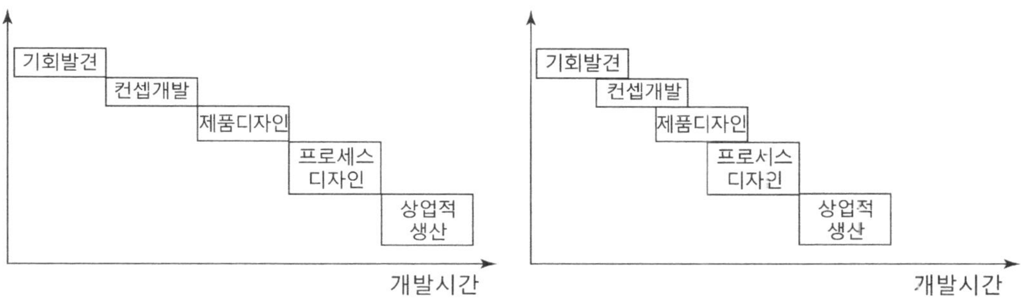

‖ 그림 11.3 ‖ 순차개발 및 병렬개발 프로세스

● 병렬개발 프로세스

많은 기업들은 개발 프로세스를 짧게 하고 개발 사이클상의 단계 간의 반복으로 인한 시간 낭비를 피하기 위하여 부분적 병렬 개발 프로세스를 적용하고 있다. 제품디자인은 제품개념이 완성되기 전에 시작되고, 프로세스 디자인은 제품디자인이 최종적으로 결정되기 오래 전에 시작되기 때문에, 다른 단계 간의 밀접한 조정이 가능하게 되고 R&D 부서가 제조하기 어렵거나 비용이 많이 드는 제품을 디자인할 가능성을 줄일 수 있다. 따라서 디자인 단계 간에 시간을 낭비하는 반복을 제거하고 전체적인 사이클 타임을 짧게 한다.

사례 상품기획 Summary

상품기획 내용을 한 페이지로 요약한 그림을 유용하게 활용활 수 있다.

상품기획 Summary

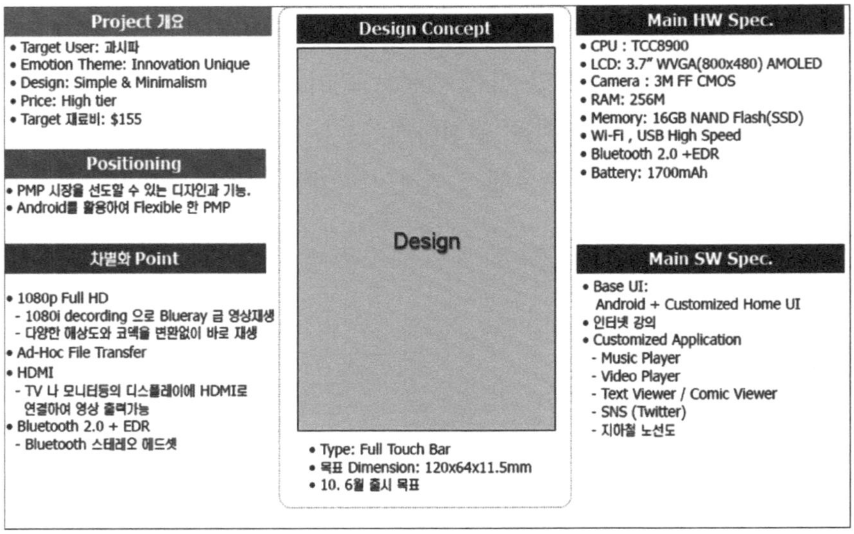

11.3. 신제품개발 효율 제고를 위한 도구

신제품개발 능력을 향상시키기 위해 많이 사용되는 도구들은 Stage-Gate process, DFSS, 품질요소 전개(QFD), APQP 등이 있다. 여기에서는 Stage-Gate process만 설명하고 추가사항은 '이론 따라잡기'에서 언급토록 한다.

Stage-Gate process

Stage-Gate process는 신제품개발 능력을 향상시키는 도구이며 〈그림 11.4〉에 표시되어 있다. 이는 제품 개발기간 동안 기업을 이끄는 청사진을 제공하고, 프로젝트의 지속 여부와 어떤 활동이 우선순위를 가져야 하는지 등에 대한 의사결정이 이루어지는 일련의 Go 또는 No go 관문들을 제공한다.

각 단계에서 다루는 바는 다음과 같다.

(Stage 1) Scoping

각 프로젝트에 대한 신속하고 예비적인 조사, 프로젝트의 수를 좁히게 해주는 내부조사를 통해 저렴한 정보를 제공

(Stage 2) Build the business case

마케팅 및 기술적 조사를 통한 세부적인 조사, 비즈니스 사례에는 제품 정의, 제품 필요성 및 프로젝트 계획을 포함

(Stage 3) Development

일부 간단한 제품 테스트와 함께 신제품의 세부 설계 및 개발, 생산계획 및 시장출시 계획 수립

(Stage 4) Testing and validation

시장, 실험실, 공장에서의 광범위한 제품 테스트

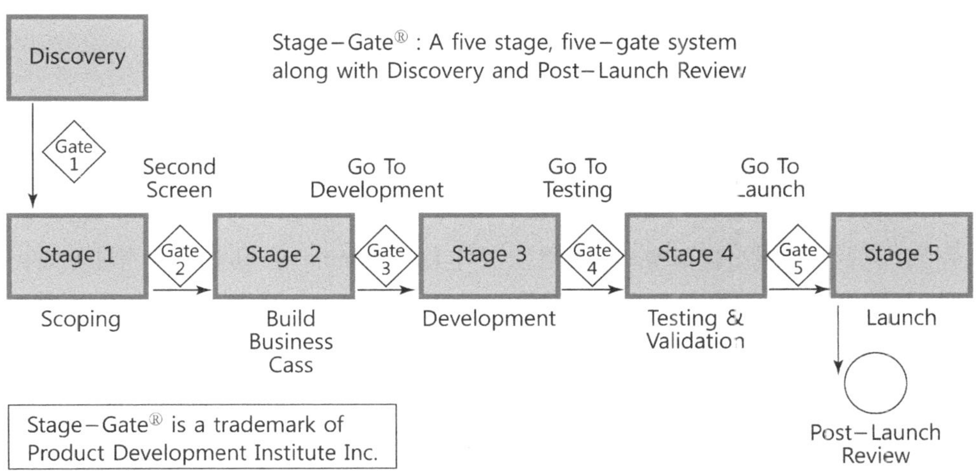

- Stage : Idea와 상품화를 연결하는 R&D 활동의 각각의 단계
- Gate : 각 단계에서 R&D 활동을 평가하여 계속 또는 중지, 우선순위 변경, 자원의 재배분 여부 등을 결정하는 관문

* 출처 : Cooper(1993)

‖ **그림 11.4** ‖ Stage-Gate process

(Stage 5) Launch

전면적인 생산, 마케팅, 판매의 시장, 시장출시, 생산/운영, 유통, 품질보증, 런칭 후 평가 실행

쿠퍼의 Stage-Gate process는 복잡한 혁신 프로세스를 여러 작은 단위로 나누고, 우선순위을 제공하며, 집중할 수 있게 하는 전체적인 그림을 제공한다. 각 gate에서 의사결정을 할 때 다양한 부서 직원들의 참여가 행해진다. 하지만 기본적으로는 결국 순차적이라는 한계가 있고, 새로운 아이디어를 창출하는 발견 프로세스 활동은 다루지 않는다.

참고 1 목업(mock-up)이란?

물체의 모양을 실물 크기로 만든 것을 말하며, 시제품이나 샘플제품 제작에 이용된다. 실제 금형(tool)은 양산을 위한 금형 제작 전에 실제 물건을 플라스틱이나 금속 재질로 양산판매 제품과 동일하게 완성품을 만드는 것을 말한다. 목업(mock-up)의 종류는 디자인목업(미적 감각 측정), 워킹목업(성능시험용), 아이디어 상품개발, 양산 금형제작(사출, 다이케스팅 등 금형제작 지원용)이 있다.

참고 2 시제품 제작에 이용되는 방법

시제품(prototype)의 제작 시에는 아래의 방법이 이용된다. 우선 전자제품을 만들 때는 PCB(Printed Circuit Board)가 이용되는데, 이는 전기회로 설계를 근거로 회로부품을 접속하는 전기배선을 도형으로 표현한 것이다. 금형(mold)은 실제 제품 형상을 만들 때 사용되며, 이의 제작 과정은 금형코어 제작, wire cutting, 부식, 후처리공정, 금형조립, 플라스틱 제품 취출공정으로 구성된다. 사출성형법(injection molding), 압출성형법(extrusion molding), press 금형, 다이케스팅 금형(die casting) 방법들도 이용된다.

11.4. 고객지향 신제품개발

많은 제품들은 기능과 가격에 대한 소비자의 요구를 충족시키지 못하거나, 시장에 출시되기까지 너무 많은 시간이 걸리기 때문에 경제적 이윤을 창출하는 데 실패한다. 이러한 문제점들은 개발 프로세스에 소비자들과 공급자들을 참여시킴으로써 감소될 수 있다.

소비자 참여형 제품개발

소비자는 신제품의 최대 수행능력과 최소 서비스 요구를 가장 잘 확인할 수 있는 존재이다. 소비자를 실제 개발팀이나 최초 제품 버전들의 디자인 과정에 포함함으로써 소비자의 요구에 보다 더 부합되는 신제품을 개발하도록 도와준다.

사례

현대차	소비자 2만명 선정, 다양한 의견 수렴 창구인 '오토 프로슈머' 확대검토
기아차	여성 마케터 그룹인 '레드 아뜰리에' 발족 운영
한경희생활과학	주부 모니터링단 의견 반영 제품 출시 (가격책정도 소비자 의견 반영)
롯데마트	상품 개발에 참여할 고객 패널 2만명 모집
팔도	'앵그리꼬꼬면' 제품 개발에 소비자 50여명 참여
미스터피자	2004년부터 일반 소비자 대상 '그녀들의 피자 콘테스트' 진행

많은 기업들은 개발 프로세스의 초기에 소비자의 의견을 수렴하기 위해 베타 테스팅(β-testing)을 사용한다. 또한 기업은 제품이 상업적 생산 단계에 이르기 전에 베타 버전을 통해 제품 사양들을 시장에 알리기도 한다.

기업이 많은 수의 고객 표본보다는 선도 사용자(early adapter)들의 제안에 보다 초점을 맞추어야 한다고 주장한다. 선도 사용자들은 일반적인 시장의 요구를 갖고 있지만, 그러한 요구를 다른 대부분의 소비자들보다 몇 달 또는 몇 년씩 일찍 경험하고, 그러한 요구를 해결함으로써 상당한 효용을 얻을 것이라 기대되는 소비자들을 의미한다.

공급자 참여형 제품개발

기업은 공급자들의 지식 기반을 활용함으로써 그들의 정보 자원을 확장시킬 수 있다. 공급자들은 제품팀의 구성원 또는 파트너로서 조언할 수 있다. 예를 들어 공급자는 같은 기능을 낮은 비용으로 달성할 수 있는 부품을 제안할 수 있을 것이다. 또한 공급자들과 협력을 통해 부품들을 제시간에 공급받고 개발시간 단축을 위해 부품의 필요한 변화를 빠르게 일어나도록 할 수 있다. 제품개발 과정에 공급자들을 포함시킴으로써, 신제품들을 적은 시간, 적은 비용, 높은 품질로 생산할 수 있을 것이다.

사례 보잉(Boeing) 항공사

보잉(Boeing) 항공사는 777기의 개발과정에 소비자와 공급자를 모두 참여시켰다. 이 과정에서 모든 종업원(엔지니어, 기장, 승무원)들이 보잉의 기술자들과 긴밀히 협조하여 비행기가 최대의 기능과 편안함을 위해 디자인되도록 노력하였다. 보잉은 또한 제네럴 일렉트릭(General Electric)과 다른 부품 공급자들을 프로젝트 팀에 포함시켰고, 그렇게 해서 비행기의 엔진과 몸체가 동시에 디자인되어 최대의 적합성을 보일 수 있도록 하였다.

고객특성 분류에 따른 제품개발

고객의 욕구가 다양해지고, 공급이 수요를 초과하게 됨에 따라 기업 간 경쟁이 보다 격렬해졌으며 또한 제품시장의 검토대상 중심이 고객으로 옮겨지고 있다. 이러한 시장의 중심이동 경향에 따라 제품개발부터 고객의 특성을 반영하려는 노력이 이루어지고 있다.

이러한 고객 특성에 따른 제품개발은 마케팅적인 차원에서 이루어지고 있는 STP (Segmentation, Targeting Positioning) 전략과 함께 제품개발 단계부터 고객의 다양한 욕구에 대응하기 위한 방법이라고 할 수 있다.

고객은 인구통계, 지리적 위치, 라이프 사이클 등 고유한 특성에 따라 분류할 수 있다. 분류된 고객 중에서 자사의 특정 모델 제품을 사용할 목표고객(target customer)을 선정하고, 선정된 고객과 자사의 관련 제품을 연계하는 것이 STP 전략이라 할 수 있다.

제품개발을 위한 기술마케팅

제품개발을 위해 때로는 기술을 구매해야 할 경우가 있다. 〈그림 11.5〉는 기술마케팅의 수행 단계를 나타낸 것이다. 기술구매절차는 크게 기술평가 및 기술도입 두 단계로 구분되는데, 기술평가단계는 기술평가 착수로 시작하여, 기술스캔 및 모니터링, 평가실시까지의 과정을 말한다. 기술도입단계는 기술을 재평가하여 대안적 기술 중에서 적합한 기술을 선정하여 이를 제품, 시스템, 서비스 등에서 활용하는 활동까지를 포함한다.

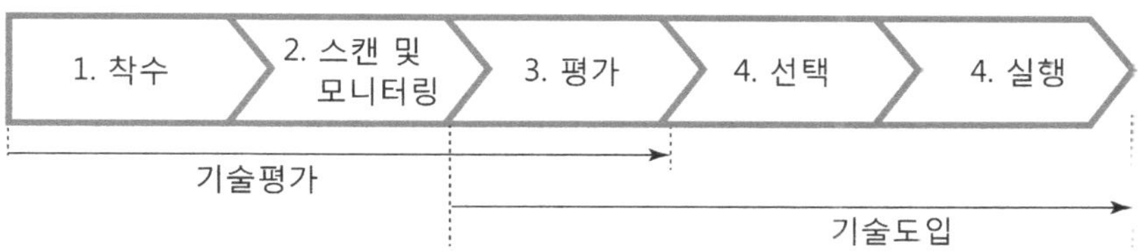

* 출처 : 성태경(기술마케팅과 사업화, 2011)

‖ 그림 11.5 ‖ 기술마케팅 수행 단계

경영 Insight

〈제품개발 과정의 6가지 오해와 개선방안〉

제품 개발 과정에서 흔히 생기는 여섯 가지 오해를 기술하였다. 핵심은 고정된 계획에 따라 진행하기보다는 유연하고 반복적인 실험을 통해 더 나은 결과를 도출할 수 있음을 강조한 것이다.

- **자원 활용의 최대화**: 제품개발 시 자원을 최대한 활용하려고 하지만, 이는 개발 작업의 변동성을 간과하게 되고, 결과적으로 큐(대기열)가 발생하여 오히려 프로젝트의 속도를 떨어뜨릴 수 있음.
- **대규모 배치 처리의 비효율성**: 제품개발에서 대규모 배치가 경제적이라는 견해가 있지만, 실제로는 작은 배치로 작업을 진행하면 더 빠른 피드백을 받고, 사이클 시간을 단축하며,

더 나은 품질을 달성할 수 있음.

- **계획 고수의 부작용과 지속적 수정의 필요성**: 자신들의 개발계획이 완벽하다고 믿고, 계획대로 진행되지 않는 것은 관리 실패로 여김. 하지만 제품개발은 변화하는 조건과 새로운 통찰을 반영해야 하며, 계획은 초기 가설로 보고 계속 수정해야 함.
- **프로젝트의 조기 시작**: 프로젝트를 일찍 시작한다고 해서 더 빨리 끝나는 것은 아님. 자원이 분산될 수 있어 프로젝트 진행이 지연될 수 있으며, 기술과 시장의 가정이 빠르게 구식화될 위험이 있음.
- **기능 추가**: 제품에 더 많은 기능을 추가한다고 해서 고객이 더 만족하는 것은 아님. 중요한 것은 고객이 필요로 하는 단순하고 사용하기 쉬운 기능을 파악하고, 불필요한 기능은 제거하는 것임.
- **첫 시도의 정확성**: 처음부터 모든 것을 올바르게 얻으려는 압박은 팀이 가장 안전한 솔루션만을 추구하게 만들 수 있음. 실패를 허용하는 문화가 혁신을 촉진할 수 있으며, 실패에서 개선하는 것이 중요함.

출처 : Six Myths of Product Development, Stefan Thomke & Donald Reinertsen(2012), HBR

경영 Insight

〈제품개발 시 초기와 후기 단계별 주안점〉

신제품 개발 시 초기 단계와 후기 단계를 구분하여 관리 포인트에 대해 설명한다. 단계별로 다른 목표, 강점, 접근 방식을 요구하는 것이다.

- **진실 추구 초기 단계**: 제품의 가능성을 평가하고 나쁜 베팅을 제거하는 데 초점을 맞춘 초기 단계. 예를 들어, Eli Lilly의 Chorus 프로그램은 초기 단계 약물 개발에 전념하는 독립 실험부로서, 효과적인 실험들을 선별해 비용이 많이 드는 후기 단계 개발로 넘어갈 수 있도록 함.
- **성공 추구 후기 단계**: 이미 개발 승인이 난 제품의 가치를 극대화하는 데 초점을 맞춤. 이 단계는 상업적 출시 준비와 관련되어 있으며, 대규모의 투자와 자원이 집중됨.
- **비용과 실패율**: 개발비용과 실패율이 높은 환경에서는 진실을 먼저 찾고 성공을 추구하는 구조화된 연구가 필요함.
- **결정적 실험의 중요성**: 효과적인 초기 단계 개발은 프로젝트의 상업적 전망에 대한 불확실성을 빠르게 줄이는 것을 목표로 함. 작은 규모의 임상 실험을 통해 실행함.

출처 : A More Rational Approach to New-Product Development, Eric Bonabeau & Neil Bodick & Robert W. Armstrong(2008), HBR

이론 따라잡기

1. 기술수용주기(technology adoption cycle)

기업에 성장단계가 있는 것처럼 기술 혹은 제품도 성장단계가 있다. 특히 기술수용주기 〈그림 11.6〉을 이해하는 것은 기술기반 창업자들에게 중요하다. 왜냐하면 이 모델은 기술, 제품 그리고 서비스가 가지는 사업 잠재성을 평가하는 데 도움을 주기 때문이다.

기술 기반 창업자들이 초기에 혁신적인 제품을 출시하면, 특정 혹은 소규모 고객들이 관심을 보인다. 이들은 혁신적 수용자(innovator)들이다. 그러나 더 장기적인 관점에서 보면 시간이 지남에 따라 일정한 수용패턴이 나타난다. 즉 점차 많은 고객들이 신기술/제품에 대해서 관심을 표명하게 되고, 초기 수용자(early adopter) 단계 → 초기 다수수용자(early majority) 단계 → 후기 다수수용자(late majority) 단계 → 지각수용자(laggards) 단계로 이어진다. 물론 단계 단계마다 상이한 제품전략, 마케팅전략, 유통전략, 가격전략 등이 요구된다.

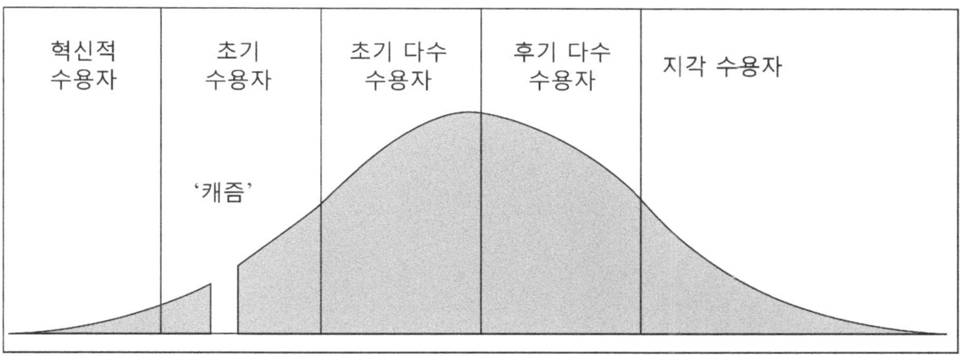

* 출처 : Rogers(1995)

‖ 그림 11.6 ‖ 기술수용주기

그런데 문제는 각 단계마다 틈새가 있고, 특히 초기 수용자와 초기 다수 수용자 단계 사이에 커다란 갭이 존재한다는 것이다. 이를 하이테크 마케팅에서는 '캐즘'(chasm)이라고 부른다. 이러한 갭이 나타나는 이유는 초기 수용자와 후기 수용자 간의 신제품에 대한 태도와 구매성향이 다르고, 이들 간의 의사소통이 잘 이루어지지 않기 때문이다. 이는 신제품이 초기에는 어느 정도 팔리다가 일정시점에서 시장 확대가 정체되는 현상을 잘 설명해준다. 캐즘을 탈출하기 위해서는 틈새시장에 대한 집중화를 통한 시장지배력을 확보하는 방법이 있다(성태경, 2011).

2. 제품개발을 위한 다양한 방법론들

[표 11-4] 다양한 제품개발 방법론들

Concurrent engineering, Industrial Design, DMU(Digital Mock-Up), Bottom-up design, Top-down design, Front loading design, Modular Design, Template Design, NPD(New Product Development), DFSS(Design For Six Sigma), DFMA(Design For Manufacture/Assembly), Digital simulation engineering, Requirement driven design, Specification managed validation

창업 Worksheet 7 제품기획

개발하려는 제품을 대상으로 하여 아래의 제품기획서를 구상하여 보자(최기창 교수 제공).

제품기획서(One Page)

Project 개요

Design Concept

Main HW Spec.

Positioning

Design

Main SW Spec.

차별화 Point

제 12 장

마케팅과 기술마케팅

12.1. 전통적 마케팅

12.2. 마케팅 믹스

12.3. 고객관계관리

12.4. 기술마케팅

12.1. 전통적 마케팅

마케팅의 의의

마케팅(marketing)은 시장을 창조해 나가는 행위를 말한다. 마케팅의 목적은 고객의 '니즈(needs)'를 찾아내고 이를 만족시키기 위한 것으로 "교환, 거래"를 창출하고 원활하게 하며, 그것을 지속적으로 유지하게 하기 위한 의도된 활동의 총체이다.

현대 사회에서는 공급자 중심 시장에서 수요자 중심 시장으로 변화하고, 기업이 상대하는 고객의 수가 많아지고, 고객의 욕구가 다양해짐에 따라 시장과 고객을 세분화하여 관리할 필요성이 생겼다. 과거의 매스 마케팅(mass marketing)으로는 더 이상 복잡하고, 다양해진 시장과 고객의 요구에 대응하기 어려워졌다. 이를 극복하기 위한 대안으로 세분화된 마케팅 방법이 등장하게 되었다.

마케팅 전문가인 필립 코틀러(Philip Kotler)는 마케팅 과정을 다음의 5단계(표 12-1 참고)로 제시하였다. 코틀러에 의하면 효과적인 마케팅은 조사(research)로부터 출발한다. 시장조사를 통해 각기 다른 욕구를 가진 소비자들로 구성된 서로 다른 세분화된 시장들(S; segmentation)이 드러난다. 기업은 자신들이 경쟁자보다 탁월하게 충족시킬 수 있는 세분시장을 설정(T; targeting)하고, 각 표적 시장별로 상품을 포지셔닝(P; positioning)하여, 자사 상품이 경쟁상품과 어떻게 다른가를 알려야 한다.

이후 구축된 STP를 바탕으로 4P, 즉 제품(product), 가격(price), 유통(place), 판매촉진(promotion)결정들의 믹스로 구성된 마케팅 믹스(MM; Marketing Mix)를 개발하고 이를 실행(I; implementation)한다. 마지막으로 통제(control)기법을 활용하여 얻어지는 결과를 모니터링 및 평가를 실행하고, STP 전략과 마케팅 믹스 전술을 개선한다.

[표 12-1] Philip Kotler의 마케팅 5단계 과정

R → STP → MM → I → C

* R : 조사(research)
* STP : 시장세분화(segmentation), 표적시장 설정(targeting), 포지셔닝(positioning)
* MM : 마케팅 믹스("4P", product, price, place, promotion)
* I : 실행(implementation)
* C : 통제(control)

STP 전략

앞에서 살펴본 바와 같이 소비자의 욕구가 다양해지고, 공급이 수요를 초과하면서 경쟁이 치열해짐에 따라 시장의 중심이 공급자에서 소비자에게로 옮겨짐에 따라 대두된 것이 '세분화 마케팅(segmentation marketing)' 개념이다.

세분화 마케팅은 비슷한 욕구를 지닌 고객들을 묶어서 하나의 작은 시장(세분시장)으로 간주하고, 그 중에서 하나 또는 몇 개의 세분 시장을 표적시장(target market)으로 선정하고, 그 표적시장에 적합한 상품을 포지셔닝하는 것을 의미한다. 위의 일련의 과정을 STP라고 하며, 이를 [표 12-2]에 제시하였다.

[표 12-2] STP 과정

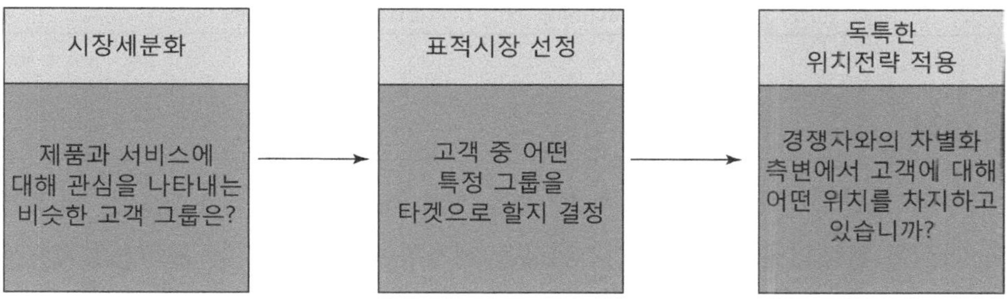

시장세분화

시장세분화(market segmentation)는 이질적 욕구를 가진 다양한 소비자들의 집합을 특정한 제품에 대한 태도, 의견, 구매 행동 등에서 비슷한 성향을 지닌 소비자들로 그룹화하는 것을 의미한다.

● 시장세분화 기준

소비자 시장을 세분화하기 위한 기준은 다양하게 구분할 수 있으나, 여기에서는 고객의 행동과 관련된 기준과 고객의 특성에 의한 기준으로 나누어 설명하기로 한다. 고객의 구매행동과 밀접한 관련이 있는 기준들로는 추구하는 편익이나 사용상황, 사용량, 상표에 대한 충성도, 가격 민감성 등이 포함될 수 있다. 또한 고객의 특성과 관련된 기준은 지리적 특성(지역, 도시규모, 기후 등), 인구통계적 특성(연령, 성별, 가족규모, 소득 수준 등), 심리적 특성(라이프스타일, 개성 등) 등이 있다.

효과적으로 시장을 세분화하기 위해서는 [표 12-3]에 요약, 정리된 바와 같이 먼저 고객 행동과 관련된 기준을 이용하여 시장을 세분화한 다음, 고객 특성과 관련된 기준을 이용하여 세분된 시장 각각의 전반적인 특성을 파악하는 것이 바람직하다(박찬수, 2010).

[표 12-3] 시장세분화 기준

구분		시장세분화 기준
고객 행동 관련 기준		추구하는 편익, 제품 사용 상황, 제품 사용량, 상표 충성도, 가격 민감성, 외제 선호도 등
고객특성 관련기준	지리적 특성	지역, 도시규모, 인구밀도, 기후 등
	인구 통계적 특성	연령, 성별, 소득, 직업, 학력, 가족의 크기, 가족생활주기, 종교, 인종, 국적, 사회계층 등
	심리적 특성	라이프스타일, 가치관, 개성, AIO 분석 등 *AIO : 활동(Action), 관심(Interest), 의견(Opinion)

표적시장 선정

비슷한 욕구를 지닌 고객들을 그룹화하여 여러 개의 세분화된 시장을 만드는 과정인 시장세분화 과정이 완료되면, 각 세분화된 시장을 평가하여 어떤 시장을 표적으로 할 것인가를 결정하는 과정을 거치게 되는데, 이를 표적시장 선정(targeting)이라고 한다. 표적시장을 선택하는 기준은 대략적으로 [표 12-4]에서 보는 바와 같다.

[표 12-4] 표적시장 선정 기준

- 높은 매력도(시장규모, 성장성, 경쟁정도, 시장 반응도 등)를 가지고 있는가?
- 세분 시장에서 우리가 경쟁자들보다 높은 경쟁우위를 갖고 있는가?
- 세분 시장에 진입하는 것이 기업과 적합한가?(기술, 원가, 기업문화, 목표와의 적합성)

상이한 여러 세분화된 시장의 평가가 완료되면 어떤 시장, 얼마나 많은 시장을 공략할 것인가를 결정하여야 한다. 이를 마켓 커버리지 전략(market coverage strategy)라고 하는데, 다음과 같은 세 가지 유형으로 구분될 수 있다.

첫 번째 유형인 비차별적 마케팅 전략은 세분화된 시장의 특성 차이를 무시하고, 한 가지 제품으로 전체 시장을 공략하는 전략이다. 대량생산과 마케팅 비용의 절감으로 원가의 경제성을 누릴 수 있다. 혼다(Honda)가 미국 시장에 진입할 때, 다양한 세분 시장 중 낮은 배기량과 경제성이라는 공통적 요소를 묶어서 하나로 취급하여 마케팅 전략을 펼친 것이 대표적인 사례이다.

두 번째 유형인 차별적 마케팅 전략은 여러 세분 시장을 표적시장으로 삼고, 이들 각각의 세분 시장에 맞는 제품을 개발하여 공략하는 전략이다. 이는 일반적으로 비차별적 마케팅보다 많은 매출액을 창출하기 때문에 많은 대기업들이 채택하고 있다.

세 번째 유형인 집중적 마케팅 전략은 재원이 제한되어 있는 기업에 적합한 전략으로, 큰 시장에서 낮은 점유율을 추구하기보다는 하나 혹은 몇 개의 하위 세분시장에서 높은 점유율을 추구하려는 접근법이다. 이러한 전략을 추구함으로써, 해당 세분시장의 욕구에 대해 더 많이 알 수 있다.

● 포지셔닝

표적시장이 정해지고 나면, 해당 시장에서 어떤 위치를 확보할 것인지를 정해야 한다. 포지셔닝(positioning)이란, 소비자의 마음 속에 경쟁상품과 차별화될 수 있도록 자사 상품을 위치시켜주는 것, 소비자의 지각 속에 제품의 개념을 정의해 주는 것을 의미한다.

대표적인 예로, 자동차시장에서 Mercedes와 Cadillac은 사치스런 자동차로 자리 잡고 있고, BMW와 Porsche는 좋은 성능의 자동차로, Volvo는 안전성에 대해 강력한 위치를 점하고 있는 것 등을 들 수 있다. 성공적인 포지셔닝을 위해서는 표적시장 내의 실질적인 집단에게 관심을 가질 수 있도록 독특한 경쟁적 우위를 개발함으로써 제품을 차별화할 필요가 있다.

12.2. 마케팅 믹스

마케팅 믹스(marketing mix)는 표적시장의 욕구와 선호를 효과적으로 충족시키기 위해 기업이 제공할 수 있는 마케팅 수단들의 최적 조합을 의미한다. 기업이 조절(통제)할 수 있는 마케팅 수단인 마케팅 믹스는 제품(product), 가격(price), 유통(place), 판매 촉진(promotion)으로 구성되며 이를 4P라고 축약하여 부르기도 한다.

이들 4가지 수단들은 사전에 설정한 포지션에 부합되도록 일관성 있게 조정되고 통합된다는 의미에서 'mix'라는 용어가 사용된다. 따라서 특정 제품에 가장 적합한 최적의 조합을 찾아내는 것이 중요하며, 4요소(4P)가 내부적으로 일관성이 있으면서 상호 균형적으로 연계되어야 한다.

제품(product)

● 제품믹스

마케팅 믹스의 계획은 제품(product)으로부터 시작한다. 경쟁자의 제품보다 표적시장의 욕구를 더 잘 충족시켜 줄 수 있는 상품을 가지고 있다면, 성공의 가능성이 훨씬 더 높다는 점을 감안하면 제품은 마케팅 믹스에서 가장 중요한 위치를 차지하고 있다.

제품믹스(product mix)는 가장 적절한 제품계열의 결정을 의미하는 것으로, 제품 품종의 최적 수를 기업의 규모와 표적시장, 수요와 생산비용 등을 모든 각도에서 검토해야 한다.

● 기업의 제품구성 분석

기업의 전체 제품구성은 제품믹스와 제품계열에 의해 효과적으로 분석될 수 있다. 제품믹스는 기업이 제공하는 모든 개별 제품들의 집합을 말한다.

기업의 제품믹스의 구조는 제품믹스의 폭(width), 제품믹스의 길이(length), 제품믹스의 깊이(depth)로 구성된다. 제품믹스의 폭은 회사가 취급하는 제품계열의 수를 말하며, 제품계열의 길이는 각 제품계열의 제품 수로 정의된다.

● 제품믹스의 폭에 관한 의사결정

제품믹스의 폭(width)에 관한 의사결정은 기업이 성장함에 따라 여러 제품계열을 확장하는 경우뿐만 아니라 기업이 처한 시장의 매력도에 따라 특정 제품계열을 유지하거나 확장할 것인지 혹은 철수할 것인지에 대한 의사결정을 의미한다.

● 제품계열의 길이 및 깊이에 관한 의사결정

제품계열에 대한 의사결정에서 중점적으로 다루어야 할 것은 제품계열의 길이를 어느 정도로 유지할 것인가를 결정하는 것이다. 제품계열에 관련한 의사결정에서는 제품계열의 연장전략(line-stretching strategy)과 제품 보충전략(line-filing strategy)을 사용한다.

가격(price)

가격(price)을 결정하는 것은 많은 기업들에게 가장 큰 어려움 중의 하나로서 기업 성과에 가장 큰 영향을 미치는 변수이면서도 가격결정이 제대로 되었는지를 알기란 매우 어렵다. 가격믹스(price mix)는 가격을 어떻게 마케팅 전략에 이용할 것인가를 결정하는 것으로서 판매가격 결정, 할인율 등에 관한 전략적 의사결정을 프함한다.

가격결정방법은 어떤 기준에 따라 가격을 결정하느냐에 따라 다음 방법으로 구분할 수 있다.

● 비용 중심적 가격결정

비용 중심적 가격결정은 제품의 생산과 판매에 소요되는 모든 비용을 충당하고, 목표이익을 낼 수 있는 수준에서 가격을 결정하는 방식으로 기본적으로 비용에 목표이익을 합해 가격을 결정한다.

● 소비자 중심적 가격결정

소비자 중심적 가격결정은 제품을 생산하는 데 드는 비용보다 표적시장에서 소비자들의 제품에 대한 평가와 그에 따른 수요를 바탕으로 가격을 결정하는 방법이다. 지각된 가치에 따른 가격결정방법(perceived value pricing)으로서, 이는 측정방법에 따라 직접가격 평가법, 직접지각가치 평가법, 진단적 방법으로 분류된다.

● 경쟁 중심적 가격결정

경쟁 중심적 가격결정은 경쟁사들의 가격을 가격결정에 가장 중요한 기준으로 가장 많이 사용된다. 구체적인 가격결정 방법은 시장가격에 따른 가격결정(going- rate pricing), 경쟁 입찰에 따른 가격결정(sealed-bid pricing)이 있다

● 제품수명주기에 따른 가격결정 방법

제품은 탄생에서 소멸에 이르기까지 제품수명주기(PLC; Product Life Cycle)를 가지게

되는데, 가격전략도 제품수명주기에 따라 변하는 것이 필요하다. 즉, 제품의 수명주기인 도입기, 성장기, 성숙기, 쇠퇴기 각 단계마다 대응할 수 있는 가격정책이 필요하다. [표 12-5]는 PLC에 따른 가격정책 변화를 정리한 표이다.

[표 12-5] 제품수명주기에 따른 가격정책 변화

도 입 기	성 장 기	성 숙 기	쇠 퇴 기
• 초기 고가전략 • 초기 저가전략 → 선택적 전략	• 경쟁제품 • 수요층 확대 → 가격하락	• 가격경쟁 치열 • 가격인하, 가격할인	• 판매감소 • 이익감소 → 상품단종

도입기에서의 마케팅 목표는 제품의 인지와 사용자의 확대로서, 이 단계에서는 소비자의 욕구를 충분히 알지 못하기 때문에 가격결정이 가장 어려운 시기이다. 이때 주로 사용되는 가격전략은 침투(penetration) 전략과 고가(skimming) 전략이다.

성장기는 시장점유율 확대를 목표로 하는 시기로서, 수요가 증가하고 경쟁이 치열해지며 경험효과가 생기고 고정비용이 증가하는 시기이므로 이때의 가격결정은 상황에 따라 차이가 나타난다.

성숙기는 이익을 극대화하고, 시장점유율(market share)을 유지하는 것이 목표를 두는 시기로, 수요는 최대로 상승하고 경쟁이 극대화된다.

쇠퇴기는 비용을 절감하고, 투자한 것을 회수해야 하는 시기로, 시장에서의 경쟁력이 하락하기 때문에 가격을 직접 변동비보다 클 때까지 계속 유지하는 전략을 사용하는 것이 일반적이다.

유통(place)

제품이나 서비스는 다양한 경로를 거쳐 최종 고객에게 전달되고 있는데, 이때의 경로를 유통경로(place)라고 한다. 유통경로는 어떤 제품을 최종 구매자가 구입할 수 있도록 만들어 주는 과정으로 이해하면 된다. 대부분의 기업들은 제품을 최종 구매자에게 직접 판매하는 것이 아니라 도매상, 소매상과 같은 중간상을 거쳐 판매하고 있다.

● 유통경로의 종류

소비재 제조업체가 이용할 수 있는 경로는 크게 네 가지 유형으로 나누어진다.

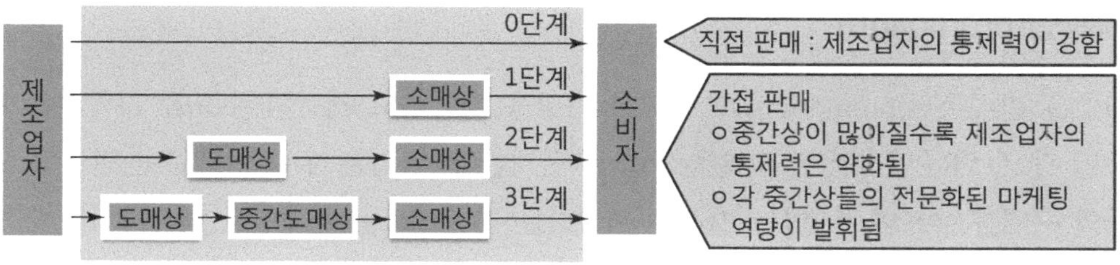

‖ **그림 12.1** ‖ 소비재 유통경로

첫 번째 유통경로는 〈그림 12.1〉에서 보는 바와 같이 제조업자가 소비자에게 직접 제품을 판매하는 형태로, 직접 판매라고 한다. 예를 들면, 한국 요구르트나 정수기 제조업체는 가정판매를 통해 제품을 판매하고 있다.

두 번째 유통경로는 제조업자와 소비자 사이에 소매상이 개입되는 형태이다. 백화점이나 할인점 등의 대형 소매업체들이 제품의 제조업체로부터 구매한 제품들을 소비자들에게 판매하는 경우가 이러한 경우이다.

세 번째 유통경로는 제조업자와 소비자 사이에 도매상과 소매상이 개입되어 있는 형태로서 가장 전형적인 경로 유형이다. 이러한 경로 유형은 식품, 약품 등의 많은 소비용품 분야에서 자주 이용되고 있다.

네 번째 유통경로는 제조업자와 소비자 사이에 세 단계의 중간상이 개입하는 형태이다. 잡지, 레코드, 우유 등의 제품에서는 도매상과 소매상 사이에 중간도매상이 흔히 존재하는데 이들은 대형 도매상들이 직접 공급하기 어려운 소규모 소매업자들에게 상품을 공급하는 경우이다.

유통경로의 길이가 길어질수록, 즉 상품이 제조업자들로부터 최종 소비자에게 전달될 동안 거쳐야 할 유통단계의 수가 많아질수록 각 유통단계에서 수행하는 마케팅 기능은 전문화된다. 그러나 제조업자와 소비자 사이에 개입하는 중간 유통업자들이 많을수록, 제조업자의 통제력은 약화된다.

● 유통경로의 설계

유통경로를 설계하는 과정은 '유통경로 서비스에 대한 고객욕구 파악 → 유통경로 목표 설정 → 최적경로 대안의 파악과 평가 → 유통경로 구성원의 선정과 평가'의 총 4가지 단계를 통해 이루어진다(이석규, 2006).

판매촉진(promotion)

기업은 판매촉진(promotion)를 통해서 시장을 개발하고 제품의 수요를 자극하는 제반 활동인 광고, PR, 인적판매, 판매촉진 등을 전개한다. 기업은 우수한 제품을 만들고, 소비자들의 구매를 유도할 수 있는 가격을 책정하는 것만으로는 마케팅이 성공하기가 어렵다. 우수한 제품과 저렴한 가격을 고객들에게 알리고 구매하도록 설득하여 구매를 유인하고 소비자들과의 원활한 의사소통을 위해 많은 노력을 기울여야 한다.

● 풀 전략과 푸시 전략

풀(pull) 전략이란 제조업자가 최종 구매자들을 대상으로 하여 주로 광고(advertisement)와 홍보(PR; Public Relation) 혹은 판매촉진활동을 펼치는 것을 의미한다. 풀 전략의 목표는 최종 구매자들로 하여금 우리 회사의 상품을 찾게 만듦으로써 결국 유통업자들이 그 상품을 취급하게 만드는 데에 있다. 이러한 풀 전략은 최종 구매자들의 브랜드 선호도가 높은 제품의 경우에 적합하다.

푸시(push) 전략이란 제조업자가 유통업자들을 대상으로 하여 주로 판매촉진과 인적판매수단들을 동원하여 촉진활동을 펼치는 것을 의미한다. 푸시 전략의 목표는 유통업자들로 하여금 우리 회사 제품을 많이 취급하도록 하고, 최초 구매자들에게 적극 권하도록 만드는 데에 있다. 일반적으로 푸시 전략은 브랜드 선택이 점포 안에서 이루어지는 경우에 적합하다.

● 광고

광고(advertisement)는 기업을 비롯한 각종 영리단체의 스폰서가 제품이나 서비스를 제시하거나 촉진하기 위해 비용을 지불하는 비개인적 형태의 커뮤니케이션을 총칭한다. 주요 광고 매체수단들의 특징을 살펴보면 다음의 [표 12-6]과 같다.

[표 12-6] 주요 광고 수단의 특징

구 분	장 점	단 점
신문	• 매체 다수 존재 • 긴급한 광고에 적합, 제작비가 낮음 • 길고 복잡한 메시지 전달 가능	• 짧은 수명, 자세히 읽히지 않음 • 다른 광고의 간섭 높음 • 시간효과에 한정됨
TV	• 동영상, 음향으로 다양한 연출 • 많은 수의 시청자에게 도달 • 높은 주목률, 간단한 메시지에 적합	• 시청자를 선별하기 어려움 • 빨리 지나가 버림 • 매체비용의 절대 액수 높음
라디오	• 폭넓은 도달범위 • 청중 선별 가능 • 매체비용 절대액수 낮음	• 청각효과에 한정 • 긴 메시지 전달에 부적합 • TV보다 주의 집중 낮음
인터넷, SNS	• 이용자가 다수이며, 증가 추세 • 파급효과 큼 • 해외, 지방에도 실시간 전달 가능	• 긴 메시지 전달 어려움 • 비용이 비쌈 • 고객 취향에 따라 선별 청취
잡지	• 청중 선별 가능 • 고화질 인쇄 가능 • 긴 수명, 긴 메시지 전달	• 폭넓은 청중에 도달 어려움 • 시급한 광고에 부적합 • 다른 광고의 간섭 높음

● 홍보

홍보(PR; Public Relation)는 사람 이외의 매체로 하여금 제품, 서비스 기업 등을 뉴스나 논설의 형태로 다루게 함으로써 이에 대한 수요를 자극하는 것이다. 대표적으로 기업이 자사의 이미지를 제고한다든지, 자사에 대한 호의적인 평판을 얻거나 비호의적인 평판을 제거 내지 완화하려는 커뮤니케이션 활동을 벌이는 것을 들 수 있다. 일반적으로 홍보효과가 광고효과에 비해 크다.

● 기타 성장하는 판매촉진 형태

전통적인 판매촉진 활동은 아니지만, 인터넷을 통한 개인들의 활동이 활성화되면서 최근에 주목받기 시작한 활동으로 바이럴 마케팅과 게릴라 마케팅 등이 있다. 이러한 활동들은 종종 적은 비용으로 매우 높은 효과를 거두고 있다.

바이럴 마케팅(viral marketing)은 네티즌들이 이메일이나 메신저 혹은 블로그 등을 통해 자발적으로 기업이나 제품을 홍보하는 새로운 인터넷 promotion 활동이다. 네티즌들이 퍼가기 등을 통해 지속적으로 전달하면서 자연스럽게 인터넷상에서 화제를 불러일으키도록 하는 방식이다. 컴퓨터 바이러스처럼 확산된다고 해서 바이럴(viral) 혹은 바이러스(virus) 마케팅이라고도 한다.

게릴라 마케팅(guerrilla marketing)은 게릴라 전술을 마케팅 전략에 응용한 것으로, 소규모의 조직인 게릴라를 통하여 기습적으로 적을 공격하여 피해를 준 후 신속하게 빠져나와 일반 민중 속에 숨어서 반격을 피하는 방식과 유사한 마케팅 활동을 가리킨다.

장소와 시간에 구애받지 않고 잠재고객이 많이 모인 공간에 갑자기 나타나 상품을 선전하는 밀착형 마케팅 활동으로, 후발 기업이 적은 비용으로 고객에게 밀착한 마케팅을 펼치기 위한 방법으로 활용되고 있다.

12.3. 고객관계관리

고객을 유치하고 매출을 늘리며 지속적인 유지의 필요성이 대두됨에 따라 부각된 개념이 고객관계관리(CRM; Customer Relationship Management) 이다. 즉, 고객관계관리란 '제반 경영전략을 고객 중심으로 재설계하고 통합하여 고객과의 장기적인 관계를 구축하고 경영성과를 개선하기 위한 마케팅 방식'이라고 할 수 있다. 고객중심(customer-oriented)으로 경영을 생각하고, 빠른 속도로 발전되는 IT기술을 활용하여 장기수익 극대화에 기여하는 전략이다.

CRM에서는 기업과 개별 고객과의 장기적 관계를 세 단계로 구분하여 단계별로 전략과 목표를 설정하였다. 첫 단계는 고객창출 단계로 잠재고객을 신규고객으로 유치하는 전략에 중점을 둔다. 둘째 단계는 고객유지 단계로 신규고객이 이탈하지 않고 거래 폭을 늘리는 데 중점을 둔다. 셋째 단계는 고객강화 단계로 거래량의 확대와 질적 고도화를 추구하면서 고객충성도를 높이는 것이 목표이다.

CRM 프로세스

CRM이 어떻게 진행되고 세부활동이 무엇인지를 나타낸 것이 〈그림 12.2〉의 CRM 프로세스이다. CRM 프로세스는 전형적인 Plan(계획) → Do(실행) → Check(점검) → Action (조정) 과정으로 전개된다.

CRM 세부활동의 첫 단계는 우선 마케팅활동의 목적을 설정하는 데서 출발한다. 둘째 단계는 목적에 적합한 고객 및 관련시장 데이터를 확보하는 것이다. 여기에는 다양한 데이터베이스 관리기술이 사용된다. 셋째 단계는 분석결과를 토대로 목표고객(target customer)을 대상으로 마케팅전략을 수립하는 것이다. 넷째 단계는 수립된 전략과 세부실행계획에 따라 실천에 옮긴다. 마지막 다섯 번째 단계는 활동의 성과를 측정한 뒤 개선방안을 도출하여 차기의 CRM 계획에 반영하는 것이다.

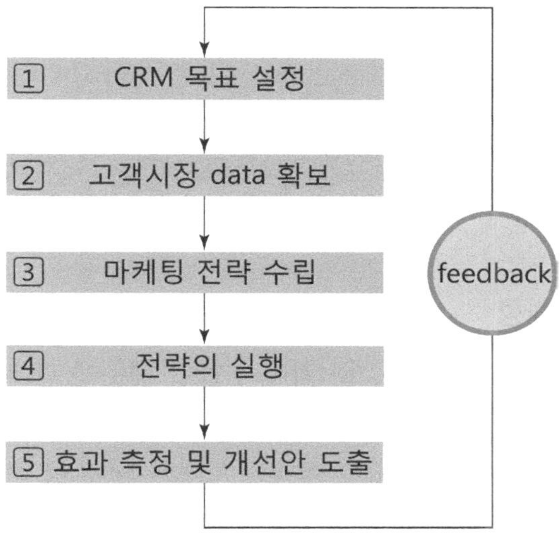

‖ 그림 12.2 ‖ 고객관계관리(CRM) 프로세스

12.4. 기술마케팅

기술마케팅의 정의

기술마케팅(technology marketing)이란 "기업이 전략적인 관점에서 어떠한 기술이 필요하며, 이를 어떻게 획득하고(make or buy), 보유한 기술을 어떻게 활용(keep or sell)할 것인가에 대한 결정 및 수행과정"이라고 정의내릴 수 있다. 각각에 대해 추가 설명하면,

첫째, 기업에 필요한 기술이 무엇인가를 결정하는 문제는 현재뿐만 아니라 미래에 중요

시 될 기술을 망라한다.

둘째, 기술마케팅은 기술에 대한 구매 의사결정을 포함한다. 기술을 내부적으로 개발할 것인지, 아니면 외부 도입할 것인가에 대한 의사결정의 문제이다.

셋째, 기술마케팅은 기술 처분에 대한 의사결정을 포함한다. 즉, 어떤 시점에서 기업이 보유하는 기술을 배타적으로 계속 활용할 것인지, 아니면 다른 기업이 직접 활용하게 하거나, 대가를 받고 사용하게 할 것인지에 대한 의사결정을 포함한다.

기술마케팅 절차

일반적으로 기술마케팅 절차는 판매대상기술의 선정 → 기술가격의 결정 → 기술구매 절차 파악의 순으로 이루어진다. 각 단계별 검토되어야 할 내용은 다음과 같다.

● 판매대상 기술의 선정

기술마케팅의 경우 판매할 기술이 가시적이지 않기 때문에 판매할 대상 기술을 명확히 하는 것이 어렵다. 따라서 '기술에 대한 설명'(TD; Technology Description)이 선행되어야 하며, 여기에는 당해 기술의 성능 및 경제성, 다른 기술과의 연관성, 제품과 생산기술과의 연계성, 그리고 기술이 최종 고객을 만족시키는 제품의 특징에 영향을 미치는 요소 등이 포함되어야 한다.

● 기술가격의 결정

기술의 가격은 일반상품과 달리 시장에서 결정되기 어렵다. 그 이유는 첫째, 거래대상인 기술의 내용이 구체적이지 못하기 때문이다. 둘째, 기술의 가치는 기술이 체화되는 제품의 가치에 의해서 간접적으로 결정되기 때문이다. 셋째, 기술 자체가 변화하기 때문이다. 만약 기술 변화가 급격하다면 기존기술의 경제적 가치, 즉, 가격은 크게 변동할 것이다. 넷째, 동질적인 기술은 거의 존재하지 않기 때문이다.

따라서 기술 가격은 특정한 상황 하에서 판매자와 구매자와의 협상에 의해서 결정될 수밖에 없다. 한편 기술은 통상적으로 라이선스 형태로 거래되며 기술 활용에 대한 대가, 즉 기술사용료(로열티; royalty)가 결정된다. 로열티 역시 특정한 상황 하에서 라이선서(licensor)와 라이선시(licensee) 간의 협상에 의해서 결정된다. 관행에 의하면 '25% 룰'이 있는데, 이는 기술 실시로 인한 이익 중 25%를 로열티로 지급하는 것이다.

● 기술 구매절차 파악

기술을 판매하려면 기술구매자들이 어떠한 절차를 거쳐 구매의사결정을 하는지를 이해하여야 한다. 일반적으로 기술구매자는 〈그림 12.3〉에서 보는 바와 같이 기술평가 착수 → 기술스캔 및 모니터링 → 기술평가 → 기술선택 → 기술실행(기술판매 포함) 등의 단계를 거쳐서 기술의 구매효과를 극대화하려고 할 것이다.

기술구매절차는 크게 기술평가 및 기술도입 두 단계로 구분되는데, 기술평가단계는 기술평가 착수로 시작하여, 기술스캔 및 모니터링, 평가실시까지의 과정을 말한다. 기술도입단계는 기술을 재평가하여 대안적 기술 중에서 적합한 기술을 선정하여 이를 제품, 시스템, 서비스 등에서 활용하는 활동까지를 포함한다.

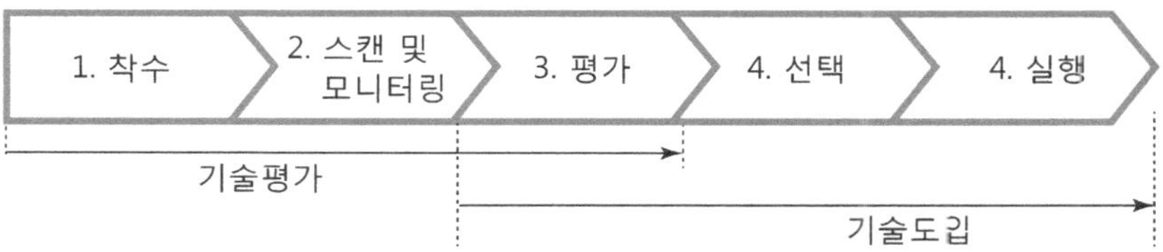

* 출처 : 성태경(기술마케팅과 사업화, 2011)

‖ 그림 12.3 ‖ 기술마케팅 수행 단계

● 기술마케팅의 수단 결정

일반적으로 기술이전의 채널은 크게 일반적 채널, 리버스 엔지니어링 채널(reverse engineering channels), 계획된 채널의 세 가지로 나누어 볼 수 있다. 일반적 채널은 교육, 훈련, 출판, 학술대회, 인력 교환 등으로 의도적이지 않으며, 추가적인 자원 투입 없이도 기술이 이전된다. 리버스 엔지니어링은 기술 수요자가 타사의 제품을 보고 기술의 코드를 분해하여 그것을 복제할 수 있는 능력을 개발하는 것이다. 만약 지식재산권 침해 등 법적인 문제가 없다면 리버스 엔지니어링은 아주 효과적인 기술이전의 수단이 된다. 계획된 채널은 라이선싱, 프랜차이즈, 조인트벤처, 턴키프로젝트, 기술컨소시엄 등으로 기술마케팅과 직접 관련되는 채널이다.

기술마케팅 수단으로서의 계획된 채널의 종류

● 라이선싱

라이선싱(licensing)은 기술을 이전받는 사람이 다른 누군가의 기술을 사용할 권리를 구입하는 것을 말한다. 이 경우 기술구매자가 기술 사용권을 완전히 구입하기도 하고, 초기에 정액을 지급하고 판매 성과에 따라서 일정 금액을 지급하기도 한다.

● 프랜차이즈

프랜차이즈(franchise)는 라이선싱의 한 형태이나, 기술판매자가 계속적으로 기술구매자를 지원해주는 경우를 말한다. 예를 들면, 기술거래 후에도 원료를 계속적으로 공급한다든가, 마케팅을 도와준다든가, 교육훈련서비스를 지원하는 것이다. 프랜차이즈는 주로 음식점 체인이나 서비스업종에서 많이 행해지는데, 맥도날드나 피자헛이 대표적인 예이다.

● 조인트벤처

조인트벤처(joint-venture)는 두 개 이상의 이해당사자가 새로운 기술을 개발하거나 제품을 생산하기 위해 지식과 자원을 공유하거나 서로의 약점을 보완하기 위해서 각각의 노하우를 사용하는 것이다.

● 턴키프로젝트

턴키프로젝트(turn-key project)는 기업이 다른 기업으로부터 완성된 하나의 프로젝트를 구입하는 것이다. 이 경우 계속적인 교육훈련 서비스와 운영을 위한 지원 거래당사자 간 계약에 포함된다. 턴키프로젝트를 수행한다는 것은 기계를 사고파는 일이지만, 그 규모가 공장 전체라는 면에서 거래가 대규모적이다.

● 기술컨소시엄/공동 R&D 프로젝트

기술컨소시엄(consortium) 혹은 공동 R&D 프로젝트는 두 개 이상의 경제활동주체(기업, 공공연구소, 대학)들이 기술개발을 위해서 협력하는 형태이다. 지난 30년간 기술혁신활동에서 기업 간 협력이 크게 증대되어 왔다. 대표적인 예가 미국의 세마테크(SEMATECH) 컨소시엄으로, 여기에는 14개 기업들이 반도체 칩 개발을 위해 공동으로 참여하였다.

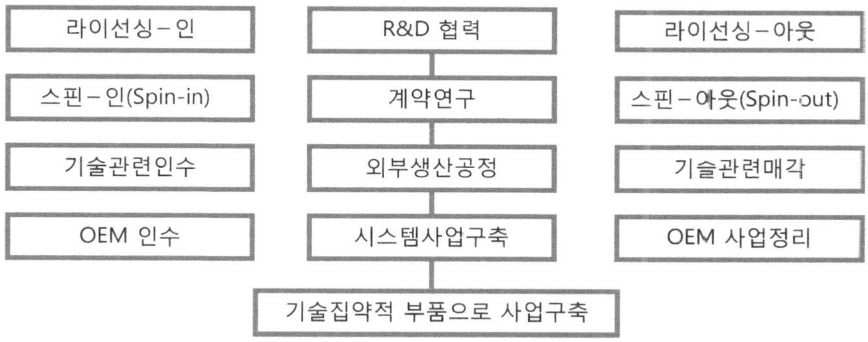

* 출처 : 성태경(기술마케팅과 사업화, 2011)

|| 그림 12.4 || 기술마케팅의 형태

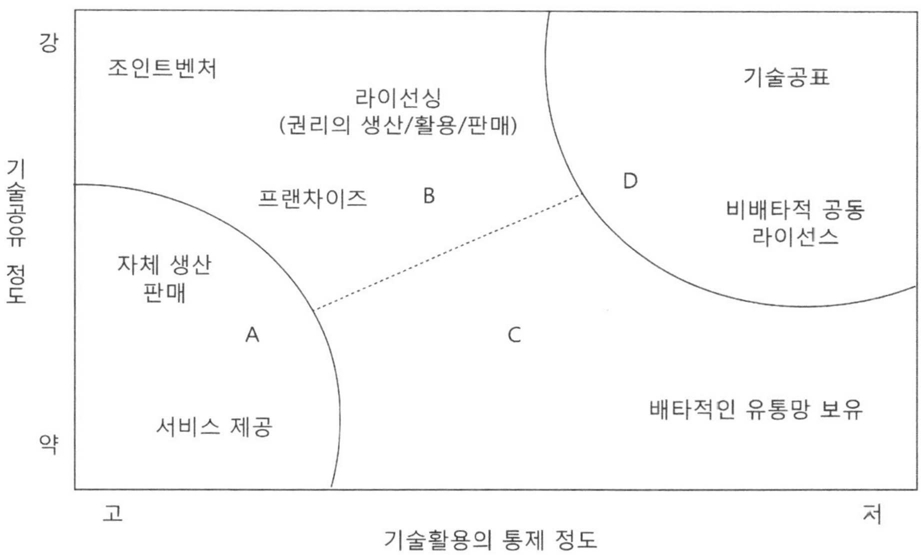

* 출처 : Siefert et al.(2008)

|| 그림 12.5 || 효과적인 기술마케팅 수단의 선정

앞서 살펴본 기술마케팅 형태를 그림으로 나타내면 〈그림 12.4〉와 같다. 한편, 기술마케팅의 궁극적인 목적은 수익 창출이므로 어떠한 기술마케팅의 형태를 선정할 것인가에 대한 의사결정도 수익극대화에 기반을 두어야 한다. 즉, 바람직한 기술마케팅의 형태는 바람직한 비즈니스모델과 관련이 있다.

기업은 어떠한 형태의 기술마케팅을 선정하는 것이 바람직한가? 이는 기술 활용의 통제정도와 기술의 공유 정도에 따라 달라진다. 〈그림 12.5〉에서 보는 바와 같이 기술활용의 통제 정도는 매우 높으나 기술의 공유 정도가 약하다면(영역 A) 자체 생산하여 판매하는 것이 가장 유리할 것이다. 반대로 기술 활용의 통제 정도가 낮고 기술의 공유 정도가 높다면(영역 D) 기술을 공표하거나, 비배타적인 공동 라이선스를 제공하는 것이 좋은 대안이다.

기술거래 절차

기술거래란 "기술을 도입하는 자와 기술을 이전하는 자 간에 매매, 교환, 임대차, 증여 등으로 기술 양수도계약, 라이선스 계약, 노하우 실시권계약, 기술 용역계약 등을 통하여 기술이 이동하는 것"을 말한다. 물론 기술성, 시장성 등의 타당성, 파트너의 물색, 기술이전 관련 협상 등 기술이전을 원활히 하려는 활동도 포함한다.

기술거래 절차를 간단하게 요약하면 〈그림 12.6〉과 같다. 그림에서 보는 바와 같이 기술판매자는 보유기술에 대한 평가를 기반으로 판매하려는 기술을 결정하여 수요자를 탐색하고, 기술구매자는 구입하려는 기술을 규정하고 기술판매자를 탐색한다. 거래상대를 찾게 되면 협상(negotiation)을 통해 계약이 이루어진다. 기술거래 상대를 찾는 일은 어려운 일이므로 통상 기술중개자가 개입한다.

기술거래협상은 기술판매 및 기술구매의 제반 조건을 결정하는 절차이다. 기술거래는

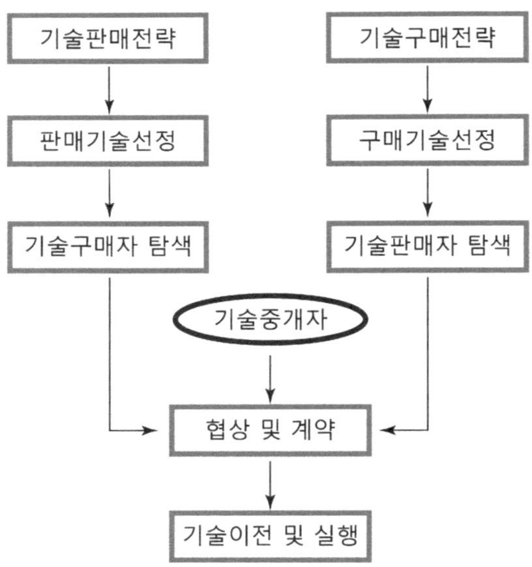

* 출처 : 성태경(기술마케팅과 사업화, 2011)

‖ **그림 12.6** ‖ 효과적인 기술마케팅 수단의 선정

한 번에 끝나는 것이 아니므로 양자 모두 우호적인 관계를 유지하는 것이 필요하다. 기술거래협상 전에는 비밀유지 계약을 체결하는 것이 유익하다.

협상이 완료되면, 쌍방은 기술거래 계약서를 쓰고 거래를 완료한다. 기술거래계약서에는 계약의 목적, 특허권 목록, 기술이전의 방식, 기술료 및 지급방법, 사후 분쟁해결 방법(예 : 기술유출 시 처리방법) 등을 모두 포함시켜야 한다.

● 기술거래 사후관리

기술거래가 성사된 이후에도 기술거래에 대한 계약사항의 준수 여부를 지속적으로 관찰해야 한다. 특히, 로열티 관련 사항이나 기술구매자가 당초 목적한 범위 이외의 사용 등에 대해서는 위험관리 차원에서 파악해야 한다.

장기적인 라이선스 거래의 경우 추가적인 교육훈련이 지원되어야 하며, 많은 경우 기술제공기업의 기술 인력이 기술구매기업에 투입된다. 거래 대상이 노하우인 경우 교육지원이 더욱 필요하다. 프랜차이즈의 경우에는 핵심원료 및 인력의 계속적 지원을 통해 제품 및 서비스의 질을 유지해야 한다.

창업 Worksheet 8 마케팅계획 수립

1. 자신의 경쟁자 파악하기

종류	경쟁자
직접 경쟁자	
간접 경쟁자	
미래 경쟁자	

2. 경쟁자 분석하기

	가격	품질	특징	유통체계	마케팅	위치	강점	약점
내 사업								
경쟁자 A								
경쟁자 B								
경쟁자 C								

• 경쟁자별로 모든 항목을 다 기입할 필요는 없으며, 파악되는 경쟁자를 모두 작성한다.

3. 자신의 상품을 사용할 유저(User)와 고객(Customer)을 구분해 보자.

사용할 유저	돈을 지불할 고객
1.	1.
2.	2.
3.	3.

4. 고객의 프로필 작성하기

NO	항목	구체적으로 기술하기(그들의 가치,태도,신념 등)
1	연령	
2	성별	
3	직업	
4	소득 수준	
5	지리적 위치	

5. 가격 정책

당신의 가격 정책은?	고가정책, 저가정책 이유는?
경쟁자의 가격 정책은?	
가격 결정시 영향을 주는 요인은?	
대표 상품의 소비자가? 배송비, 할인정책?	
기타 특별한 가격 정책은?	

6. 유통가 정책

경쟁자들이 가지고 있는 유통망은 어떤 것인가?	
총판이나 대리점에 보장해줘야 할 마진폭은?(소비자가 기준)	
업계에서 사용되고 있는 영업이익률은 어느 정도인가?	

경영 Insight

〈신흥시장 진출 시 중산층 고객 공략의 필요성〉

외국기업의 신흥시장에서의 새로운 접근 전략의 필요성과 방법론에 대해 언급한다.

- **외국기업의 신흥시장 진입 시 전략의 불변성**: 많은 외국기업들이 신흥시장에 진입할 때 기존의 비즈니스모델을 단순히 이식하려고 함. 가격 인하 등 일부 변경은 있지만, 근본적인 전략은 변하지 않아 대부분 고소득층 시장에 국한되어 있음.
- **신흥시장의 독특한 기회**: 신흥시장에서는 아직 충족되지 않은 수많은 '할 일들'이 존재함.
- **비즈니스모델 혁신**: 신흥시장에서 성공하려면, 새로운 비즈니스모델을 개발해야 함. 이는 고객의 요구를 충족시킬 수 있는 혁신적인 제품의 설계도 포함함.
- **접근성과 가격경쟁력을 통한 중하층 고객 침투**: 접근성을 개선하고 낮은 가격의 제품 제공을 통해, 중산층이나 저소득층 고객의 욕구를 충족시켜야 함.
- **ChotuKoo 사례**: 인도의 Godrej & Boyce는 ChotuKoo 냉장고를 통해 저렴하고, 전력소모가 적으며, 이동이 가능한 제품을 제공하는 등 구체적인 문제를 해결하여 신흥시장에서 큰 성공을 거둠.

출처 : New Business Models in Emerging Markets, Matthew Eyring & Mark W. Johnson & Hari Nair(2011), HBR

제 5 부

기업성장 단계

기업성장 단계에서는 개발된 제품과 기술의 판매와 기술 마케팅 활동이 있어야 한다. 성장을 위한 노력들이 있어야 하는데, 우선 개발된 기술의 가치평가를 통해 기업과 기술의 가치증대를 추구해야 한다. 성장과정에서 야기되는 기업 내부문제 해결과 다양한 외적성장전략을 검토, 추구해야 한다.

START-UP

제 13 장

가치평가

13.1. 가치평가 개요

가치평가(valuation)란 "평가대상에 대한 가치를 산출하는 과정"이라 정의된다. 기업의 미래를 책임지는 핵심 부서에서는 때로 유망한 신규 사업이나 기업의 인수, 합병을 검토하고 첨단기술 도입을 고려할 경우가 있다. 이때 금융자산이나 사업체, 추진하려는 신규사업, 기술가치를 포함한 무형자산을 평가해야 할 경우가 발생한다.

가치평가는 기업가치평가와 기술가치평가로 나눌 수 있으며 [표 13-1]과 같이 세분된다. 기업가치 평가방법은 크게 자산가치, 수익가치, 상대가치에 의한 평가방법이 대표적이다. 기술가치 평가방법은 크게 정량적평가와 정성적 평가로 나뉘며, 정량적 평가는 다시 원가접근법, 이익접근법, 시장접근법으로 구성되고, 정성적 평가는 평점평가법, 프로파일접근법 등으로 구분된다.

기업가치 평가방법인 자산가치, 수익가치, 상대가치에 의한 평가방법은 기술가치 평가방법 중 정량적 평가방법인 원가접근법, 이익접근법, 시장접근법과 각각 산정 원리가 유사하다. 가치평가는 단지 기업가치와 기술가치평가에만 한정되는 것이 아니라 금융자산, 신규사업의 가치평가에도 당연히 이용될 수 있다. 이하 이들 방법에 대해 순서대로 설명하고자 한다.

[표 13-1] 가치평가 방법 총괄

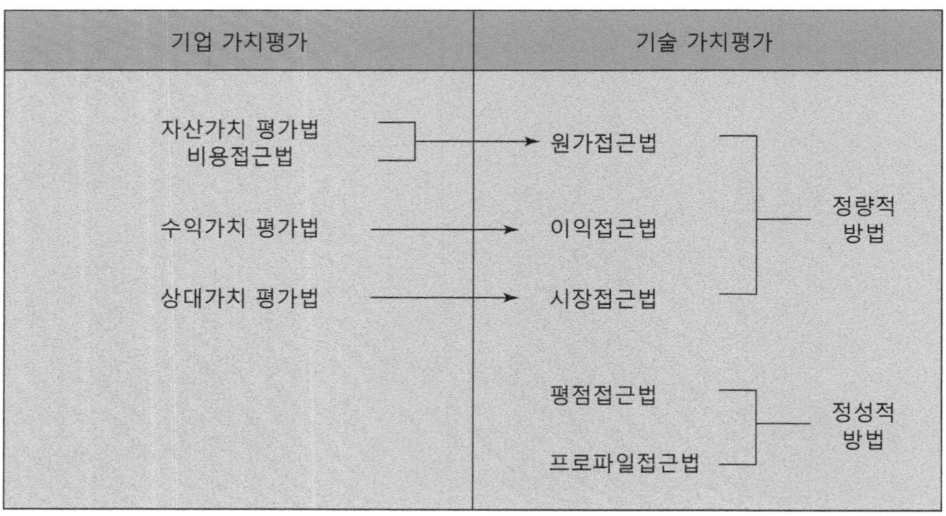

* 출처 : 박원구, 기술사업화와 창업(2017)

13.2. 기업 가치평가

기업 가치평가의 의의

기업을 운영하고 있는 경영자의 경우 때때로 기업 가치를 평가해야할 경우가 발생한다. 즉, 새로운 사업을 추진하는 경우, 기업공개(IPO; Initial Public Offering)를 준비하는 경우, 융자를 신청할 경우, 회사 전체나 사업부를 매각하려는 경우 등에 가치평가의 필요성을 느낀다. 기업가치평가는 수치로 표시되는 기업가치만이 아닌 수치로 표시하기 어려운 미래의 사업기회, 회사가 보유한 인적자원의 능력, 창의성, 구축된 영업 네트워크 등 무형의 자산도 고려되어야 한다. 무형의 자산은 영업권(goodwill)이나 경영권 프리미엄으로 보상받을 수 있으므로 여기에서는 수치로 계산될 수 있는 기업가치 평가방법 중에서 많이 이용되는 자산가치법, 수익가치법, 시장가치법을 주로 설명하고자 한다.

자산가치법(비용접근법)

자산가치에 의한 평가방법은 해당 자산의 총자산에서 총부채를 차감한 순자산으로 평가하는 방법이다. 기업 인수 시 협상가격은 이와 같은 방식으로 산정된 자산가치에 경영권(영업권) 프리미엄을 더하여 결정된다.

(순)자산가치 = 총자산 − 총부채
협상가격 = 자산가치 + 경영권(영업권) 프리미엄

즉, 자산가치법은 재무상태표적 접근방법으로 평가 대상기업의 재무제표상 순자산가치(net asset value)에 자산에 대한 시장가치, 공정가치(fair value) 또는 청산가치를 기준으로 한 차이조정이나 부채의 보수적 계상 등을 반영한 수정 순자산가액에 영업권이나 경영권 프리미엄 등의 추가조정항목을 고려하여 기업가치를 평가하는 방법이다.

이 방법은 대차대조표 상의 자산합계 금액에서 부채합계 금액을 차감하는 방식으로 간략히 계산되나, 정확한 추정을 위해서는 해당 자산, 부채 계정의 현시점의 공정가치(present fair value)로 표시하여야 한다. 예를 들어 토지 가격은 장부상에는 구입 시의 원가로 표시되어 있는, 즉 역사적원가(historical cost)로 계상되어 있으나 이를 현재의 시세를 반영한 토지 가격으로 조정하여야 한다. 이를 통해 정확한 자산가치가 계산될 것이다.

순자산가치 접근법은 기업의 수익가치는 크지 않으나 부동산 등의 자산이 많아 자산가치가 기업가치에 큰 영향을 미치는 경우에 채택할 수 있는 평가방법이다. 회사의 미래수익 창출능력을 고려하지 못하는 단점이 있으나, 순자산가치에 경영권 프리미엄을 고려한 수치가 가격협상의 기준이 되는 기초자료로 활용될 수 있다. 한국에서 채택한 국제회계기준(IFRS)에서는 모든 계정금액을 현재 실현 가능한 수치, 즉 현재가치로 반영하는 것을 원칙으로 삼고 있다.

자산가치법은 장부가치에 의한 평가, 시장가격에 의한 평가, 청산가치에 의한 평가로 나눌 수 있다. 유사방법으로 비용접근법이 있는데, 이는 보유 중인 자산을 구입, 대체하는 데 소요되는 비용을 추정하여 가치를 결정하는 방법이다.

수익가치법

수익가치(earning value)법은 해당기업이 사업 개시 전에 추정한 사업계획과 전제사항과 같이 경영된다고 가정하고, 이때 기대되는 미래의 수익창출액, 즉 미래의 순현금흐름을 현재가치로 할인하여 산출되는 순현재가치(NPV; net present value)로 평가하는 방법이다. 순현재가치법과 동일한 원리로 산출되며, DCF방법(discounted cash flow method), 소득접근법(income approach)으로도 불린다. 수익가치법에 의한 기업 매수 의사결정은 매수 후 기업의 현금유입액의 현재가치가 인수가격보다 크게 추정될 경우 이루어진다.

NPV; 미래의 현금흐름 ($CF_0 + CF_1 + \cdots CF_n + \cdots$)을 현재가치로 할인한 금액

CFn; 사업개시 후 n차연도의 순현금유입액(net cash flow = cash in-cash out)

수익가치를 산출하기 위해서는 연도별 추정재무제표를 작성해야 하며, 작성 시에는 수많은 전제사항이 필요하다. 일례로 매출원가 하나의 항목을 추정하기 위해서도 소요 재료별 연도별 소요량, 재료별 연도별 구입가격, 생산성의 변화에 따른 연도별 원료 소요량 등 많은 변수의 추정이 필요하다. 즉, 수익가치 산출을 위해서는 많은 전제사항과 장기간의 방대한 작업이 필요하며, 따라서 신뢰성에도 의문이 있다.

그럼에도 불구하고 수익가치 산정을 위해 미래의 재무제표를 추정하는 작업은 그 기업의 미래에 발생될 수 있는 시나리오를 그려 본다는 측면에서 의의가 있으며, 실제로 기업

가치 추정 시 수익가치법은 많이 이용되고 있다.

상대가치법(시장가치법)

상대가치(market value)에 의한 평가방법이란 평가 회사와 업종이 유사한 상장회사(또는 등록법인)의 주가를 참고하여 가치를 평가하는 방법이다. 해당 기업이 시장에서 실제로 팔릴 수 있는 가격으로 평가하는 방법으로, 보통 주식시장에서 형성되는 주식가치로 평가하며, 시장접근법과 유사하다. 예로서 상장 기업의 가치를 평가하는 경우, 기업 가치는 해당 기업의 1주당 현재가격에 총주식수를 곱하면 계산된다.

해당기업의 전체가치＝1주당 현재가격×총주식수
인수하려는 주식지분의 가치＝1주당 현재가격×인수하려는 주식수

이 방법의 장점은 비교 가능한 거래가 있을 경우 적용이 간단하고, 가정이 최소화되어 자의성이 배제된다는 점이다. 단점은 최근에 발생한 비교 가능한 거래가 존재하여야 평가의 객관성이 유지된다는 점이다. 이는 상대적 시가로 평가하는 방법으로 비교가능 기업분석법과 비교가능 거래분석법이 이에 속한다.

기타 방법

기타 방식으로는 주가수익률 방식, 세법상의 기업가치 평가방법, 증권거래법상 기업가치 평가방법 등이 있다. 이들 방법은 위에서 제시된 방법과 유사하거나 이 원리를 토대로 하여 응용된 방법이라 할 수 있다.

기업가치 평가방법 종합

보통 기업가치를 평가할 때는 앞서 언급한 3가지 기업가치를 적절히 혼합한 금액에 경영권 프리미엄을 더하여 결정한다. 실례로 수익가치와 순자산가치를 가중평균한 금액에 경영권 프리미엄을 더하여 결정하거나, 또는 해당기업의 현재 주가를 토대로 한 시장가치가 채택되어 협상 자료로 활용되기도 한다.

'유가증권의 발행 및 공시등에 관한 규정'에서는 보통주식은 수익가치와 자산가치를 각각 1과 1.5로 가중 평균한 가액으로 본질가치를 규정하고 있으며 기업공개 및 협회등록공

모를 위한 주식을 분석하는 경우에는 상대가치를 반영할 수 있다고 규정하고 있다.

기업가치평가는 기업과 기업소유권(ownership)의 평가로 구분된다. 기업가치는 기업의 전체 총자산가치를 말한다. 기업소유권의 가치는 기업가치에서 부채가치를 차감한, 즉 기업의 총자산에서 총부채를 차감한 순자산가치를 말하며, 이는 주식의 시가 총액과 대등한 개념이다.

사례 1 기업가치평가

다음 계산식과 양식에 따라 특정 기업의 가치를 평가하여 보자.

1. 자산가치 = 총자산 − 총부채

2. 수익가치 : 미래의 순현금흐름을 현가로 할인한 금액(NPV)

	1차년(CF!)	2차년(CF1)	3차년(CF1)	4차년(CF1)
매출액				
매출원가				
판매관리비				
당기순이익				
감가상각비				
순현금흐름				
할인율(6%)	0.94	0.89	0.84	0.79
현재가치				
현재가치 합계	= CF! + CF2 + CF3 + CF4 + 잔존가치			

잔존가치(현금흐름 추정한 이후 년도의 기업가치)

= (최종년도 현금흐름)×(1+성장율) / (할인율 − 성장률)

수익가치 = 현재가치 합계 + 잔존가치

3. 시장가치 = 총주식수 × 1주당 시가

4. 기업가치 평가(예) : (수익가치 + 1.5 × 자산가치)/2.5

5. 주식 40% 매입 시 필요자금 = 기업가치 × 40% + 프리미엄

13.3. 기술 가치평가

기술 가치평가와 회계학

20세기 후반을 지나면서 높은 마진의 새로운 기술집약 첨단제품들이 다수 출현하였으며, 첨단 제품을 경쟁기업보다 빨리 생산, 판매하는 기업의 이익이 크게 증가하고 기업가치도 신장하였다. 이에 따라 차별화된 기술의 중요성이 증대하였으며, 기술가치평가의 중요성도 커지고 있다.

스미스(Smith, 1994)는 기술가치평가는 "무형의 기술을 대상으로 이의 기술성, 사업성, 시장성을 검토하여 기술의 금액, 등급, 점수, 의견 등으로 표시하는 평가활동"이라고 정의한 바 있다. 기술을 누가 소유하며, 어떤 목적으로 활용하느냐에 따라, 즉 기술소유자의 다양한 상황에 따라 기술가치는 달리 평가될 수 있다.

자산적 가치를 가지고 있는 기술은 회계학적으로는 무형자산(intangible asset)으로 분류된다. 무형자산은 국제회계기준(IAS) 제38호에서 정의하기를 "물리적 실체가 없이 생산되어, 상품 서비스의 공급, 임대 또는 관리 목적으로 사용되는 식별할 수 있는 비화폐성 자산"이라 하였다. IAS에서는 무형자산으로 인식되기 위해서는 식별가능성, 자원에 대한 통제, 미래의 경제적 효익에 대한 존재를 입증하여야 한다고 규정했다.

IAS 38호에서는 무형자산의 예로 컴퓨터 소프트웨어, 특허권, 저작권, 영화필름, 거래처목록, 서비스권리, 어업권, 수입할당량, 고객 또는 공급자 관계, 시장점유율과 마케팅 권리 등을 열거하였다. 대표적인 무형자산인 기술관련, 시장관련, 예술관련 무형자산의 분류는 무형자산의 분류표 [표 13-2]와 같다. 일반적으로 기술관련 무형자산으로 분류될

[표 13-2] 무형자산의 분류

분류	종류
기술 관련 무형자산	특허적용기술, 실험 노트, 기술 노하우, 공정특허 등
시장 관련 무형자산	상표권, 상표, 브랜드명 등
영업권 관련 무형자산	법인영업권, 계속기업의 가치
매출 관련 무형자산	음악작곡, 문학작품과 저작권, 조각 등
자료처리 관련 무형자산	소프트웨어, 데이터베이스 등
엔지니어링 관련 무형자산	제품특허, 설계도, 청사진, 독점증서 등

수 있는 것은 지식재산권, 특허권, 공정특허, 특허적용기술, 기술증서, 기술적 노하우, 실험노트, 컴퓨터 프로그램 등이다.

기술가치가 있는 자산의 특징은 건물과 같은 유형자산과는 달리 여러 차례에 걸쳐 다른 기업에 판매할 수 있다는 점이다. 그러므로 기술자산은 자체 판매의 경우 외에 사용권을 허가하는 라이선스 계약도 발생될 수 있으므로 기술자산의 사용 로열티(royalty) 수입에 대한 가치평가도 고려해야 한다.

기술가치평가 방법 종합

기술가치를 평가하는 방법은 크게 정량적 방법(quantitative method)과 정성적 방법(qualitative method)으로 나눌 수 있다. 정량적 방법을 세분하면 원가접근법, 수익접근법, 시장접근법으로 나눌 수 있으며, 이외에 최근 논의되는 실물옵션기법과 경제적 부가가치 모형에 의한 방법이 있다. 정량적 방법은 화폐금액을 평가 척도로 하며 해당 기술이 수익에 공헌할 수 있는 잠재력을 금전적 가치로 평가하는 방법이다.

정성적 방법은 평가지표나 지수를 평가척도로 하며 정량화하기 어려운 대상을 평가할 때 사용되는 의사결정방법으로, 점수평가법, 프로파일 접근법으로 다시 나눌 수 있다. 대표적인 정성적 평가방법은 전문가들의 판단, 직관, 조사, 비교 등을 이용하는 포커스 그룹 방법(focus group method)과 델파이법(delphi method)이다.

위에서 언급한 방법 중 수익접근법이 기술가치를 추정하는 데 많이 이용되는 방법이다. 기술이 실제로 거래된 자료를 활용하는 방법인 시장접근법은 실증적 증거로 많이 사용된다. 이하 이들 방법에 대해 각각 설명하고자 한다.

원가접근법

원가접근법(cost approach method)은 해당 기술을 다시 확보하는 데 소요되는 금액을 산정하여 이를 기술가치로 평가하는 방법이다. 이 방법은 새로운 자산을 구입하고 개발하는 데 소요되는 비용이, 해당 자산을 통해서 얻게 되는 경제적 효익과 일치한다는 전제하에서 출발한다.

원가접근법에서는 발생하는 경제적 이익과 효익 발생 기간 등 수익적 요소는 검토하지 않는다. 이 방법의 문제점은 기술개발에 소요되는 비용이 기술의 가치를 나타낸다는 가정하에 가치를 산정한다는 것으로, 해당 기술이 보편적인 기술이 아닌 경우 원가 산정에 어려움이 있다.

원가접근법을 적용하기에 적당한 평가 대상으로는 발전소, 원자로, 컴퓨터 소프트웨어, 포장 디자인의 평가 시를 들 수 있으며, 취득원가와 감가상각비 계산이 가능해야 원가접근법에 의한 추정을 할 수 있다. 원가접근에 의한 기술가치평가는 다음과 같은 3가지의 원가 개념으로 접근할 수 있다.

● 대체원가

대체원가(replacement cost)는 해당 기술과 동일한 용도 또는 유용성(효용)을 가지는 기술을 개발, 완성하는 데 소요되는 총원가를 말한다. 이때 대체되는 기술은 대상 기술자산보다 큰 유용성을 가져야 한다.

● 재생산원가

재생산원가(reproduction cost)는 현행물가를 기준으로 동일한 기술을 개발하는 데 소요되는 총원가를 말한다. 동일한 기술은 비교 대상 기술을 개발하는 데 사용된 동일한 과학적 연구, 디자인 및 개발 방법을 사용하여야 가능하다는 전제하에서 제시되었다.

● 신대체원가

신대체원가(replacement cost new)는 일반적으로 합리적인 투자자가 대체 가능한 기술에 지불할 수 있는 최대금액을 말한다. 획기적인 첨단기술은 유일하고 독특해서 대체할 수 없는 기술인 것이 보통이며, 이 경우 신대체원가는 기술구매자가 대상기술에 지불할 수 있는 최대 금액으로 볼 수 없다. 이러한 기술은 동일 금액을 지불한다 해도 해당 기술을 개발할 수 없는 경우가 많기 때문이다. 신대체원가는 기능 진부, 기술 진부, 경제적 진부 등의 원인 때문에 가치가 감소하므로 손실분을 조정해야 한다.

수익접근법

수익접근법(income approach)은 해당 기술을 통해 미래에 얻게 되는 수익의 현재가치(present value)의 크기로 기술가치를 평가하는 방법이다. 수익접근법의 가치평가방법은 앞의 기업가치 평가 시의 수익가치접근법(DCF법)과 기본 원리가 유사하다. 이 방법은 기술을 개발, 창출하는 데 소요되는 비용을 추정하여 기술가치를 측정하는 원가접근법과는 차이가 있다. 수익접근법은 가치추정(valuation)에 필요한 전제사항이 많이 필요하다는 등 논란이 있으나, 무형자산 가치평가의 실무에서 널리 이용되는 방법이다. 이 방법이 적용되기 용이한 대상은 신규사업, 계약, 라이선스, 특허, 로열티계약 등으로 가치평가, 손해액 산정, 이전가격의 계산, 무형자산의 거래에 활용될 수 있다.

● 계산 방법

추정을 위해서는 매년 발생하는 경제적 이익금액의 추정, 예상수익기간의 설정, 현재가치 환산 시에 적용할 할인율의 결정이 필요하다. 가치 추정 시 과다한 전제사항, 할인율 결정의 어려움, 잔존가치(terminal value) 추정의 어려움 등이 있어 복잡한 계산 과정에도 불구하고 정확성에는 의문이 있다.

수익접근법에 의한 기술가치분석 세부방법

이 방법은 무형기술자산뿐만 아니라 모든 무형자산에도 적용할 수 있으며 다음의 세 가지 방법이 대표적인 방법이다.

● 증분수익분석

증분수익분석방법(incremental income analysis)에 의한 가치평가 접근 방식에는 첫째, 평가대상 기술로 인해 유발되는 수익의 증가분, 즉 증분수익에 의해 접근하는 방법과, 둘째 해당기술로 인하여 유발되는 회피된(감소된) 원가로 접근하는 방법, 셋째, 증분수익과 회피원가에 대한 결합효과를 정량적으로 계산하여 접근하는 방법이 있다.

● 이익분할분석

이익분할분석(profit split analysis)는 해당기술의 사용으로 인해 유발되는 경제적 효익을 이익창출에 공헌한 경제 주체들에 배분하는 과정에서 해당 기술에는 얼마나 배분해야 하는 논리로 접근하는 방식이다. 실제 이익배분율은 무형자산의 특성, 평가대상 경제단위의 특성, 평가대상 경제단위가 속하는 산업의 유형 등에 따라 결정된다.

● 기술사용료 분석

기술사용료는 많이 발생되는 항목이 아니므로 이 방법은 많이 사용되는 방법은 아니다.

기술사용료를 측정해야 할 필요성이 발생하는 경우는 첫째, 기술권리자가 구형자산을 대여함으로써 얻게 되는 기술사용료 수입이 발생한 경우, 둘째, 무형기술자산을 소유하고 있어 타인으로부터 기술대여가 필요 없을 경우 지급하지 않아도 되는 예상 기술사용료의 추정하는 경우 등이다.

시장접근법

시장접근법(market approach)은 최근에 실제 거래된 기술거래를 참조하여 해당기술의 가치를 평가하는 방법이다. 모든 유형-무형기술자산의 가치평가에 적용할 수 있으나, 실제로 최근에 기술의 가치나 흐름을 파악할 수 있는 유사한 거래가 존재하여야 이 방법을 사용할 수 있다. 기업가치 평가 시의 상대가치법(시장가치법)과 원리 면에서 유사하다.

비슷한 자산의 매매가 실제 많이 발생한 경우 사용하기 적합한 방법으로, 급속하게 기술이 발전하는 분야에 대한 평가에는 적용상 한계가 있다. 기술 라이선스, 로열티 산정, 부동산, 컴퓨터 하드웨어, 프랜차이즈의 가치평가에 유용한 방법이다.

● 시장접근법의 계산절차

시장접근법에 의한 기술가치평가 방법은 평가 대상기술과 유사한 기술거래의 실제사례를 수집하여 이 자료를 이용하여 분석하는 것이다. 거래와 관련된 계약조건도 가치평가에 큰 영향을 미치나, 실제 상세한 계약조건에 관한 자료수집이 용이하지 않다.

유사한 거래에 대한 자료 수집을 마친 다음에는 실제 평가하려는 기술의 가치산정에 적용할 유사거래 가격의 가격배수(pricing multiple)를 정해야 한다. 비교대상 기술의 분석 시 기술이 속하는 산업, 기술거래 조건, 기술소유에 대한 법적 권리 등을 검토해야 한다.

● 시장접근법에 의한 가치평가방법 분류

시장접근법에 의한 가치평가방법에는 [표 13-3]의 5가지 주요한 방법이 있다. 이 중에서 자료수집이 가능할 경우, 매매거래 사례접근법이 가장 체계적이고 시장접근법의 취지에 부합되는 방법이라 할 수 있다.

[표 13-3] 주요한 시장접근법에 의한 기술가치 평가방법

- 매매거래 사례접근법(sales transaction method)
- 로열티 회피추정법(relief from royalty method)
- 이익차액비교법(comparative income differential method)
- 경험적 원칙(rule of thumb)
- 시장대체원가법(market replacement cost method)

점수평가법

점수평가법은 대안의 경제성을 점수(score)로 측정하여, 점수의 크기에 따라 대안의 우열을 판단하는 방법이다. 점수평가법은 점수모형(scoring model)에 따라 평가하며, 적용할 수 있는 범위가 넓기 때문에 사용 시 주의만 한다면 가장 실용적이고 유효한 방법이라 할 수 있다. 이 방법의 장점은 이해하기 쉬우면서 프로파일 모형과 비교 시 세부적인 항목들을 고려할 수 있다는 점이다. 단점은 평가자의 주관적인 판단에 따라 상대적인 순위만을 정하기 때문에 경제적인 수치로 나타낼 수 없고, 또한 대안들의 차이를 절대치의 차이로 비교하기 어렵다는 점이다.

프로파일접근법

프로파일접근법(profile approach)은 비교대상이 되는 대안들에 대해 중요한 평가항목을 설정한 후 각 항목의 평가 결과를 직관적으로 파악할 수 있는 도형으로 표시하는 방법으로 상대비교법으로도 불린다. 즉, 대상 기술 간의 상대적 우열을 평가하는 방식으로 기술가치를 평가하는 방법으로, 특정 기술에 대한 가치를 절대적, 독립적으로 평가하는 것이 아니라 다른 기술들과의 상대적 비교를 통해 평가를 하는 것이다.

프로파일접근법의 장점은 단순하고 평가가 쉬우며, 일차적인 평가정보를 시각적으로 이해하기 쉽게 제시할 수 있다는 점이다. 또한 기술개발 초기에 가치의 화폐적 측정이 어려운 경우에 적용할 수 있다. 단점으로는 정량적 가치 또는 화폐적 가치로 측정할 수 없다는 점과 여러 개의 대안을 비교하는 경우 하나의 도형 안에 모든 대안을 표현하기 어렵다는 점이다.

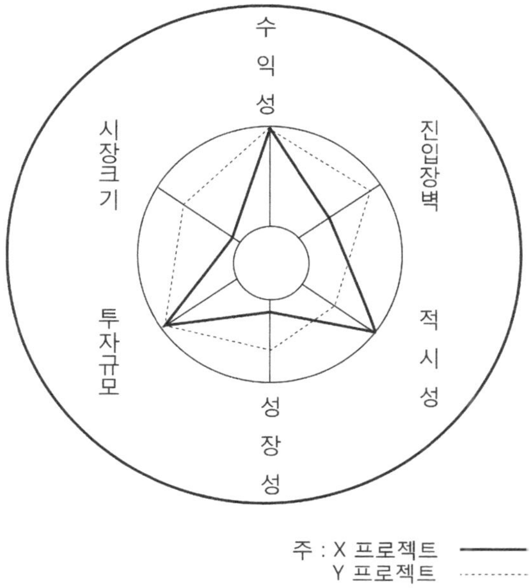

‖ **그림 13.1** ‖ 프로파일 방식 중 방사형 방식의 예

이론 따라잡기

무형자산 특성별 실무적인 가치평가방법

일반적으로 식별 가능한 무형자산은 5가지로 대분류할 수 있다. 5가지를 구체적으로 언급하면 기술(developed technology), 개발 중인 기술(in process R&D), 고객관계 자산(customer relationship), 상표권(trade-marks, trade names), 기타 무형자산(non-compete agreement, licenses)이다. 무형자산 특성별로 실무적인 가치평가방법은 다양하나, 특징적인 무형자산의 가치평가 방법은 다음과 같다.

라이선스 특허 계약

특허의 가치는 특허가 중요한 기술진척을 이룬 것인가, 대체특허가 존재 하는가 등의 요소로 평가될 수 있으나 가장 중요한 점은 특허 사용을 통해 로열티 등의 비용 절감, 나아가 결국 기업에 얼마만큼의 수익을 가져다 줄 것인가의 점이다. 특허는 앞에서 언급한 세 가지 가치평가 방법을 모두 채택할 수 있으나 실증적인 가격결정 자료를 이용 가능하면 시장접근법이 가장 적절한 방법이다. 특허 보유를 통해 로열티가 얼마나 절약되는지의 추정이 필요하다.

해외 자원개발권

회사가 투자하거나 보유 중인 해외자원개발권은 광구별 공정 가치를 산출하여 추정한다. 공정가치 산출 시 개발권 보유에 따른 향후 개발 시 또는 매각시의 현금유출입액의 현재가치를 공정가치로 추정한다.

회사 브랜드, 상표권

회사의 상호로 대표되는 브랜드(brand), sub-brand 및 각종 mark 등은 이들로 인해 유입이 예상되는 초과수익율을 현가화하여 추정한다. 때로는 로열티 면제법이 적용될 수 있다. 지주사, 관계회사와의 관계도 고려하여 평가한다.

유형의 동산(tangible property) 가치의 평가

유형의 동산을 평가할 때는 대상 유형자산의 규모와 내용연수(age)를 파악하고, 나아가 실제 사용될 수 있는 용도 및 잠재적 용도를 파악하여 평가한다. 유형의 동산 평가는 따라서 대체원가접근법이 적합하며, 인플레이션에 의해 가격이 상승하거나 기능진부화로 인해 가치 감소가 예상될 경우 조정하여야 한다.

고객과 관련된 특수계약, 무형자산

고객과의 독점계약, 비경쟁협약(non-compete agreement), 고객 리스트 등은 이들 무형의 자산으로 인해 예상되는 현금유입액의 현재가치로 평가함이 적합하다. 따라서 할인된 순현금흐름법(DCF법)에 의해 평가된다.

제 14 장

성장을 위한 전략과 경영다각화

14.1. 기업성장의 어려움과 필요성

기업성장의 어려움

기회를 잘 포착하고, 조직이 잘 구성되고, 자금조달도 성공적으로 이루어졌다고 해도 기업이 지속적으로 성장하기 위해서는 계속적인 노력이 필요하다. 일반적으로 창업된 10개의 기업 중 1개 기업만이 상당 기간 살아남는다고 한다.

대부분의 초기 창업단계의 기업들은 기술개발에 성공하였다 하더라도 사업화 단계에 이르기까지 자금조달에 어려움을 겪고 있으며, 이러한 현상을 죽음의 계곡(valley of death)라고 한다. 신기술을 기반으로 창업을 도모하는 기업은 기초연구, 기술개발, 상업화 등의 3개의 단계를 거치게 되는데, 초기단계인 기술개발 단계에서 개발단계에 이르는 과정에서 자금조달에 큰 어려움을 겪게 된다. 다음 〈그림 14.1〉은 죽음의 계곡 과정을 나타내고 있다.

한편, 기업을 창업한 후 운영하는 과정에서 성장을 위한 노력을 꾸준히 하더라도 모든 기업이 실제로 성장 잠재성이 있는 것이 아니며, 사업 성장이 빠르게 진행되어도 성장의 부작용으로 문제점이 발생된다.

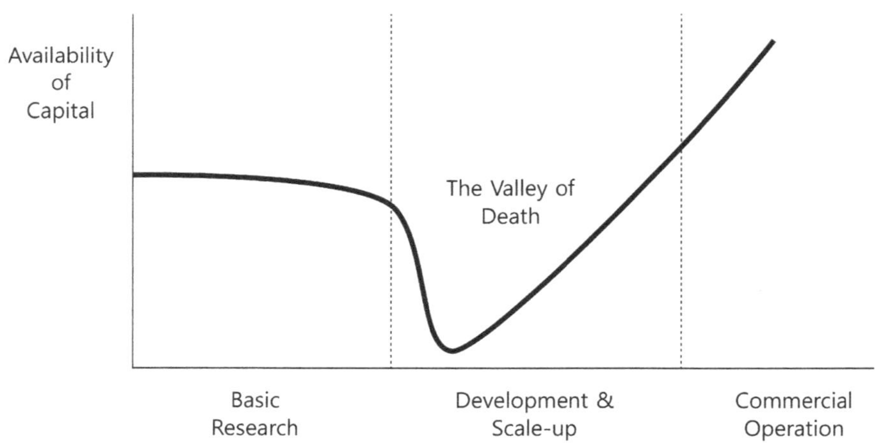

* 출처 : 미국 상무성(2001)

‖ 그림 14.1 ‖ 죽음의 계곡

기업이 성장을 추구하는 이유

기업은 소규모 벤처기업 수준에 머물러 있으면 규모의 경제효과를 누리지 못하기 때문에 일정규모의 이상의 기업으로 성장할 필요가 있다.

일반적으로 기업이 성장을 추구하는 대표적인 이유는 다음과 같다.

● 규모의 경제

기업의 생산비용은 크게 고정비용과 변동비용으로 구분할 수 있다. 〈그림 14.2〉는 기업의 매출증가에 따른 생산비용 증가를 나타낸 그래프이다. 생산이 증가하면 생산 단위당 평균생산비용이 감소되어 기업 이익이 증가하는 규모경제(economy of scale)를 설명하고 있다.

● 범위의 경제

범위의 경제(economy of scope)는 하나의 기업이 유사성이 있는 2가지 이상의 제품을 함께 생산할 경우, 2가지를 각각 다른 기업에서 생산하는 경우보다 생산비용이 적게 드는 것을 말한다. 범위의 경제가 존재한다는 것은 생산품의 다양화가 특화보다 효율적이라는 것을 의미한다. 여러 제품을 함께 생산하는 결합생산의 방식을 채택하면 생산비용을 절감할 수 있다는 점에서 '규모의 경제'와는 다르다. [표 14-1]가 성립할 때 범위의 경제가 존재한다.

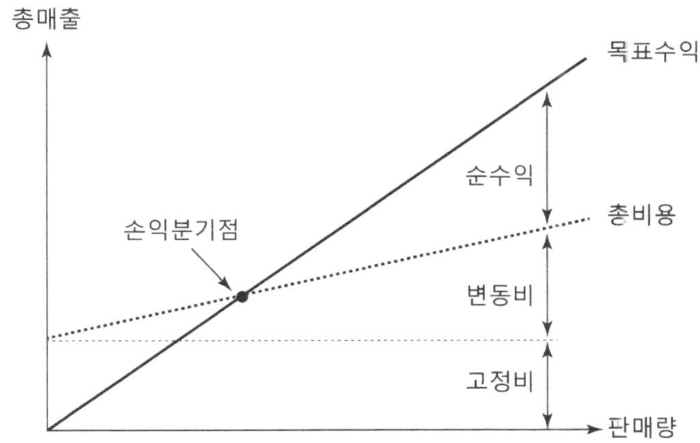

‖ 그림 14.2 ‖ 기업의 매출과 생산비용(변동비용-고정비용)

[표 14-1] 범위의 경제 성립조건

TC(Q1, Q2) < TC(Q1, 0) + TC(0, Q2)
TC : Total Cost(총생산비용), Q1 · Q2 : 생산품의 종류

● 시장 리더십

기업이 한 산업이나 특정 시장을 리드할 수 있는 위치에 있는 것이 시장 리더십이다. 많은 기업들은 시장 리더십(market leadership)을 실현하고 규모의 경제와 범위의 경제를 달성하고, 브랜드 리더로서 인식되기 위해 노력한다. 시장에서의 리더십은 시장규모, 제품경쟁력, 사업선도능력 등에 의해 확보될 수 있으며, 이로 인해 고객을 확보하고 인재를 영입할 수 있다는 점에서 성장을 이끌어내는 주요 요인이다.

● 지배적 디자인

지배적 디자인(dominant design)을 통해 기업은 시장에서의 리더십을 확보할 수 있는데, 지배적 디자인이란 시장과 업계의 표준이 되는 지배력을 갖춘 제품 또는 디자인을 말한다. 기존 기술 체계를 무너뜨리는 신기술의 혁신성이 갖는 특징 중 하나가 바로 '지배적 디자인'이라 할 수 있다.

PC에 윈도우즈가 아닌 다른 OS가 설치되어 있거나, 안드로이드 폰이 처음으로 등장했을 때 시장에서의 거부감 등은 '시장 지배력을 보유한 디자인(dominant design)'이 발휘하는 영향력의 대표적인 사례라고 할 수 있다. 기존의 높은 시장점유율을 가진 제품의 사용성과 인터페이스에 익숙해진 사용자들의 생각은 점점 다른 경쟁업체의 기술이 등장했을 때에 이를 수용하기를 거부하는 현상이 나타나게 되고, 경쟁업체들은 결국 기존의 지배적 디자인을 따라갈 수밖에 없는 follower 전략을 추구할 수밖에 없게 된다.

● 핵심고객 성장의 수용 필요

기업은 늘어나는 주 고객을 수용하기 위해서 성장이 필요하다. 인텔의 경우 반도체를 사용하는 주 고객이 전자회사로서 매년 20%씩 고객이 늘어남에 따라 생산설비를 증설하게 되어 기업이 성장하게 되고 사업기회를 확장할 수 있었으며, 사업의 손실을 회피함으로써 지속적으로 성장할 수 있었다.

● 핵심 인력 확보

기업은 능력 있는 높은 수준의 인력을 끌어들이고 유지하기 위해 성장한다고 할 수 있다. 능력이 있는 인력은 승진, 높은 연봉, 확대되는 권한과 복지 수준 등을 제공하는 기업에서 근무하기를 원하는 경향이 있다. 소규모 기업과 초창기 기업들은 유능한 인력을 확보하기 위하여 성장을 추구한다고 볼 수도 있다.

14.2. 경영다각화와 기업성장

기업성장이론

기업의 성장을 설명하기 위하여 다양한 이론이 제시되어 왔다. 개별 기업이 아닌 국민경제의 관점에서 기업성장을 바라보는 중요한 관점이 될 만한 이론을 요약하면 [표 14-3]과 같다.

[표 14-3] 기업성장에 관한 경제이론

경제이론	주요 내용	강조 요인
슘페터 성장이론	기업성장은 창조적 파괴(혁신) 과정에서 발생하는 미시적 현상	혁신, 시장창출중심
불확실성하의 실험	기업이 불확실성하에서 능동적 또는 수동적 실험을 시도함으로써 성장	학습과 실험
M. Porter의 경쟁력 모형	산업 내에서 여러 위협에 대응하는 5가지 경쟁우위를 확보하는 기업이 성장	경쟁우위
제품 라이프 사이클 모형	신제품(신시장) 출현에서 성숙에 이르는 과정에서 기업이 성장	제품의 개발과 마케팅 초점

* 출처 : 최성호 외, 새로운 기업성장 패러다임과 신산업정책 방향 연구(2012)

경영다각화

기업의 지속적인 성장을 위해서는 새로운 미래 지향적사업을 지속적으로 발굴하여야 한다. 그러나 경영다각화(corporate diversification)는 모든 기업이 동일한 형태로 추구되는 것이 아니라, 개별 기업이 처한 상황에 따라 다양하게 추진되어야 한다.

기업의 핵심전략(core strategy)은 '기업의 핵심역량을 특별히 잘하는 일에 집중하는 것'으로 정의될 수도 있는데, 핵심전략에 집중하고 이를 잃지 않는 것이 중요하다. 유망한 사업기회라 판단되어 많은 유망사업을 동시에 추진하면 기업의 역량이 분산되고 산만해져 경쟁에서 뒤처지게 될 수 있다. 이러한 현상을 'the alexander problem'이라고도 하는데, 이는 알렉산더 제국의 급속한 영토 확대가 제국의 안정성을 악화시켰듯이, 무분별한 다각화를 통한 급속한 기업 규모 확대는 기업 생존 자체의 불확실성을 가중시킬 수 있다는 것을 말한다. 경영다각화의 목적은 추진 필요성에 따라 [표 14-4]와 같이 설명할 수 있다.

[표 14-4] 경영다각화의 목적

다각화의 목적	내 용
성장 추구	• 기업의 생존을 위한 지속적인 성장을 달성 • 조직구성원들에게 새로운 업무 기회와 목표를 부여할 수 있음 • 다각화를 통해 증대된 기업규모로 인해 자금조달이 용이해짐
위험 분산	• 경기순환 및 제품(사업) 수명주기의 이행에 따른 위험 분산 • 특정 사업의 사양화에 따른 새로운 수익 창출 사업으로의 진출
범위의 경제성 달성	• 유형자원 측면에서 물리적 설비나 유통망 등을 공유 • 무형자원 측면에서 핵심기술이나 브랜드 가치를 공유
시장지배력 강화	• 다각화된 기업의 내부 거래를 통한 시장 지배력 확보 • 상호경쟁의 자제를 통한 시장지배력 확보

경영다각화 전략의 유형

● 수직적 통합전략

수직적 통합전략(vertical integration strategy)은 기업의 생산이나 판매의 가치창출 활동과 관련되는 다른 기업을 통합하는 전략이다. 즉 제품생산 관련 공급원이나 제품의 판매자와 같이 산업의 생산-분배의 연결고리에 속해 있는 다른 단계에 있는 기업을 통합하는 것이다.

수직적 통합전략은 통합의 방향에 따라 생산-분배의 연결고리의 전 단계인 원재료나 부품의 공급업자를 통합하는 후방통합과 연결고리의 다음 단계인 도·소매업자를 통합하는 전방통합으로 나누어진다. 예를 들어, 셔츠 제조업자가 직물 제조업자를 통합하면 후방통합이 되는 것이고, 의류상점을 새로 개설하여 판매업자를 통합하면 전방통합이 된다.

● 관련다각화 전략

관련다각화 전략(related diversification strategy)은 기업의 현재 사업 분야와 공통적인 활동요소(제조, 마케팅, 자재관리, 기술, 상표명과 명성 등)를 공유하는 사업이나 유사한 사업에 참여함으로써 사업을 다각화하는 전략이다. 관련다각화 전략은 단순히 특정기업 활동요소를 여러 사업에 공통적으로 적용하는 것이 아니라, 기업이 가지고 있는 핵심역량의 이점을 여러 사업에 활용하여 기업 전체의 시너지를 창출하고자 하는 전략이다.

이 전략은 기업이 현재 사업에서 가지고 있는 강점을 활용할 수 있는 다른 분야로 다각화하고자 하는 경우에 사용된다. 예를 들어, 담배(Malboro) 판매를 통해 축전된 마케팅 능력을 활용하여 맥주(Miller), 식료품 사업에 진출한 필립 모리스는 관련다각화 전략을 추구한 대표적인 기업이라 할 수 있다.

● 비관련다각화 전략

비관련다각화 전략(unrelated diversification strategy)은 기존의 사업 분야와는 아무런 관련이 없는 사업, 즉 현재의 사업 분야와 기술·시장·유통망 등에 있어서 공통의 요소가 존재하지 않는 사업으로 다각화하는 전략이다. 비관련 다각화 전략은 기본적으로 이익을 낼 수 있다고 생각되는 사업이면 어디라도 진출한다는 목표를 가지며, 다각화구성에 있어 명확한 전략적 주제가 없는 것이 일반적이다. 이러한 점에서 이 전략을 복합기업(conglomerate) 다각화라고도 한다.

비관련다각화 전략을 추구하고 있는 대표적인 기업으로는 해외 기업으로서는 철도운영, 석유와 가스탐사, 광산, 트럭운송, 석유정제, 부동산 사업을 병행하여 하고 있는 미국의 복합기업인 유니온 퍼시픽 코퍼레이션(Union Pacific Corporation)을 들 수 있다.

● 경영다각화를 어느 정도 추진해야 장기수익성이 좋은가?

사례 경영다각화 정도와 기업 장기수익성(Rumelt 교수의 실증적 분석)

경영다각화를 어느 정도 추진해야 기업의 장기 수익이 좋아질까?

여기에 대한 해답은 하버드대 R. Rumelt 교수가 수행한 실증적 연구에서 찾을 수 있다. Rumelt는 1974년 미국 Fortune지 500대 기업에 대해 25년간 경영다각화 수행 정도에 따른 기업수익률 변화를 연구하였다.

분석한 결과, 관련다각화만을 추구한 기업의 수익률 평균은 초기 25.7%에서 42.3%로 변화하였고, 비관련다각화도 추구한 기업은 4.1%에서 20.7%, 다각화를 전혀 추구하지 않은 단일사업 기업은 수익률이 42.0%에서 14.4%로 변화하였다.

이를 통해, 관련다각화를 추구하는 기업의 수익성이 가장 높고, 다각화를 하지 않은 기업의 수익성이 가장 낮다는 것을 밝혀냈다.

아울러 경영다각화가 충분히 이루어진 기업보다 덜 이루어진 기업이 우량하며, 경영다각화 추진 시 내외부 조직을 단순하게 해야 수익성 훼손이 방지된다고 주장하였다. 물론 시대적 상황, 기업 여건에 따른 차이도 있겠지만 본 연구는 많은 시사점을 제공한다.

사례 SK그룹의 비관련다각화 성공요인

비관련다각화로 성공한 그룹은 국내에서 SK그룹을 들 수 있다. SK그룹은 섬유에서 출발하여 정유(대한석유공사 인수; 현재 SK이노베이션), 이동통신(한국이동통신 인수; SK텔레콤), 메모리반도체(하이닉스 인수; SK하이닉스) 분야로 기업인수를 통한 비관련다각화를 연속하여 성공시켜 왔다.

비관련다각화의 성공 요인에 대한 SK그룹 경영진의 설명은,

- 신사업 진출이나 M&A는 갑자기 실행한 것이 아니라 장기간(10년)의 체계적 검토 아래 추진되며, 이에는 해외 R&D센터 설립, 산업 최고 전문가의 의견 청취도 포함되며,
- 최고경영자의 경영다각화에 대한 차원 높은 vision, 안목과 추진 의지가 뒷받침되었으며,
- 인수하는 회사의 기존인력을 전문가로 인정하고 믿고 경영을 맡겠으며, 본사 파견 인력을 최소화하였음. 이에 따라 노조의 반대가 적고 환영하는 분위기가 형성됨.
- 인수 후(post M&A) 회사를 적당히 재무적 이익을 확보한 후 처분하려는 것이 아니라 키울 생각으로 진출한 것을 성공요인으로 거론하였다.

14.3. 성장에 따라 부각되는 문제점과 대책

기업성장에 따른 경영자의 고민

기업의 제품개발이 순조롭게 이루어지고 판매량이 증가하는 등 기업 규모가 커지면 새로운 유형의 문제가 대두된다. 기업성장에 따른 문제점과 대책을 정리하면 다음과 같다.

● 끊임없는 기술·시장 트렌드의 파악

급변하는 주변 경영 여건에 맞추어서 경영자는 계속하여 변화하는 기술 트렌드에 뒤처지지 않고 따라잡아야 한다. 특히 기술이 급변하는 첨단산업에 종사할 경우, 기술·시장 추세를 파악하지 못할 경우 순식간에 사업의 몰락을 초래할 수 있다. 소비자와 시장의 소비 패턴, 욕구추이도 파악해야 한다.

(대책) 외부의 중요한 기술·경영 전략세미나에 참석하고, 소비자와의 대화 채널을 유지하는 방법을 들 수 있다.

● 기존사업 확대와 신사업 진출 여부 결정

제품 판매가 안정기에 진입하면 경영자는 기존제품의 투자확대와 신사업 진출 사이에서 어떤 것을 선택할지 고민하게 된다. 즉, 시장에서의 지위가 굳어가는 기존 분야에 투자를 확대하여 시장점유율(market share)을 높여야 할지, 유망한 미래 신사업에 새로이 진출하여 장래 수익원 확보를 도모해야 할지 고민해야 한다.

(대책) 경영자는 투자확대와 신사업진출에 대한 고민을 중요한 일상 업무로 인식하여 지속적인 관심을 보여야 한다.

● 운전자금 증가와 현금흐름 관리

기업이 성장함에 따라 원재료 매입량, 외상매출금, 직원 급여지불액 증가 등으로 인해 현금소요, 즉 운전자금(working capital) 소요액이 커지게 된다. 따라서 증가하는 자금수요를 충족하기 위해 충분한 현금, 즉 유동성(liquidity)을 보유하고 있는지 확인하여야 한다. 매출액은 증가하였으나 현금으로 회수하지 못한 외상매출금이 급증하여 어려움을 겪을 수 있다. 손익계산서 상으로는 흑자이나, 현재 시점의 현금 부족으로 도산하는 흑자도산(technical insolvency)을 유념해야 한다.

대책 기업 성장이 보다 많은 현금 수요를 발생시킨다는 것을 인식하여 은행의 신용라인을 개설하고, 당좌차월액을 증대시킬 필요가 있다. 차입을 통한 적극적 투자보다는 이익의 내부적립을 통해 자기자본비율도 올려야 하며, 외부 차입원도 다양화해야 한다. 투자자본을 확충하는 한편, 경우에 따라서는 기업의 성장 속도를 의도적으로 제한할 필요도 있다.

● 인력 채용과 유지

조직이 커지면 인력소요가 급증하여, 때로는 외부의 전문지식을 갖춘 경력직원을 채용하게 된다. 이때 창업 초기부터 근무한 직원과 뛰어난 전문지식을 갖추어 비교적 높은 직위로 스카웃된 직원과의 갈등이 발생하기 쉽다. 기존직원은 초기부터 고생했는데 회사에 기여도 하지 않은 외부인이 높은 자리로 차지한다고 불평한다. 스카웃된 직원은 실력도 없는 사람들이 오래 근무한 것만 가지고 텃세를 부린다고 투덜거린다.

대책 이러한 경우 회사에서는 확고한 인사 원칙과 승진 기준을 알려서 갈등(conflict) 요인을 회사발전에 도움이 되는 동기부여 요인(motivator)으로 변환시켜야 한다. 급여, 근무조건 등 위생요인(hygiene factor)은 결국 만족도를 충족시키지는 못한다.

● 경영자의 과다한 업무량과 권한 이양 필요성

매출이 늘어나면 거래처 수와 구매 회수도 급증하고 직원 수도 늘어나게 된다. 조직 팽창 시 경영자가 창업 시점의 작은 조직에서 수행하던 방식대로 업무를 대부분 직접 결정하면 업무량이 폭발적으로 늘어나게 된다. 최고경영자의 결재를 받는 것이 병목현상(bottleneck)이 되며, 경영자는 중요한 일에 몰두할 시간을 갖지 못하게 된다.

대책 조직이 커지면 경영자는 중요성이 떨어지는 업무의 결정권을 아래로 이양해야 한다. 권한이양을 통해 경영자는 신사업, 새로운 계약체결 등 중요 업무에 집중할 시간을 확보할 수 있다. 경영자 개인이 모든 것을 수행하기보다는 조직시스템이 업무를 수행하는 체제로 바꿀 필요가 있다.

● 규정화의 필요성

창업 초기의 적은 인력으로 구성된 조직에서는 전체 인원이 모여 회의하는 등 의사소통(communication) 문제는 심각하지 않다. 그러나 인원이 많아지고 전체회의가 쉽지 않을 경우, 의사전달에 왜곡이 발생할 수 있다. 또한 다양한 단위조직 책임자의 개성에 따라 업무처리 결과가 달라지고 예외조치도 발생하게 된다.

대책 조직이 커지면 업무처리의 동일화를 위해 동일 업무에 대한 규정화를 추진해야 한다. 규정화 작업에 많은 시간을 소모할 수 없으므로, 비슷한 규모와 업종의 회사 규정을 원용하여 수정 후 사용하는 방법도 있다.

● 가격 정책

기업성장이 경쟁사와 시장점유율 확대 전쟁에 휘말려, 가격을 연속적으로 상호 인하하는 가격경쟁(price competition)에 빠질 수 있다. 가격경쟁에 빠지면 소비자는 가격인하로 도움이 되나, 경쟁하는 회사들은 결국 수익성이 악화된다.

대책 창업 초기 회사는 소비자 인지도, 여유자금 사정, 유통망 등에서 열세이기 쉬우므로 가격경쟁은 회피하는 것이 좋다. 차별화된 제품을 명확히 정의된 세분화된 목표시장에서 판매하는 것이 중요하며, 중소기업이 대기업과 가격으로 경쟁하는 것은 좋지 않다. 중소기업이 가격경쟁을 회피하는 방법으로는 틈새시장(niche market)으로 진입하는 방법도 있다.

● 품질관리

기업이 성장함에 따라 높은 수준의 품질과 고객서비스를 유지하는 것이 매우 어렵게 된다. 따라서 품질관리(quality control)와 고객서비스 차원에서 부족함을 피하기 위한 방법을 개발할 필요가 있다.

대책 높은 수준의 품질을 유지하기 위해 제조공정상 터득한 노하우를 토대로 제조업무 매뉴얼을 만들 필요가 있다. 품질 불량이 발생한 원인을 명확히 규명하여 책임소재를 밝히는 것도 품질안정에 기여한다.

기업의 성장단계별 관리 주안점

기업은 〈그림 14.4〉와 같이 도입기, 초기성장기, 지속성장기, 성숙기, 쇠퇴기를 거친다. 각 성장단계별 관리 주안점은 다음과 같다.

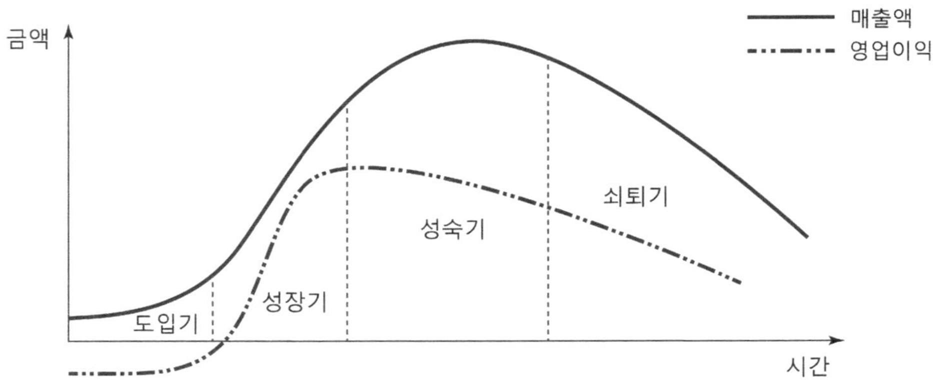

‖ **그림 14.4** ‖ 제품 라이프사이클 모델(PLC; product life cycle model)

● 도입기(introduction stage)

사업의 핵심 강점과 역량이 무엇인지 결정하고 초기 제품과 서비스를 판매하는 단계이다. 사업을 운영하는 데 있어서 규칙이나 절차가 거의 없는 상태이며, 사업의 주목적은 순조로운 시작과 시장에서의 탄력을 얻기 위해 노력한다. 초기 제품과 서비스가 옳은지를 확인하고 좀 더 큰 조직을 구축하는 초석을 다지는 것이 중요하다.

● 초기 성장기(early growth stage)

판매가 증가하고 복잡성이 강화되어 초기 제품이나 서비스에 집중하고 시장점유율을 증대시키고 연관된 제품이 나오는 단계이다. 초기형태의 규칙이나 절차들이 생겨나고 사업운영 절차에 대해 보다 많은 시간과 주의가 필요한 시점이다. 설립자나 상위 관리자 부재 시에도 직원들이 준수하여야 할 형식화된 규정이나 절차가 필요하게 된다.

● 지속 성장기(continuous growth stage)

새로운 제품과 서비스를 개발하기 시작하고 새로운 시장으로 확장하며, 소기업을 인수하거나 동종 기업 간 협력관계를 보다 적극적으로 맺기 시작하는 단계이다. 이 시기에는 주로 핵심 강점과 능력과 연관된 분야에서 사업 확장이 이루어지거나 기업 활동을 보완하기 위해 새로운 강점과 능력을 개발하는 것이 중요하다.

따라서 지속성장기에는 소유주와 기존 경영진이 더 이상 기업을 발전시켜나갈 경험과 능력이 있는가에 대한 의사결정이 필요한 시점이다. 정형화된 조직 구조를 개발하고 사업 전반에 걸쳐 명확한 위임 체계를 결정하는 것이 필요하다.

● 성숙기(maturity stage)

성장이 둔화되는 단계로 새로운 영역의 확장보다는 기존 제품 및 서비스를 효율적으로 관리하는 데 보다 집중하게 된다. 정형화된 규정과 절차가 오히려 경직되고 엄격해져서 장애가 되기도 하고 혁신이 둔화되는 시점으로 제품에 대한 변화에 적극적이지 않으면 기업은 성장 제로의 단계로 쉽게 빠질 수 있다. 따라서 새로운 도약을 준비하기 위해 제휴와 인수기회를 찾는 것이 필요하다.

● 쇠퇴기(decline stage)

쇠퇴기 기업들에 있어서의 제품이나 서비스는 새로운 혁신적 제품에 의해 위협을 받기도 한다. 이러한 위기를 돌파하기 위해서는 리더의 강력한 리더십과 위기 관리능력이 필요하다. 기업이 시장에서 경쟁우위를 갖고 있지 않거나 목적을 상실할 경우 쇠퇴 단계로 진입할 수 있다.

● 경영다각화 전문가의 조언(Harvard Business Review 견해 중심)

신사업 진출과 관련하여 실무 전문가들은 아래 사항을 조언한다. 이는 Harvard Business Review에 게재된 글을 중심으로 요약한 내용이다.

Graham Kenny(2020)는 고객들이 기업 인수 후 변경된 서비스에 대해 어떻게 반응하는지를 이해하는 것이 중요하며, 고객과의 피드백을 통해 전략을 수정하는 것이 중요하다고 하였다. Ralph Biggadike(1979)는 신사업 진출 시 초기의 적극적인 시장점유율 확대와 대규모 진입이 성공에 중요하며, 장기적으로 더 큰 이익으로 이어질 수 있다고 하였다. Rovit & Lemire(2003)는 장기적인 주주 가치가 높은 회사는 경기 주기와 상관없이 지속적으로 인수합병을 한다고 하였다.

Markides & Vermeulen(2023)은 1980년대 말부터 기업들은 다각화를 줄였으며, 이는 기업 유연성을 제한하였는데, 디지털 기술은 다양화의 비용과 어려움을 낮추는 데 기여했다고 주장했다. Rovit & Lemire(2003)는 장기적 주주가치가 높은 회사는 경기 주기에 상관없이 지속적으로 인수합병을 하는 특성을 보인다고 하였다. 자세한 내용은, "경영 Insight"를 참조 바란다.

경영 Insight

〈신사업 진출 시 초기 대규모 투자의 중요성〉

기업이 새로운 사업 분야로 확장할 때 겪을 수 있는 재무적 위험과 투자에 대한 유의사항은 아래와 같다.

- **다양화의 리스크**: 새로운 비즈니스를 시작하면 수년 동안은 높은 초기 투자비로 인해 대체로 큰 손실을 겪음.
- **대규모 진입의 중요성**: 적극적인 시장점유율 확대와 초기 대규모 진입이 장기적 성공에 중요함. 초기에 시장점유율을 높이기 위해 투자를 아끼지 않는 것이 장기적으로 더 큰 이익으로 이어질 수 있음.
- **점유율 확대의 재정적 영향**: 시장점유율을 빠르게 확대하려는 전략은 단기적으로 재정 성과에 부정적인 영향을 줄 수 있지만, 높은 점유율을 달성한 기업은 장기적으로 더 높은 수익성을 얻게 됨.

출처 : The Risky Business of Diversification, Ralph Biggadike(1979), HBR(Harvard Business Review)

〈기업의 지나친 전문화의 문제와 개선책〉

- **전문화 추세**: 1980년대 말부터 기업들은 핵심 비즈니스에 집중하기 위해 다각화를 줄였음. 이는 초기에는 긍정적이었으나, 결국 기업의 잠재력을 제한하였다.
- **다각화의 필요성 제고**: 금융 시장에서는 투자자들이 스스로 위험을 분산할 수 있다는 이유로, 다각화가 간과되었음. 그러나 기업 내의 자원 재배치가 외면받았고, 환경 변화 속에서 한계를 드러내었음.
- **기업의 유연성 손실**: 많은 기업들이 전문화를 통해 비즈니스 영역을 좁힘으로써, 새로운 기회에 적응하는 능력이 저하되었음.
- **디지털기술은 기업 다양성 제고에 기여함**: 디지털 기술은 다양화의 비용을 낮추고 이점을 증가시켜, 다양화의 최적 수준을 높이는 데 기여함.

출처 : Have Companies Become Too Specialized?, Constantinos C. Markides & Freek Vermeulen (2023년), HBR.

〈인수합병 빈도로 구분 시의 수익률 차이〉

장기적인 주주가치 창출에 성공한 회사들은 경기 주기에 상관없이 지속적으로 인수합병을 수행하는 특성을 보이는 것을 설명한 연구이다.

- **Cintas 사례**: Cintas는 1960년대부터 소규모 인수를 통해 지속적인 성장을 이루었으며, 최근 5년간 250건 이상의 거래로 30억 달러를 지출해 매출의 40%를 증가시켰음. 이를 통해 연간 20%의 매출성장률을 기록하며 업계 1위로 도약함.
- **인수합병을 자주 실행하는 회사의 높은 수익성**: 연구에 따르면, 인수합병을 자주 실행하는 회사들이 덜 자주 하거나 하지 않는 회사들에 비해 주주에게 더 많은 가치를 제공하는 것으로 나타남. 특히 경기 주기를 가리지 않고 일관되게 인수합병을 진행하는 회사들이 가장 높은 초과 수익률을 달성함.
- **경기 상황에 따른 인수합병 빈도**: 경기 상황에 따라 인수합병에 다른 접근을 보임. 예를 들어, 경기 침체기에 인수를 늘리는 '침체기 구매자'와 성장기에 주로 인수를 하는 '성장기 구매자'로 나누어짐.
- **성공적인 인수합병의 요소**: 성공적인 인수합병을 위해 회사들은 소규모 거래부터 시작하고, 인수 절차를 제도화하며, 실수에서 배우기 위한 피드백 시스템을 마련함.
- **위험 거래에서의 철수**: 성공적인 회사들은 위험한 거래에서 철수할 수 있는 능력이 뛰어남.

출처 : Your Best M&A Strategy, Sam Rovit & Catherine Lemire(2003), HBR

〈경영다각화 이행 후의 낮은 수익률〉

- 많은 기업들이 경영다각화를 통해 더 큰 수익을 기대하지만, 실제로는 자본 수익성이 일반적 기대치보다 낮은 경우가 많다.
- 다각화는 투자위험을 줄이는 수단으로 종종 사용되지만, 투자자가 직접 포트폴리오를 다양화하는 것만큼 효과적이지 않을 수 있음.

출처 : Diversification via Acquisition: Creating Value, Malcolm S. Salter & Wolf A. Weinhold (1978), HBR

제 15 장

외적성장과 정부 역할

15.1. 외적성장방법 개요

기업이 성장해 나아가는 형태는 내적성장과 외적성장이 있다. '내적성장(internal growth)'은 이익의 유보나 외부로부터의 자금조달을 통해 투자규모를 확대하는 것을 말하고, '외적성장(external growth)'은 다른 기업과의 연합이나 결합을 통해 생산 및 판매 능력을 확장시켜 나가는 것을 말한다. 내적성장과 외적성장 방법의 장·단점은 [표 15-1]과 같다.

기업의 내적성장은 주로 새로운 제품을 개발하고, 내부 자원의 역량 확대를 통해 기업을 성장시키는 전략으로 안정적이고 점진적인 발전이 가능하다는 장점이 있는 반면, 점진적 발전으로 인해 변화하는 외부의 환경에 대응하지 못해 경쟁력을 상실할 수 있다는 단점이 있다.

기업의 외적성장은 기업 성장을 위해 필요한 부분을 기업 외부로부터 조달하는 전략으로 시대적 흐름에 대한 대응이 빠르고, 규모의 경제 실현이 가능하다는 장점이 있으나, 외부 기업의 인수합병 과정에서 기업문화의 충돌과 사업의 복잡성 증가 등 부작용이 초래될 수 있다는 단점이 있다.

기업의 외적성장에 대한 추가 설명이 필요한데 이의 대표적인 방법은 인수합병, 라이선싱, 전략적 제휴, 조인트벤처, 프랜차이징 등이 있다. 외적성장전략에 대한 개요는 [표 15-2]와 같으며, 이어서 외적성장전략의 각 방법을 설명한다.

[표 15-1] 기업의 내적성장과 외적성장의 장·단점 비교

구 분	내적성장전략	외적성장전략
장 점	• 일정하면서도 점진적 성장 • 품질 제어의 극대화 가능 • 조직문화의 유지 및 보존 가능 • 내부 기업가정신 장려 및 촉진 • 내부 승진기회 제공(동기부여)	• 경쟁 감소로 제품가격 안정화 • 독점적제품/서비스, 기술전문성 • 새로운 제품 및 시장 접근 • 정착된 브랜드 접근 • 규모의 경제 실현
단 점	• 느린 성장으로 경쟁력 상실 • 새로운 resources 개발 필요 • 내적 노력의 실패 시 회복 곤란 • 산업적 수익성 강요	• 최고 경영층의 부조화 • 기업문화의 충돌, 유연성 감소 • 운영상 발생되는 문제점 • antitrust(독점금지) 관련 문제

[표 15-2] 주요 외적성장전략의 종류

구 분	개념	기대효과
인수합병	• (인수) 하나의 회사가 다른 회사를 매수하는 행위 • (합병) 2개 이상의 회사를 하나의 회사로 결합하기 위한 지분 통합 행위	• 제품라인(product line)의 확대 • 판매채널 증가, 규모경제 실현 • 제품의 가치를 향상시키는 기술 확보 • 숙련된 직원의 보유
라이선싱	• 특정 지식재산권의 이용을 허락함 • 대가로 로열티나 다른 보상 받음	• 신제품개발 회사가 제품개발 또는 판매망을 위한 재원 없이 수익을 창출 • 기술 실시권 계약을 통하 자신코다 큰 회사로부터 수익발생 가능
전략적 제휴	• 2개 이상의 회사들이 특정 목적을 달성하기 위해 개발하는 파트너십(partnership)	• 새로운 시장 진입 용이, 속도 증가 • 규모경제, 위험과 비용 분담 • 경쟁자들을 중립화하거나 blocking
조인트벤처	• 공동 소유의 별도 조직을 설립하기 위해 2개 이상의 회사들이 재원의 일부를 공동 출자(pooling)하여 형성	• 특정 재원 및 해외시장의 진입 용이 • 규모경제, 위험과 비용 분담 • 학습(learning) • 경쟁자들을 중립화하거나 blocking
프랜차이징	• 프랜차이즈 본사와 프랜차이즈 가맹점 간의 계약된 조건과 방법에 따라 운영	• 가맹점의 독립성 • 동질성, 마케팅 용이 • 시장변화에 공동 대응 • 소자본 창업 가능

15.2. 인수합병(M&A)

외적성장을 시도하는 경우 많이 이용되는 방법이 인수합병(M&A; Merger & Acquisition)이다. 이 중에 합병(merger)이란 두 개 이상의 회사가 청산절차를 거치지 않고 계약에 의하여 당사자인 회사의 일부 또는 전부가 소멸함과 동시에, 소멸회사의 권리, 의무가 포괄적으로 존속회사 또는 신설회사에 이전, 수용되는 현상을 말한다. 기업 합병은 그 특성에 따라 다음과 같은 형태로 나뉜다.

법률적 관계에 따른 분류

● 흡수합병

한 기업이 법률적으로 존속하여 다른 회사를 인수하고 인수되는 기업은 소멸되는 형태의 합병(merger)이다. 이때 흡수하는 회사를 합병기업이라 하고, 흡수당하는 회사를 피합병기업이라고 한다.

● 신설합병

합병하고자 하는 기업들이 모두 해산되고, 새로운 하나의 기업이 설립되어 이에 참여하는 모든 기업의 권리와 의무를 이전받는 형태의 합병(consolidation)을 말한다.

경제적 관계에 따른 분류

● 수직적 합병

생산과정이나 유통경로상의 전·후방에 있는 기업이 설립되어 참여하는 모든 기업의 권리와 의무를 이전 받는 형태의 합병이다. 수직적 합병(vertical merger)은 주로 배급, 유통에 따른 비용의 절감, 기술상의 합리화 달성, 제품과 요소시장에서의 안정성 확보 등을 주요 목적으로 한다.

● 수평적 합병

동종 산업에 속해 있는 기업 간의 합병(horizontal merger)이다. 경쟁 배제, 시장지배력 확대, 생산·유통·광고·연구개발에 있어서의 규모경제를 통한 효율 증진 등을 주요 목적으로 한다.

● 다각적 합병

생산이나 판매 면에서 상호관련성이 없거나 업종이 서로 다른 기업 간의 합병을 말한다. 다각적 합병(conglomerate merger)은 경영다각화를 통한 위험 분산, 인적자원의 효율적 활용 등을 목적으로 한다.

이외에도 기업합병은 거래교섭의 성격에 따라 '우호적 합병'과 '적대적 합병'으로, 교섭방식에 따라 '개별교섭식 합병'과 '공개매수식 합병'으로, 합병 대가의 지급수단에 따라 '현금매수식 합병'과 '주식교부식 합병'으로 구분하기도 한다.

기업 인수

기업 인수(aquisition)란 한 기업이 다른 기업의 지배권을 획득할 목적으로 대상기업의 주식이나 자산 또는 영업의 전부 내지 일부를 취득하는 것을 말한다. 취득에는 '주식취득'과 '자산취득'이 있다. '주식취득'은 취득기업이 기업지배를 목적으로 인수대상기업의 주식 전부 또는 일부를 그 기업의 주주들로부터 인수하는 것을 말한다. '자산취득'은 두 기업 간의 계약에 따라 한 기업이 다른 기업의 자산 및 영업의 전부 내지 일부를 취득하는 것으로 영업양수라고도 한다.

'takeover'라는 용어도 사용되는데, 이는 한 기업의 지배권이 다른 기업 또는 주주집단으로 이전되는 것을 말한다. 즉, 기업인수는 지배권의 취득 또는 인수를 의미하기 때문에 합병, 주식취득, 자산취득뿐 아니라 백지위임장 투쟁을 통한 지배권의 획득이라든지 사기업화까지도 포함하는 개념이다.

인수와 합병의 방법

● 협상에 의한 방법

합병 당사회사의 경영자 또는 대주주가 직접 협상을 벌이고 협상 결과에 대하여 주주총회의 승인을 받는 방법이다. 협상에 의한 인수·합병은 당사자인 회사 쌍방이 그 필요성에 대하여 의견을 같이 하고 있는 경우에 가능하기 때문에 대부분 우호적 인수(friendly takeover)에 속한다. 그러나 경우에 따라서는 적대적 인수(hostile takeover)의 형태를 띠기도 한다.

적대적 인수의 방법에는 '새벽의 기습(dawn raid)'과 '곰의 포옹(bear's hug)'이 있다. '새벽의 기습'은 대상기업의 주식을 상당량 매입해 놓고 기업인수 의사를 대상기업 경영자에게 전달하는 방법이다. '곰의 포옹'은 마치 곰이 몰래 껴안듯이 공포분위기와 함께 기업인수 의사를 대상기업에 전달하는 방법이다. 적대적 인수의 경우, 대상기업에 대응할 여유를 주지 않기 위하여 주로 주말과 같은 시간에 의사를 전달한다.

● 공개매수에 의한 방법

공개매수(TOB; Tender Offer or takeover Bid)란 취득기업이 인수대상기업 이사회의 승인 여부와 관계없이 대상기업의 주주들을 상대로 특정가격에 주식을 매수하겠다는 것을 공시 또는 우편 방식 등을 통해 공개적으로 제안하고, 주식을 매입함으로써 지배권을 확보하는 방식을 말한다. 공개매수에 의한 방법은 협상에 의한 인수·합병이 잘 이루어지지 않을 때 택하는 경우가 많기 때문에 적대적 인수에 속하는 경우가 많다.

● 레버리지매수에 의한 방법

레버리지매수(LBO; Leveraged Buy-Out)는 차입에 의한 기업인수 또는 자산취득을 말한다. 즉, 기업인수가 성공할 것이라는 가정 하에 인수대상기업의 자산이나 수익력을 담보로 인수에 소요되는 대부분의 자금을 차입하여 조달하고, 이후에 인수대상 기업의 수익성이 향상되면 그 이익이나 자산의 매각대금으로 채무를 상환하는 기업인수 방법이다.

LBO를 이용하면 비교적 적은 자기자본으로 기업을 인수할 수 있고, 부채의 이용에 따른 레버리지 효과를 얻어낼 수 있는 장점이 있다. 단점으로는 기업인수 후의 기업가치가 인수가격보다 낮게 평가될 위험이 있으며, 부채비율의 급격한 증가로 채무불이행위험과 재무위험이 크게 증가하게 된다는 점을 들 수 있다.

● 지주회사를 설립하는 방법

지주회사(holding company)란 다른 기업을 지배할 목적으로 지배에 필요한 비율만큼 지배대상기업의 주식을 소유하는 회사를 말한다. 이때 지배 대상이 되는 자회사는 법률적 독립성은 유지되나 실질적으로 지주회사의 지배를 받게 된다. 지주회사는 지배에 필요한 정도의 지분만의 취득으로 다른 기업을 지배할 수 있기 때문에 거대한 피라미드형 기업군을 형성하는 데 유효한 수단으로 이용된다. 지주회사는 2023년 "중대재해 처벌 등에 관한 법률"이 제정된 이후 실질적 소유주가 산업재해로 인한 처벌을 회피하기 위한 목적으로도 설립된다.

인수합병의 순기능과 역기능

● 인수합병의 순기능

인수합병(M&A)은 기업들의 빠르고 효과적인 신규사업진출 수단이 되며 타기업과의 결합을 통해 사업상의 시너지 효과가 창출되고, 한계에 다다른 기업에게 적법한 퇴출의 기회를 준다. 또한 방만한 경영을 하는 기업에게는 적대적 M&A를 통해 경영권 행사에 대한 제재를 가할 수 있으며 경영의 비효율성도 제거된다.

● 인수합병의 역기능

기업인수를 노리는 공격자와 방어자 모두가 자금 마련을 위해 부채를 증대시켜 재무구조를 악화시킬 수 있다. 또 경영층이 단기적 주가에만 신경을 쓰고 장기자본투자와 R&D 등을 소홀히 여기게 할 수도 있다. M&A 성사 이후 기업구조조정 과정에서 임금삭감, 종업원 해고가 따르므로 기업 내부의 효율성은 상승하나 실업률이 증가하는 등 사회적 비용이 발생한다.

15.3. 라이선싱

라이선싱(licensing)이란 특정 기업(licensor)이 자신의 특허, 노하우, 기술, 상표 등과 같은 무형의 지식재산권을 일정 기간 동안 다른 기업(licensee)에게 사용하도록 허용하고 그 대가로 로열티나 다른 형태의 보상을 받도록 체결하는 계약 형태를 말한다(그림 15.1 참고). 간단한 사례로 도시락, 빵 등의 식품에 인기있는 캐릭터를 사용하는 것도 라이선싱의 예이다.

라이선싱은 높은 생산원가 때문에 제품을 국내에서 생산하는 것이 비효율적이거나, 내에서 생산한 제품을 판매지역까지 운송하는 데 많은 비용이 소요되는 경우, 그리고 현지 정부의 규제 때문에 현지생산이 불가능한 경우 등에 이용되고 있다.

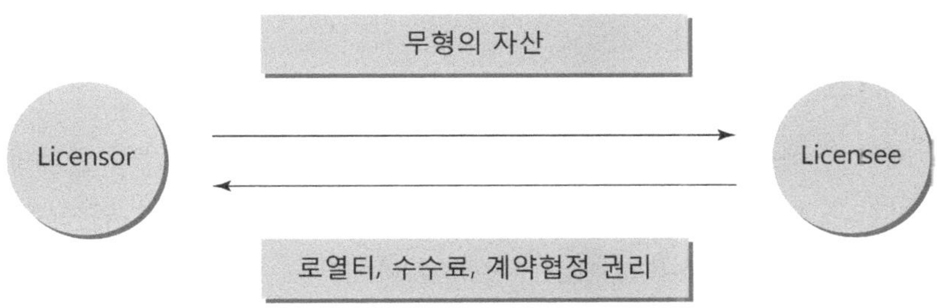

‖ 그림 15.1 ‖ 라이선싱의 구조

라이선싱은 정상적인 수출보다는 많은 위험이 따르지만 해외 직접투자보다는 적은 위험을 수반한다. 이러한 이유로 라이선싱은 특정 기업체의 국제적 시장 확대에 있어서 수출로 부터 현지 생산판매를 위한 해외직접투자로 가는 중간 단계로 이용되고 있다.

한편 라이선싱은 지식재산권을 라이선시 기업체에게 공여한 대가를 그 기업체에 대한 불입자본으로 활용할 수도 있다. 그러나 일반적으로 로열티를 받는 데 목적이 있는 라이선싱은 하나의 비자산합작투자라고 할 수 있다. 라이선싱은 성격상 지식재산권을 매도하는 것이 아니고 특정 기간에 차용 또는 대여해 주는 것이다.

라이선싱의 문제점과 대책

● 통제와 경쟁

라이선싱을 하게 되면 라이선서의 입장에서는 기술에 대한 통제력이 그만큼 약화되기 때문에 계약상 품질검사방법, 판매지역제한 등에 관한 규정을 두게 된다.

● 비밀유지

많은 기술이 널리 알려지게 되면 그 가치가 퇴색되기 때문에, 대개 라이선시가 기술을 누설하지 않도록 하는 조항을 삽입하게 된다. 비밀 문제는 공정기술의 경우 두드러지게 나타나는데, 아직 상업화되지 않은 기술을 라이선싱 후보자에게 보일 때 비밀유지를 위해 사전계획을 하게 된다.

● 대가 지불

라이선싱에서 대금의 지불방법이나 지불액은 여러 종류가 있고, 각 계약은 그 장점에 따라 협상이 이루어지는 경향이 있다. 그러므로 기술의 독창성이 높고 다른 기술공급 원천이 없다면 라이선서가 유리한 입장에서 지불조건을 협상하게 되는 것이 일반적이다.

● 관련기업 선호

라이선싱 계약은 특히 라이선서 기업과 소유관계에 있는 기업 간의 관계에서 더욱 빈번하게 이루어진다. 이는 관련 기업이 기술면에서 경쟁력을 제고하기 위한 목적도 있겠지만, 이들 기업이 기술을 더 효율적으로 사용하여 판매액을 높일 수 있을 것으로 생각하기 때문이다.

15.4. 전략적 제휴

전략적 제휴(strategic alliance)란 "한 기업이 다른 기업과 상호협력 관계를 유지함으로써 경쟁우위를 확보하고자 하는 전략"으로 요약될 수 있다. 다시 말해서 경쟁관계에 있는 기업이 일부 사업 또는 기능별 활동 부문에서 경쟁기업과 일시적인 협조관계를 갖는 것을 의미한다. 전략적 제휴 중에서 가장 느슨한 형태의 제휴는 라이선스협정, 상호마케팅 협정 등이 있다. 이보다 더 긴밀한 기업 간 제휴는 합작투자와 상호주식 보유를 통한 제휴관계이다.

전략적 제휴의 파트너 선정원리

전략적 제휴의 가장 근본적인 원리는 win-win game 이론이다. 즉, 양사 모두 이익이 있어야 하는 것이다. 파트너 선정을 위한 가장 중요한 요인은 양립성(compatibility), 능력(capability), 헌신(commitment) 등의 세 가지로 설명된다.

양립성이란 제휴 기업 간의 협력할 수 있는 두 기업의 관리시스템, 전략 및 문화를 종합적으로 의미한다. 능력이란 파트너의 경영자원과 핵심역량이 제휴목적에 부합되는지에 관한 것이다. 헌신이란 제휴에 임하는 파트너의 자세를 의미하는데 그 열의가 높을수록 성공가능성이 높다.

전략적 제휴의 유형

전략적 제휴의 범위에는 OEM방식의 생산, 제품교환, 연구개발, 제조 및 판매를 위한 합작투자(joint venture) 등 다양한 형태가 있다. [표 15-3]에서 보듯이 전략적 제휴는 크게 자본참여가 있는 전략적 제휴(equity alliance)와 자본참여가 없는 전략적 제휴로 구분된다. 자본참여가 있는 제휴의 형태는 제휴기업끼리 자본투자를 포함한 새로운 합작투자이나, 일방이 자본만을 투여하는 재무적 제휴(finance alliance)도 포함될 수 있다. 자본참여가 없는 제휴에는 라이선스, 공동연구개발, 공동마케팅(symbiotic marketing), 판매연합 등 일반적인 제휴형태가 포함된다.

[표 15-3] 전략적 제휴의 주요 형태

구분	형태	신제품 개발	생산 위험의 공유	개발 비용의 공유	제품 기술 장애 극복	생산 능력의 확장	규모의 경제 활동	제품 라인 갭의 극복	새로운 시장의 진출
전략적 제휴	핵심경영의 합작투자			◉	◉	◉	◉	◉	◉
	판매 합작투자				◉	◉		◉	◉
	생산 합작투자				◉	◉	◉		◉
	연구개발 합작투자			◉		◉		◉	◉
	판매제휴(licence)			◉	◉		◉	◉	
	생산제휴(licence)	◉		◉	◉	◉	◉		
	기술제휴(licence)	◉	◉						
	연구개발제휴(licence)	◉	◉	◉					

* 출처 : Joel Bleeke and David Ernst, Collaborating to Compete(1993), 이성봉 외(1999)

전략적 제휴의 이점

● 위험의 분산 및 자원의 상호보완 가능

불확실한 환경에서의 사업은 큰 위험을 동반하므로, 타 기업과 협력하는 것으로부터 위험분산 효과가 얻어진다. 최근 위험회피 수단으로서 연구개발 부분에서의 기업 간 협력이 증가해 왔다.

사업에서 위험을 분산하고 완성된 기술을 응용하는 단계에서 경쟁하려면 연구개발 중복이나 시장점유를 위한 과도한 투자를 피하고, 저비용에서의 제품공급이 가능해지도록 자원배분의 효율성을 유지하는 것이 바람직하다. 천연자원, 기술, 현지유통채널, 기술자, 현지인적자원 부족은 전략적 제휴를 통해서 극복할 수 있다. 현재 생산에 필요한 기술특허가 여러 나라의 기업에 분산되어 있는 경우가 많다.

● 외국시장으로의 진입 용이

현지기업과 합작하여 시장접근 또는 진입이 가능해지는 경우가 있다. 가령 다국적 기업이 현지 시장에 관한 마케팅지식을 지니지 않은 경우에 현지 파트너의 유통망을 이용하는 경우와 역으로 현지의 파트너가 생산한 제품을 외국시장에 판매하기 위해서도 합작이 이루어지기도 한다.

또한 최근 EU(유럽연합), NAFTA(북미자유무역협정) 등에 따른 세계 경제의 블럭화로 각 경제권역별 관세 및 비관세 장벽과 기술 장벽이 높아지는 등 보호무역주의 분위기가 팽배해지고 있다. 또한 코로나 사태 이후에 안정된 공급을 위해 공급선을 다변화하는 정책도 국가별로 추진되고 있다.

15.5. 조인트벤처

조인트벤처(joint venture; 합작회사)란 공동 소유의 별도 조직을 설립하기 위해 2개 이상의 회사들이 자금을 투자하여 설립한 합작법인을 말한다. 조인트벤처는 계약형 조인트벤처와 회사형 조인트벤처가 있는데, 타국의 시장진출 등을 목적으로 추진되는 전략적 제휴의 한 형태로서 자본참여가 있는 긴밀한 제휴관계라 할 수 있다.

제2차 세계대전 이후 조인트벤처 형태가 많이 발생하였는데, 코로나 사태 이후 첨단기술 자국화와 선진국시장 진출을 위해 다시 조인트벤처가 활성화되고 있다. 외환통제가 엄격하여 해외투자 이윤의 본국 송금이 제약을 받으므로, 이를 재투자하지 않을 수 없게 된 것도 증가 원인이라 할 수 있다.

조인트벤처의 특징

조인트벤처의 특징 중에서 두드러진 사항은 다음과 같다. 첫째, 2개 이상의 회사가 참여하므로 재원 조달과 해외시장 진입이 용이하다. 둘째, 규모의 경제(economy of scale)가 존재하고, 위험과 비용이 분산되는 효과가 있으며, 셋째, 조인트벤처를 통해 학습효과(learning effect)를 획득한 후 본격적인 진입을 할 수 있다. 넷째, 경쟁자들을 중립화하거나 blocking을 할 수 있다. 다섯째, 조인트벤처는 영리사업인 만큼 이익 획득이라는 공동목적이 있어야 한다. 마지막 여섯째는 참가회사가 협정의 목적인 사업에 관하여 손익분담과 공동계산을 하여야 한다.

계약 시의 중요 합의사항

조인트벤처는 국적이 다른 회사가 영리를 목적으로 설립한 회사이므로 각자의 이익을 추구하기 위해 심각한 분쟁을 야기할 수 있다. 계약합의사항은 참여자 간의 계약이나 회의록 등의 형태로 나타나기도 하며, 조인트벤처의 정관이나 내규에 포함되기도 한다. 계약합의사항은 형태에 상관없이 일반적으로 문서화되며, 다음과 같은 사항을 다룬다.

- 조인트벤처의 활동, 존속기간 및 보고의무사항
- 이사회 또는 동등한 지배기구의 구성 및 참여자의 투표권
- 참여자의 출자
- 조인트벤처의 산출물, 수익, 비용 또는 성과에 대한 참여자 간의 배분

조인트벤처에 대한 공동지배는 계약사항에 의하여 성립하므로, 어떠한 참여자도 일방적으로 조인트벤처의 활동을 지배할 수 없다. 계약사항에 의하여 참여자 중에서 조인트벤처의 운영자를 지정할 수 있다. 운영자는 조인트벤처를 지배하는 것이 아니라 계약사항에 의하여 정해지고 운영자에게 위임된 조인트벤처의 정책 범위 내에서 활동한다.

15.6. 프랜차이징

프랜차이징(franchising)의 정의와 특징

프랜차이징이란 비즈니스모델의 하나로 상호, 특허품, 기술 등을 소유한 자(프랜차이저; franchiser)가 계약을 통해 참여를 원하는 자(프랜차이지; franchisee)에게 상호 및 상표의 사용권과 특정제품의 판매권, 기술 및 특정 지역에서의 독점적 영업권 등을 제공하고 그 대가로 가맹비, 보증금, 로열티 등을 받는 사업모델을 말한다(그림 15.2 참조). 보통 프랜차이즈(franchise)라고 불리는데 이는 지역 독점영업권을 의미한다. 우리가 일상생활에서 접하는 유명한 상표의 카페나 음식점이 대부분 이 경우에 해당한다.

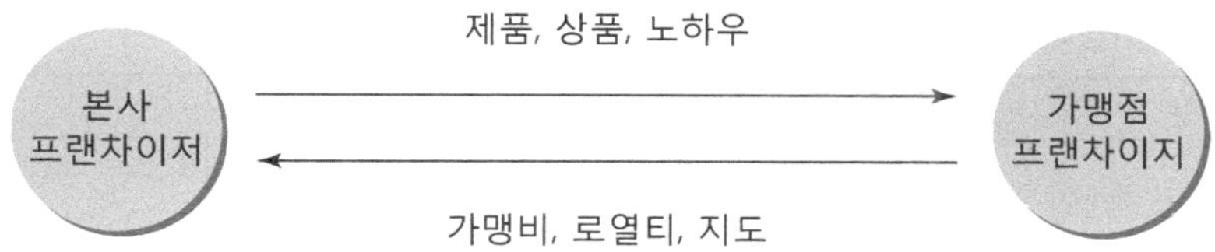

‖ **그림 15.2** ‖ 프랜차이징의 구조

프랜차이징은 제조업 중심 경제가 서비스 중심 경제로 옮겨가는 추세에 따라 대부분 산업에서 빠르게 확산되었으며, 최근 중요한 유통 형태로 부각되고 있다. 소비자는 편의성과 품질의 일관성을 선호하며 프랜차이징은 이를 모두 만족시킬 수 있어 지속적으로 증가하고 있다. 프랜차이징 시스템의 특징을 살펴보면 [표 15-4]와 같다.

프랜차이징은 유리한 재정모델, 가맹본부와 가맹점의 위험 공유를 통해 비교적 안정적으로 운영을 할 수 있는 장점이 있다. 반면에 협상조건의 변화 등에 따른 가맹본부와 가맹점 간의 갈등이 발생할 수 있는 여지가 있어 이러한 사항에 대해 프랜차이즈 창업 이전에 충분히 검토해 보아야 한다.

[표 15-4] 프랜차이징 시스템의 특징

구 분	주요 특징
가맹점 독립성	가맹본부와 가맹점의 자율성이 인정되고 각자는 독립된 이윤의 흐름을 보장 받음
제품의 동질성	소비자들이 시스템을 동질적으로 인식하여 마케팅 효과 동일
협동성·공동성	쌍방 간의 노력이 필요하며 시장환경 변화에 대해 능동적으로 공동 대응
불확실성 감소	가맹점들을 모집하여 영업활동을 허가하여 불확실성 제거
소자본 창업	사업활동에 공동으로 참여하여 작은 자본으로 창업 가능

프랜차이징 유형

프랜차이징은 다양한 유형이 존재하나 일반적으로 [표 15-5]와 같이 제품-등록상표 프랜차이징, 사업형 프랜차이징, 전환 프랜차이징의 세 가지 유형으로 구분할 수 있다.

[표 15-5] 프랜차이징의 유형

구 분	내 용
제품-등록상표 프랜차이징	가맹점이 본부의 제품을 본부의 등록상표에 의해 판매하는 형태로 미국의 경우 전체 프랜차이즈 매출의 70% 차지함(예 : Coca Cola, Ford, Texaco).
사업형 프랜차이징	본부가 제품/서비스, 등록상표, 운영방식, 지속적인 경영지도 등 사업에 필요한 모든 요소를 가맹점에 제공하는 형태로 패키지 프랜차이즈라고도 함(예 : Mcdonald's).
전환 프랜차이징	독립적으로 운영되던 점포를 프랜차이즈 시스템에 끌어들여 형성된 프랜차이징 형태

프랜차이즈 운영 방식

프랜차이즈의 운영방식은 프랜차이즈 본부가 가맹점에게 제공하는 서비스, 수입원천 등으로 설명할 수 있다. 프랜차이즈 본부가 가맹점에게 제공하는 서비스는 초기 서비스와 지속적 서비스로 구분된다.

초기에는 시장 조사(market survey)와 입지선정, 설비설계와 배열, 리스협상 및 자금조달 조언, 운영지침, 관리자 훈련프로그램, 가맹점 종업원 훈련 등을 지원한다. 이후 현장감독, 관리자 및 종업원 재훈련, 품질검사, 전국 광고, 중앙집중식 계획, 시장자료와 지침, 회계감사와 장부기록 등을 지원한다. 프랜차이즈의 수입원천은 [표 15-6]과 같다.

[표 15-6] 프랜차이즈 수입 원천

구 분	내 용
초기가입비	입지선정, 교육, 운영통제시스템 설치 및 프랜차이즈 개발비
로열티	일정금액의 수수료, 주로 매출액에 비례
광고비	가맹점에게 매출의 일정비율을 광고비로 부담
제품판매비	가맹점에 대한 원재료나 완제품 판매비
라이선스 비용	프랜차이즈 본부의 등록상표 사용료
관리비	경영보고, 컨설팅 서비스 비용부과
임대료 및 리스비	가맹점에 대한 임대 및 리스 관련 수입

15.7. 기업성장과 정부의 역할

벤처 생태계 조성

벤처 생태계를 건강하게 육성하기 위해서는 아이디어를 사업화하여 질 높은 창업을 활성화하고, 끊임없이 재도전하는 '창업-성장-회수-재도전'의 선순환 구조를 정착하는 것이 가장 중요하다. 아이디어 창출과 창업, 그리고 성장과 회수, 재도전의 기회가 제도적으로 확충되어 창의적인 기업이 성장과 재도전을 할 수 있는 국가·사회적인 인프라가 구축되어야 한다. 〈그림 15.3〉은 벤처 생태계의 선순환 구조를 나타내고 있다. 벤처 생태계의 선순환 구조가 정착되기 위해서는 단계별로 추진되어야 할 과제들이 있으며 세부 내용은 다음과 같다.

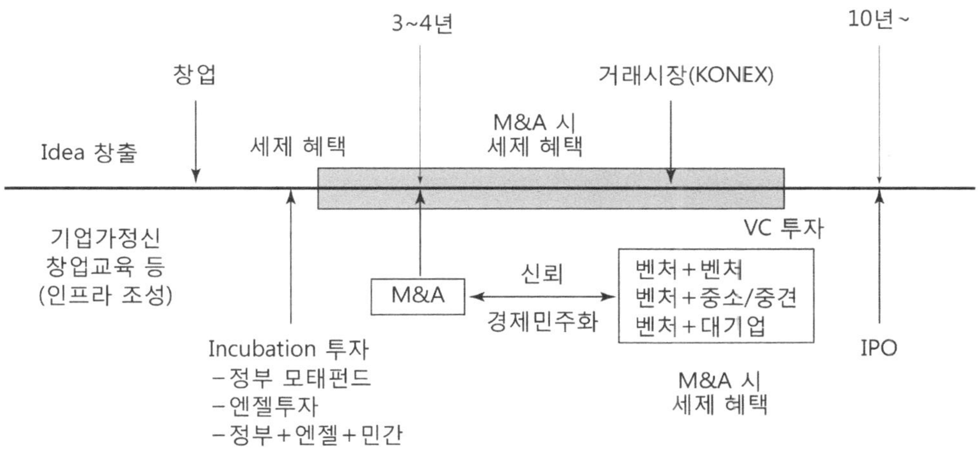

* 출처 : 창조경제 실현 계획(2013.06.04.)

‖ 그림 15.3 ‖ 벤처 생태계의 선순환 구조

● 창업 준비(아이디어 창출)

국가적으로 기술 창업을 활성화하기 위해 성공 벤처인과 함께하는 기업가정신 교육과 멘토링 프로그램을 운영함으로써 도전정신과 기업가정신 고취를 통한 창업문화를 조성하는 것이 필요하다.

● 창업 초기(3년까지)

창업 초기 단계에서는 기존의 융자중심에서 투자 중심으로 전환하고 창의적 아이디어와 가능성으로도 자금조달이 가능한 투자 환경을 조성하는 것이 필요하다. 일반인들로부터 소액자금을 모집하는 크라우드 펀딩과 엔젤 투자 활성화를 위한 투자자에 대한 소득공제 한도 확대 등을 통해 창의적인 아이디어와 기술에 대한 투자 활성화를 추진하는 것이 필요하다. 아울러 창업보육서비스를 운영하여 창의적 기술을 보유하고 있는 대학과 출연연의 창업이 활성화 되도록 유도하여야 할 것이다.

● 기업 성장(초기 3년 이후)

성장 단계에서는 벤처캐피탈(VC; venture capital)과 사모투자펀드(PEF; Private Equity Fund)[1] 투자 등을 통해 성장가능성이 있는 기업에 대한 투자가 활성화되도록 유도해야 한다. 또한 기업에 축적된 지식재산권을 활용한 금융 활성화를 위해 지식재산 가치평가 시스템을 구축하는 것이 필요하다. 특허의 가치평가를 통한 기술보증은 기업의 자금난을 해결하는 수단으로 활용될 수 있다. 해외 벤처캐피탈의 국내 창업기업에 투자할 수 있는 여건을 마련하여 해외 투자회사도 국내 VC와 동등하게 투자에 참여할 수 있도록 유도해야 한다.

● 회수 및 재도전

벤처자금의 재투자가 이루어지기 위해서는 10년 이상이 걸리는 기업공개(IPO; initial public dffering)에 이르기 전에 조기에 투자금을 회수할 수 있는 방법이 선결되어야 한다. 정부는 M&A를 활성화함으로써 중간에 회수할 수 있는 방안을 확충하는 것이 필요하다.

또한 기업이 사업에 실패하더라도 재도전을 할 수 있게 자금지원을 강화하고, 신용불량의 사전적 예방과 신속한 신용회복 여건을 조성하는 것이 필요하다. 재도전기업 전용의 재기자금을 확대하는 것이 필요하다. 신용불량의 예방을 위해서는 기업 자금 대출시 연대보증을 폐지해야 할 것이다. 이상에서 설명한 벤처 생태계 단계별 주요 추진 과제를 정리하면 [표 15-7]과 같다.

---

1) 사모투자펀드(Private Equity Fund)는 소수의 투자자로부터 모은 자금을 운용하는 펀드로, 사모펀드의 운용은 비공개로 투자자들을 모집하여 자산가치가 저평가된 기업에 자본참여를 하게 하여 기업가치를 높인 다음 기업주식을 되파는 형식으로 운영된다.

[표 15-7] 벤처 생태계 단계별 주요 추진과제

단계		주요 정책과제
1. 창업 준비(아이디어 창출)	⇨	• 기업가정신 및 창업교육 확대, 창업문화 조성 • 아이디어 제안·사업화 지원
2. 창업 초기(초기 3년까지)	⇨	• 국내외 창업보육(인큐베이팅) 서비스, 대학·출연연 창업 활성화 • 엔젤투자 소득공제, 크라우드 펀딩 등
3. 성장(초기 3년 이후)	⇨	• 성장단계의 투자(VC, PEF 투자 등) • 지식재산 보호 및 가치평가, 기술보증, 해외진출 지원 등
4. 회수 및 재도전	⇨	• 회수방법 다양화(M&A, 제3시장 등) • '성실실패'에 대한 재도전 기회 제공(연대보증 폐지 확대, 벤처 1세대 경험 활용 등)

벤처기업 및 중소기업 육성을 위해 정부차원에서 추진 중인 기업 성장단계별 정책을 살펴보면 〈그림 15.4〉와 같다. 그림에서 보는 바와 같이 정부는 기업의 성장 단계별로 '초기/창업단계', '중간/성장단계', '회수/성숙 단계'로 구분하여 벤처기업 육성 방안을 수립하여 추진하였다.

주요 내용으로는 벤처기업에 대한 민간투자 활성화를 위해 엔젤투자 활성화, 기술혁신형 M&A 활성화, 재투자 유인확대의 정책을 수립하였으며, 정부차원에서는 벤처기업에 대한 자금 조달을 위해 미래창조 펀드, 전문 엔젤 매칭 R&D, 지식재산권 보호펀드, 재기기업 투자 펀드 등의 정책자금 지원 방안을 수립하여 기업의 성장 단계별 자금 조달이 원활하게 이루어질 수 있도록 관련 제도를 마련하여 시행하고 있다.

그러나 이러한 정책 수립보다 더 중요한 것은 기업가정신을 바탕으로 벤처기업이 설립될 수 있는 사회적 분위기 형성과 정부가 추진하고 있는 각종 벤처기업 관련 정책이 산업현장에서 실질적으로 체감할 수 있도록 각종 규제 완화가 이루어지는 것이 필요하다고 할 수 있다.

구분	초기/창업 단계 (0년~3년)	중간/성장 단계 (4년~9년)	회수/성숙 단계 (10년~15년)
민간투자 - 세제지원	**엔젤투자 활성화** · 소득공제 정책 활성화 · 기술형 창업기업까지 확대	**기술혁신형 M&A 활성화** · 매수기업 법인세 감면혜택 (직접 R&D투자에 준하는 감면) · 매도기업 증여세 부담 완화 (특수관계없는 정상거래 M&A의 경우 증여세 대상에서 원칙 제외)	**재투자 유인확대** · 회수금 재투자시 양도세 이연 · 주식교환시 새주식 매각까지 양도세 과세 이연
민간투자 - 규제완화	**크라우드 펀딩 신설** · 공시부담 등 규제 완화 · 온라인 펀딩플랫폼 허용	**M&A 절차 · 부담 간소화** · 계열사 편입 부담 완화(3년) · 중소기업 졸업 유예(3년) · 소규모· 간이합병 적용대상 확대	**코넥스 신설** · 심사 · 공시, 투자제한 완화 · 거래세 인하, 양도세 면제 등 **코스닥 독립성 · 전문성 강화** · 조직 · 상장심사 제도개편 등
정책자금	미래창조펀드(초기형)	미래창조펀드(M&A, 성장형)	재기기업 투자 · 엔젤매칭 펀드
정책자금	전문엔젤 매칭 R&D	지식재산권 보호펀드	성장사다리 펀드
예산	예비창업자 특례 보증 · 기술보증기금	M&A보증 / 융복합 맞춤형보증 · 신용보증기금, 기술보증기금	재창업자금

멘토링, 컨설팅, 재투자

벤처멘토링 창업펀드
벤처멘토링단 구성 · 운영
〈성공한 벤처1세대, 해외동포 등〉

구분	초기/창업 단계	중간/성장 단계	회수/성숙 단계
벤처창업기반	**창업플랫폼 확대** · 무한상상 창업프로젝트 · 보육 · 투자 · R&D 연계 기술창업 · 개방형 공공정보 활용 창업	**벤처기업 기술보호 강화** · 기술임치, 해외특허지원, 처벌 강화 **M&A 인프라 확충** · M&A 정보거래소 기능 강화 · 기술평가정보 종합D&B 공개	**재도전 환경 개선** · 친인척, 임원 등 연대보증 폐지 · 희생기업 관련인 금융제한 완화 · 기업회생절차 기간 · 비용 감축
인력유입	**연구인력의 창업촉진** · 정부출연(연) 창업친화 지표 도입 · 휴 · 겸직을 통한 창업기업 참여	**벤처 스톡옵션 개선** · 옵션 행사에 따른 소득세 분납 · 자회사 임직원에 대한 옵션허용 벤처비자 → 창업비자로 확대	

* 출처: 벤처 · 창업 자금생태계 선순환 방안(기획재정부, 2013.5.15.)

‖ 그림 15.4 ‖ 기업 성장단계별 정부 역할

경영 Insight

〈M&A의 다양한 전략적 목적〉

M&A 활동은 다양한 전략적 목적을 가지며, 각 유형에 따라 맞춤형 전략을 수립해야 한다. 각각의 인수 유형에 따라 자원, 과정, 가치(회사 문화)의 통합 방식이 다르게 요구된다.

- **M&A의 다양성 인식**: 모든 M&A를 동일하게 보는 것은 잘못된 접근임. 실제 전략적 목표에 따라 다섯 가지 유형이 존재함.
  - 과잉 생산력 처리를 위한 M&A
  - 지역적으로 분산된 산업에서 경쟁자를 통합하기 위한 M&A
  - 새로운 제품이나 시장으로 확장을 위한 M&A
  - 연구개발 대체 수단으로서의 M&A
  - 산업 경계가 허물어지는 것을 이용한 산업 창출 M&A
- **전략적 목표와 통합의 중요성**: 각각의 M&A 유형은 다른 전략적 목표를 가지며, 경영진이 직면하는 도전도 다름. 예를 들어, 과잉 생산력을 처리하기 위해 회사를 인수할 경우, 어떤 설비를 폐쇄할지 빠르게 결정해야 하지만, 혁신적 기술을 개발 중인 회사를 인수할 경우는 주요 엔지니어를 유지하는 것이 중요함.

출처 : Not All M&As Are Alike-and That Matters, Joseph L. Bower(2001), HBR(Harvard Business Review)

〈M&A 이후의 고객반응에 대응 필요성〉

기업 인수합병(M&A) 시 흔히 발생할 수 있는 고객 대응 관련 실수를 다루었다. 관련다각화가 예상보다 더 위험할 수 있음을 보여준다.

- **관련다각화의 오해**: 인수 대상이 현재 비즈니스와 관련이 있는 경우, 통합하기 쉬울 것이라고 예상함. 실제 사례는 관련다각화가 예상보다 통합하기 어려울 수 있음을 보여줌.
- **통합에 대한 과도한 집중**: 인수 후 통합에 에너지를 쏟는 것은 중요하지만, 통합만이 성공적인 M&A의 요소는 아님. 시장 반응, 고객 수용도 등도 중요함.
- **고객의 반응 평가**: 고객들이 인수 후 변경된 서비스에 대해 어떻게 반응하는지를 이해하는 것이 중요함. 고객들이 새로운 서비스의 가치를 인식하지 못한다면, 성공하기 쉽지 않음.
- **시장과의 대화**: 고객과의 대화와 피드백을 통해 요구와 변화를 파악하고, 전략을 수정하는 것이 중요함.

출처 : Don't Make This Common M&A Mistake, Graham Kenny(2020), HBR

별첨

AI / 디지털혁신 시대의 신사업

1 AI/디지털혁신 시대의 도래

2 산업별 디지털전환 실태

3 디지털 시대의 국내 신사업 전개

1 AI / 디지털혁신 시대의 도래

디지털전환(DT; Digital Transformation), 인공지능(AI; Artificial Intelligence) 등으로 대표되는 정보통신 기술의 큰 물결은 4차 산업혁명으로 불릴 정도로 사회를 변화시키고 있다. 모바일, 무선 네트워크, 클라우드 컴퓨팅, 인공지능, 사물인터넷, 빅데이터 등 IT/SW관련 신기술이 급격히 기업 영역에 도입되어 큰 변화를 이끌고 있다. 이러한 디지털 기술의 도입은 생산자, 소비자, 시장, 사회, 연결 네트워크 등 개인, 기업을 둘러싼 외부 환경의 급격한 변화를 유발시키고 새로운 신사업을 만들어 낸다.

디지털전환에 따른 필연적인 산업의 변화

디지털 혁명으로 인해 산업구조는 필연적으로 큰 변화를 겪게 될 것이다. 파괴적 혁신이론(disruptive innovation theory)에 따르면, 지속적 혁신의 실패는 단순히 시장 내 기업의 경쟁력을 떨어뜨리는 데 그치지만, 디지털전환, 인공지능과 같은 파괴적 혁신은 대응하지 못하면 기업의 생존을 위협할 수 있는 엄청난 파급력을 가지고 있다고 한다(Karimi & Walter, 2015).

디지털 기술은 이러한 파괴적 혁신을 유발하는 인자이자, 파괴적 혁신에 대응하기 위한 도구의 역할을 한다. 따라서 디지털로의 전환이 기업의 생존 및 개인의 삶에 필수적인 요소가 되었다.

산업별 예를 들어 인공지능의 도입에 따른 의료산업의 변화를 살펴보자. 인공지능은 인간의 시각 지능, 언어 지능, 판단 지능, 자동분류 능력, 요약/창작 지능을 따라잡고 있다. 이러한 인공지능 능력을 이용하여 의료 영역의 임상시험, 진료 보조, 판독 보조, 물류, 수술실, 병실 운영, 로봇수술 등의 분야에서 다양하게 활용하고 있다.

금융산업에서도 디지털 혁명의 영향으로 변혁이 시작되었고 앞으로는 더욱 변화가 크게 일어날 것으로 예측한다. 〈그림 16.1〉에서 보듯이 디지털전환은 digitalization, unbundling, intelligence의 변화 포인트에 영향을 주어 채널의 온라인화, 금융지점 감소, 은행 기능의 unbundling, 인공지능의 전문금융인 대체 등을 가속화시키고 있다.

헬스케어 산업 분야에도 인공지능, 빅데이터, 사물인터넷 등 4차 산업혁명의 근간이 되

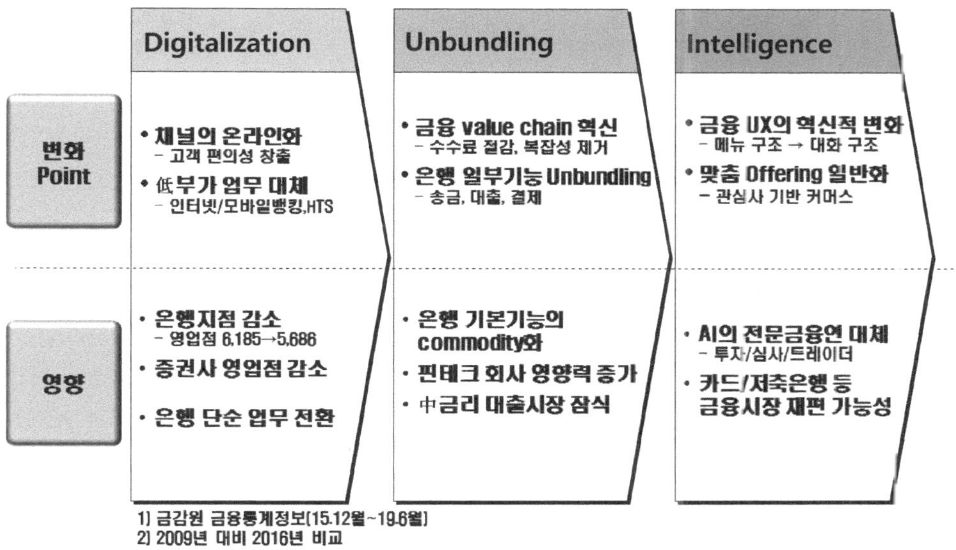

‖ 그림 16.1 ‖ 디지털전환에 따른 금융산업 변화

는 핵심 기술들이 접목되는 추세이다. 생명과학자인 Leroy Hood 박사는 미래의 의료환경을 'P4 의학'이라는 단어로 표현한 바 있다. 즉 Predictive(예측), Preventive(예방), Personalized(맞춤) Participatory(참여)를 의미하는 것으로, 모두 빅데이터를 다룰 수 있는 인공지능이 있어야 가능한 일이다.

디지털전환에 따라 경영, 경제와 관련된 요소에도 큰 변화가 예상된다. 즉, 채용인력의 변화, 요구 직종의 변화, 근무 시간, 생산성, 노령층의 고용, 근무 형태, 필요 교육 등 경영, 경제의 모든 측면에 큰 변화가 있을 것이다.

산업 변화에 따른 유망 신사업의 부상

신기술이 도입되어 산업 변화가 크게 일어나면 필연적으로 몰락하는 사업과 떠오르는 유망한 신사업이 나타나게 된다. 즉, 새로운 형태의 산업에 대한 기회의 창(window of opportunity)이 열리게 된다.

많은 기업들이 새로운 IT기술을 활용하여 기업 성과를 극대화하기 위해 기존 사업의 디지털전환을 시도하고 있지만, 이를 통해 기업의 성과를 향상시키고, 이익을 유지하는 데 성공한 기업은 30% 이하라고 한다(Mckinsey, 2018).

〈그림 16.2〉에서 보듯이 산업별로 정보통신 기술(ICT)의 활용 정도에 따라 산업 발전

이 달라질 것이며, 이는 개별 기업 간에도 활용도에 따라 경쟁력, 점유율에서 격차가 발생할 것이다.

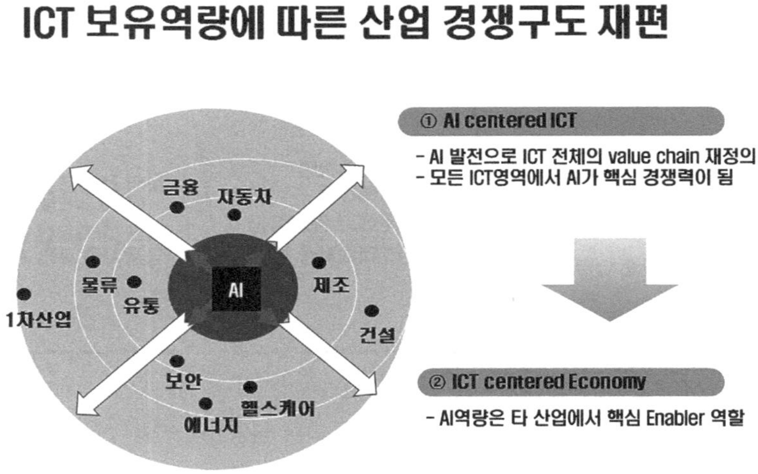

‖ 그림 16.2 ‖ 보유역량에 따른 산업 경쟁구도 재편

디지털전환이란?

디지털 혁명과 관련하여 가장 많이 활용되고 있는 용어인 디지털전환의 정의는 '기업이 새로운 비즈니스모델, 제품 및 서비스를 창출하기 위해 디지털 역량을 활용함으로써, 고객 및 시장의 파괴적인 변화에 적응하거나 이를 추진하는 지속적인 프로세스'이다(Capgemini Consulting, 2011).

디지털전환을 위해 많은 기업들이 노력하지만 성공하는 기업은 많지 않다. McKinsey (2018)에서 조사한 결과, 응답자 10명 중 8명 이상이 자사의 조직이 지난 5년 동안 디지털 전환을 위한 노력을 수행했다고 한다. 그러나 이러한 조직전환을 시도한 기업들 중 1/3 미만만이 기업의 성과를 향상시키고, 이러한 이익을 유지하는 데 성공했다고 한다. 이러한 높은 실패율은 디지털전환에 실패하는 기업들의 경우 기술을 활용하게 될 "사람"은 간과하고 "기술도입"에만 치중하는 경향이 있기 때문이라고 한다(Dvaenport & Westernman, 2018).

디지털전환이라는 용어를 본격적으로 사용하기 시작한 시점도 길게는 10~15년 전부터 짧게는 5~6년 정도이므로 적용을 검토할 시점이 아닌 성과를 검토할 시점이기도 하다.

"4차 산업혁명은 디지털 혁명인 3차 산업혁명에 기반을 두고 있으며 디지털(digital), 물리적(physical), 생물학적(biological) 경계가 허물어 지면서 융합(fusion)되는 기술적인 혁명"으로 정의된다는 말도 있다(Klaus Schwab, 2016).

Digitization-Digitalization-Digital transformation

Verhoef et al.(2021)은 디지털전환 과정을 digitization-digitalization-digital transformation 세 단계로 제시하였으며, 구체적 차이점은 [표 16-1]과 같다.

1단계인 digitization(정보의 디지털화)은 아날로그적·물리적 자원을 디지털 데이터로 변환하고 표현하는 것으로(digital representation of physical objects), 예를 들면 종이 문서를 스캔하여 디지털 문서(PDF 등)로 저장하는 것이다. 시기별로도 구분할 수 있으며, 대략 2000년대 초반까지가 해당된다.

2단계인 digitalization은 디지털 기술과 데이터를 활용하여 비즈니스 프로세스를 활성화하고 개선하는 것으로, 디지털 기술 및 디지털로 변환된 데이터를 활용하여 주문, 생산방식 등 프로세스를 개선(공정혁신)하는 단계이다. digitization을 전제로 구현되며, 비용

[표 16-1] Digitization, Digitalization 및 Digital Transformation

Phase	Phase 1	Phase 2	Phase 3
구분	Digitization	Digitalization	Digital Transformation
시기	• 2000년(PC 중심)	• 2010년(Web/인터넷 중심)	• 2011년~(모바일/클라우드 중심, '15년부터 DT용어 본격 사용))
목적	• 정보의 디지털화(데이터화/정보화)	• IT기술을 활용한 프로세스 중심의 운영 혁신(업무 효율화, 비용절감)	• 디지털기술 중심의 비즈니스 혁신(매출 증대, 신규 고객/매출 확보)
Enabler	• 개인PC/대용량컴퓨터시스템/PC통신	• Information Technology	• Digital Technology
변화내용	• 정보의 유형(아날로그 정보 → 디지털 정보로 전환)	• 업무처리 방식(업무 프로세스의 IT화, 주문/생산의 디지털화)	• 비즈니스모델(제품의 서비스화, 제품+서비스 결합, 신규서비스)
예시	• PC+O/A SW(한글, MS 오피스 등) • PC통신+메일 • 서버(유닉스/메인프레임 등)	• Enterprise S/W(ERP/ SCM 등) 기반 업무혁신, 공장 자동화 등 • 비용 효율화를 위한 인프라 전환 : 고가 서버(유닉스/메인프레임) → 저가 서버(x86)	• 언택트 비즈니스(온라인쇼핑, 화상 교육 등) • AI기술 접목(AI 컨택센터, 안면인식 등) • 공유/중개 플랫폼(Uber, Airbnb, 배달의 민족 등) • 가상화(가상화폐 결제, 사이버 아바타 등)

자료 : 박성순·조광섭(2021.6.16.). 삼성 SDS.

절감과 효율성 개선이 목표로서, 2010년대 초반까지가 해당된다.

3단계인 digital transformation은 신비즈니스모델 창출을 통해 변화에 적응하는 지속적인 프로세스를 의미한다. 2011년경부터 진행되었으며, 디지털화된 시스템에 대한 신기술의 적용과 인터넷 접속 환경의 다변화, 대중 커뮤니케이션의 다변화에 따라 혁신하는 시기이다.

2 산업별 디지털전환 실태

디지털전환과 인공지능 도입의 변화를 겪고 있는 각 산업별 디지털혁신 실태를 사례 중심으로 살펴본다.

금융업의 디지털전환

산업별 디지털전환 사례로 금융업을 우선 거론할 수 있는 이유는 금융업이 이미 수십 년 전부터 디지털전환의 핵심적인 역할을 잘 보여주고 있기 때문이다. 우리는 한 번도 보지도 못한 화폐, 물건, 집, 광물, 선박 심지어 사건, 사고까지 모든 것을 금융자산으로 거래하는 시대에 살고 있다. 이는 디지털화의 가치 중에 디지털로 만들어진 가상의 자산이 갖는 힘이다. 이와 같이 금융산업은 1980년대를 기점으로 산업 자체가 디지털전환이 되고 있으며, 산업 자체로 디지털전환의 대표적인 사례라고 할 수 있다.

앞으로 금융업의 직원들은 모두 IT직원으로 바뀔 것이라는 말도 있다. 물론 IT(Information Technology) 중에 'T(Technology)'보다는 'I(Information)'에 관련된 직원일 듯 하다. 즉 금융업에 종사하는 사람들은 과거부터, 지금도 또는 앞으로도 '디지털화된 정보에 기초한 금융자산'을 다루는 사람들이라고 할 수 있다.

금융업은 기존에도 정보화를 가장 적극적으로 추진하던 산업 분야이다. 거의 대부분의 최신 정보기술을 먼저 적용하고 또한 정보화 트렌드를 적극적으로 수용해 왔던 산업이기도 하다. 예를 들어, 지난 20~30년간의 주요 정보화 기술이자 트렌드인 웹서비스, 스마트폰, 빅데이터, 딥러닝 그리고 생성형 인공지능 등 거의 모든 분야에서 선도적인 역할을 하고 있는 것이 금융업이다.

사례 1 디지털 금융과 핀테크

디지털전환 시대에 금융권에서의 화두는 디지털 금융과 핀테크(fin-tech)이다. 디지털 금융을 간단하게 정의하자면, 금융과 IT기술의 결합을 의미한다. 디지털 금융은 비즈니스적 관점이 강한 용어이고, 핀테크는 그것을 가능케 하는 기술적인 관점이 강한 용어이지만, 사실상 두 용어는 거의 동의어처럼 사용되는 것도 현실이다.

기존의 IT기술이 백엔드의 금융 기반을 다져왔던 것이라고 보면, 현시점의 디지털 금융과 핀테크는 보다 전면에서 지금까지의 금융 혁신을 더욱 가속화하는 일종의 새로운 드라이버를 총칭하는 것이라고 볼 수 있다. 이를 통해서 새로운 금융방식, 투자영역, 도전자들을 금융권에 확산시키고자 하는 노력이라고 할 수 있다. 대표적인 예를 들면 투자금융의 확산, 블록체인과 같은 기술에 기반한 새로운 금융자산, 국내 K뱅크나 카카오뱅크 같은 온라인 및 디지털 기반의 새로운 금융산업 경쟁자들을 출현시켜 금융산업의 혁신을 가속화시키고자 하는 것들이다.

디지털 금융 사례에서 한 가지 아쉬운 점이라면 대부분의 계획들이 단순히 현시점에서 유행하는 트렌드와 최신 기술들의 단순 합집합처럼 보인다는 점이다. '디지털화된 금융의 미래' 또는 'digitized finance'와 같은 전략적인 모델, 전략 및 비전은 명확히 보이지 않는다는 점이다.

사례 2 암호화폐, 가상화폐 그리고 디지털화폐

금융권에서의 온라인 뱅킹 이후 가장 역동적인 디지털전환의 사례라고 볼 수 있는 것은 역시 블록체인 기반의 암호화폐일 것이다. 이는 화폐의 디지털전환 사례 중에 하나로 보고자 한다. 대표적인 암호화폐로서 비트코인이 아마도 가장 유명할 것이다.

사실 암호화폐에 대한 논란은 아직도 진행 중이다. 점진적으로 제도권 금융상품이나 시스템으로 편입되고는 있지만 아직도 대부분의 국가에서 암호화폐에 국가적인 정당성을 부여하는 것을 주저하고 있다. 이러한 현상이 발생하는 이유로는 블록체인이 주장하는 탈중앙화 같은 개념이 마치 무정부주의(Anarchism)을 연상시키며 정부의 관리사각지대에서 작동하는 음성적인 시스템처럼 인식되고 있기 때문일 것이다. 현실적으로도 음성적으로 사용된다든지, 정부의 관리가 제한적이고, 암호화폐와 관련된 많은 사건, 사고가 끊이지 않는 점들 때문일 것이다.

암호화폐가 앞으로 다가올 미래의 대표적인 디지털 화폐가 될 것인지는 확신할 수 없다. 하지만 디지털 화폐가 비트코인과 같은 특정 상품에 매몰되는 것은 바람직하지 않으며, 현재 암호화폐 도메인에서 발생하고 있는 여러 가지 문제점을 해소하며 제도권 내에서 통용될 수 있도록 지속적으로 기술과 제도를 발전시켜야 할 것이다. 핵심은 아날로그 화폐가 하지 못했던 가치와 이점을 보다 적극적으로 발굴해야 디지털 화폐의 정당성이 세워질 것이다.

사례 3 디지털 지점

COVID19 시대를 지나 포스트 코로나 시점에서 금융권, 특히 은행권에서 뜨거운 감자가 디지털 지점이다. 디지털 지점은 전통적인 금융권(은행권)의 대고객 서비스 지점을 디지털화, 디지털전환을 하겠다는 시도이다. 일반적으로 디지털 지점이란 고객이 디지털 기기를 이용해서 자신의 금융 업무를 스스로 처리하거나 또는 대형 TV 등을 이용하여 원격에 있는 창구 직원과 대화를 하며 금융업무를 처리할 수 있도록 공간을 만들어 두는 것을 의미한다.

디지털 지점이 갖는 본원적 의미는 사실 매우 크다. 디지털전환에서 논의되고 있는 digital workplace/marketplace라는 개념은 보다 넓은 영역에서 상업적 성공을 의미하기 때문이다. 이 시도가 성공한다면 기존의 온라인 점포, 즉 온라인 쇼핑의 성공에 이은 제2, 제3의 디지털전환의 상업적 성공 사례가 되기 때문이다. 그런데 현재 디지털 지점이 추진되는 주요한 배경이 지점 폐쇄를 통한 은행권의 비용절감에 있다. 앞으로도 단지 비용절감을 위해서 디지털 지점을 늘려간다면 이는 분명히 실패하는 사례가 될 것이다.

금융업에서의 디지털전환의 최고 성과는 기존의 물건이나 화폐 등의 아날로그 금융자산을 디지털화했다는 점이다. 그래서 우리는 물건을 사거나 어떤 대가를 치를 때 종이 화폐보다는 신용카드나 스마트폰 앱을 꺼내고 있다. 즉 아날로그 화폐가 디지털 화폐로 전환이 된 것이다. 이렇듯 디지털전환 및 디지털화의 핵심 가치를 항상 고민하고 이에 기반한 성과를 고민할 필요가 있다. 그렇지 않으면 지금의 금융권 디지털화는 결국 'NICE TO HAVE'인 '정보화 2.0'이 될 뿐이다.

공공 인프라의 디지털전환

공공분야는 금융업보다도 더 많은 사람들을 상대해야 하는 분야라고 할 수 있다. 매우 짧은 시간에 전국민을 상대해야 하는 분야이기도 하다. 즉, 그 어느 분야보다도 디지털의 힘이 필요한 분야이다.

해외에서 보기에 대한민국은 이제 선진국이라고 한다. 그런데 대한민국이 아직 개도국일 때도 전체 산업 분야 중에서 유일하게 공공분야의 정보화 또는 디지털화는 선진국 수준을 갖추고 있었다. 예를 들어, 전자정부평가에서 대한민국은 2010년 이후 최상위권을 계속 유지하고 있다. 정부기관이 아닌 공기업의 경우도 정보화 및 디지털화 수준은 일반 대기업에 비해서도 높은 경우가 많다. 민간기업이 잘 하지 않는 정보화 전략계획을 공공기관에서는 지속적으로 해오고 있는 점도 이러한 정보화, 디지털화 수준을 높이는 데 일정한 기여를 했다고 볼 수 있다.

사례 1 전자정부

행정안전부에 따르면 2022년 유엔 전자정부평가에서 대한민국은 전 세계국가 중에 3위를 차지했다고 하였다.

최근 행정안전부는 정보화 시대의 전자정부를 디지털정부로 혁신하고자 여러 가지 시도를 하고 있다. 기존의 전자정부는 공공서류나 행정 절차를 서비스하는 측면에서 많은 노력을 기울이고 발전시켜 왔다면, 디지털정부에서는 국민의 참여나 이용을 더욱 촉진할 수 있도록 하거나 또는 국민 개개인별 맞춤화된 서비스를 제공하는 면에서 디지털의 힘을 이용하는 것으로 보인다.

한 가지 문제점은 정보화 서비스에서 디지털 서비스로 발전하면서 서비스를 이용하는 방식이 점점 더 어려워진다는 점이다. 이로 인해서 노년층에게 서비스의 사각지대가 발생하는 것이 문제가 되고 있다. 하지만 이러한 어려움은 단지 노년층에서만 발생하는 것이 아니라 IT시스템에 비교적 익숙한 사람도 전자정부의 특정 서비스를 이용하기 위해서 고생했던 경우도 있다.

그래서 전자정부시스템이 더 복잡해지면 그 복잡성으로 인해서 노력에 비해서 일종의 수확체감의 변곡점이 발생하게 될 수도 있을 것이다. 하지만 해법은 디지털 쇼핑(온라인 쇼핑)에서 일부 제시되고 있다. 온라인 쇼핑에서와 같이 지속적으로 사용자 경험에 노력을 더하여 가능할지 모르겠지만 일단 앞서 고민하는 산업과 지금도 고민하는 산업이 있기에 일단 복제라도 할 수 있는 상황은 될 것이다.

사람은 디지털에 존재하지 않는다. 사람은 아날로그에 존재하기 때문에 디지털 서비스가 발전하기 위해서는 그에 걸맞은 아날로그 서비스가 쌍둥이처럼 세심하게 존재해야 한다. 아날로그 서비스와 디지털 서비스가 디지털 트윈(digital twin)으로 잘 융합되어야 디지털 서비스도 발전할 수 있을 것이다.

* 출처 : 행정안전부 보도자료-국제연합(UN), 2022년 유엔 전자정부평가 발표

사례 2 COOV 코로나 19 예방접종증명서

COVID19는 수년 동안 전 세계 사람들의 삶을 힘들고 어렵게 만들었다. 수천 년간 사람은 위기를 극복하며 더 나아가 그것을 기회로 만들어 지속적으로 발전해 왔다. 코로나 백신 예방접종증명은 사람들의 행동에 심각한 제약을 가했기 때문에 전국적으로 더 나아가 전 세계적으로도 민감한 문제였다. 인류 역사상 이처럼 인간의 활동에 제약을 가해던 적이 없기 때문이다. 그래서 국내외적으로 예방접종증명을 보다 편리하게 하려고 다양한 IT시스템이 만들어졌다. 국내에서도 식약청 주관으로 'COOV'라는 예방접종증명관리 및 증명서 발급시스템이 빠르게 만들어져 활용되었다.

COOV 시스템은 IT기술적으로 봤을 때 그렇게 높은 기술이나 많은 비용이 소모되는 시스템은 아닐 것이다. 이 사례에서 주목할 점은 단지 그러한 IT시스템을 구축했다는 것이 아니라 '디지털 리스크 대응'이라는 점이다. 재난을 디지털로만 해결할 수 있는 것은 아니지만 COOV처럼 최소한 빠른 시간 내에 주요한 이슈들을 해소하여 빠르게 문제의 해결로 나아갈 수 있게 도움을 주는 것만으로도 그 역할은 충분하다고 생각한다.

최근 도입된 무인관리, 무선환경, 클라우드 기법 등을 활용해서 다양한 재난에 대비한 디지털 재난대응 시스템을 미리 만들어 두었다가 유사한 재난이 발생할 시 빠르게 재난을 극복할 수 있다면 존재의 가치가 있다고 할 수 있다. 아날로그 재앙을 디지털 대응으로 해결해 보자.

서비스업의 디지털전환

서비스업은 일반적으로 한 명의 공급자가 한 명의 소비자에게 어떤 가치있는 행동을 하는 것으로, 이러한 행동으로부터 대가를 받는 것이라고 볼 수 있다. 강의같은 'one to many'(1대 다수)의 서비스라 하더라도 그 한계는 명확하다. 그래서 제조업보다도 더 아날로그스럽다고 할 수도 있다.

산업공학적인 관점에서 봤을 때 서비스업은 상대적으로 대규모의 자본투자가 없으므로 초기 진입이 쉬운 장점이 있는 반면, 매출이 보통 사람의 노동력에 의존하기에 노동력의 생산성 개선과 이익의 대폭 증가는 어렵다는 특징을 갖고 있다. 또한 제조업에 비해서 수요, 공급의 탄력성이 떨어진다. 제조업은 재고라는 개념으로 이를 보완하는데 서비스업에서는 일반적으로 재고를 가져가는 것이 불가능하거나 어렵다. 요약하면 서비스는 제조에 비해서 무형성, 동시성, 소멸성, 이질성과 같은 특징을 가지고 있다(박광태, 2006).

사례 1 온라인 쇼핑

온라인 쇼핑은 가장 성공적인 디지털전환의 사례이다. 즉 '쇼핑의 디지털전환' 사례이다. 많은 사람이 이제 쇼핑의 상당 부분을 온라인에서 처리하고 있다. 오프라인 쇼핑은 구매 목적이 아닌 가족, 친구 간의 사회적 활동이나 소위 말하는 기분 전환의 목적으로 한다.

온라인 쇼핑은 지난 20여 년간 다양한 IT트렌드의 대표사례로 제시되어왔다. 어떤 면에서 온라인 쇼핑은 디지털화의 정점에 있는 것이 아닌가 하는 생각마저 들게 한다.

하지만 시사점은 다른 부분에 있다고 본다. 즉 디지털화가 성공하기 위해서는 대응되는 아날로그의 동반 발전도 필요하다는 점이라는 것이다. 즉, 디지털화가 만능이 아니다. 저자는 이러한 현상의 대표적인 예가 온라인 쇼핑의 선두주자의 쿠팡의 배송시스템, 로켓배송 등이라고 생각한다. 쿠팡은 사업 초기부터 온라인 쇼핑을 운영하면서도 배송 및 물류 시스템에 많은 노력을 기울였다. 심지어 쿠팡의 경쟁상대가 다른 온라인 쇼핑몰이 아니라 CJ대한통운 같은 물류회사가 아닌가 하는 생각마저 든다. 이와 관련해서 쿠팡이츠의 배달모니터링 서비스도 좋은 사례라 할 수 있다.

결국 특정한 비즈니스모델에서는 아날로그와 디지털의 디지털 트윈(digital twin)이 향후 필수가 될 수 있다는 점이다. 즉 아날로그와 디지털이 서로 상호보완해 주는 비즈니스모델이 발전되어야 한다는 것이다. 아날로그의 피드백이 디지털로 반영되고 디지털의 피드백이 아날로그로 반영되면서 두 영역이 공존하면서 상호 발전시킬 수 있는 시스템이 필요하게 될 것이다.

* 출처 : YouTube - 신세계, 디지털전환 올인, MTN 머니투데이방송

사례 2 OTT(Over-The-Top)

최근 넷플릭스, 디즈니 플러스 등 인터넷에 기반하여 영화, 드라마를 배포하는 글로벌 및 국내 사업자가 제공하는 영화 및 드라마 서비스가 많은 관심을 받고 있다. 실질적으로는 그들이 배포하는 다양한 콘텐츠가 회자되면서 더불어 그들의 서비스 일거수일투족이 관심의 대상이 되는 것이기는 하겠지만, OTT는 디지털전환 사례 중에서도 매우 오랫동안 디지털의 속성을 정확히, 그것도 지속적으로 발전시키는 대표적인 산업 사례이다.

OTT는 디지털전환 사례 중에서도 흥미로운 사례인데, OTT의 기원은 VCRT/VTR 시절까지 거슬러가야 한다고 보고 있으며, 이후 CD/DVD 시대를 거쳐, Cable TV, IPTV를 지나 현재의 OTT 시대가 되었다고 본다. VCR/VTR로 영화는 영화관에서 보는 것이 아니라 안방에서 볼 수 있으며 또한 소유할 수 있는 콘텐츠 시대를 열었다. CD/DVD 시대는 본격적으로 디지털로 콘텐츠를 저장하여 배포할 수 있게 되었고, Cable TV, IPTV 시대에는 네트워크 기반의 콘텐츠 전송의 시대를 열었으며, OTT는 네트워크 공급자의 영역과 영향력까지 뛰어넘는 전세계적인 콘텐츠 공급이 가능해졌다.

디지털전환의 사례로 OTT가 갖는 의미 중에서도 OTT가 산업의 사슬구조 또는 비즈니스모델을 바꾸어 놓았다는 점이다. 과거 영화는 제작사가 배포사에 배포사가 각 지역의 배포사 또는 극장 등에 전달하면 이를 상영하는 구조였는데, 최근의 OTT는 이 사슬구조를 완전히 파괴하여 거의 모든 단계를 OTT가 독점하고 있다.

다른 시사점은 OTT가 지난 30여 년간 다양한 IT기술에 기반하여 디지털혁신을 지속적으로 해왔다는 점이다. 처음에는 콘텐츠의 디지털화, 두 번째는 전송의 디지털화, 세 번째는 제작과 배포의 디지털화까지 OTT의 지속적인 디지털혁신은 시장을 파괴해왔다. 디지털에는 다양한 비즈니스 가치가 존재한다. 대부분의 디지털전환 사례가 이러한 디지털화 가치를 하나도 제대로 구현하지 못하고 있지만, 더불어 한 번 구현했다고 그것이 끝은 아니다. 디지털기술의 발전에 따라 기존의 레드오션 산업도 하나의 디지털기술로 시장이 완전히 바뀔 수 있다.

* 출처 : YouTube-OTT가 뭐길래...국내 업계 M&A 회오리, YTN

사례 3 디지털 사이니지와 디지털 주문 키오스크

디지털 사이니지(digital signage)라고 하면 아직 단어가 생소한 분들이 많을 것이다. 서울에 거주하시는 분이라면 강남대로 양측에 시시각각 변하는 LCD/LED 간판을 본 적이 있을 것이다. 이 간판들이 대표적인 디지털 사이니지 서비스의 예인데, 최근에는 주요 서비스 매장의 간판이 점차 이 디지털 사이니지 간판으로 변화하고 있다. 더 나아가 COVID19를 지나며 비대면 주문을 위해서 음식 주문을 위한 키오스크도 이러한 디지털 사이니지의 범주로 포함시킬 수 있다.

디지털 사이니지가 단순히 간판 역할만 했다면 기존의 형광등 또는 네온사인 간판과 큰 차이가 없었을 것이다. 하지만 디지털 사이니지의 콘텐츠 및 서비스가 디지털로 서비스가 될 수 있기에 중앙에서 한 번만 제작하면 전세계로 해당 내용을 즉시 배포할 수 있다는 점이 매우 큰 장점이 된다. 더불어 음식점의 주문 키오스크 등 다양한 형태로 진화하고 있다. 국내에서 이미 이러한 콘텐츠 및 서비스를 전문으로 하는 기업들이 다수 존재한다.

이 사례의 시사점은 비즈니스 요소를 디지털 콘텐츠로 전환하여 디지털화된 서비스가 가능해졌다는 점이다. 즉 전형적인 1대1 서비스의 제약을 파괴하였다는 점이다. 디지털전환에 적절한 디지털 및 아날로그 하드웨어를 접목하면서 새로운 형태의 디지털 비즈니스를 창조하게 된 것이다.

앞서 언급하였듯이 기존의 서비스 제약을 디지털적인 방식으로 해소하면서 서비스업은 디지털전환을 가능하게 하고 또한 파괴적인 성과를 만들어 낸다. 다른 분야와 달리 서비스업에서의 디지털전환은 경쟁자 또는 기존산업을 완전히 파괴할 수 있다는 점에서 매력적이면서도 위험하다. 몇 년 전 대한민국에서 시끄러웠던 우버(Uber)와 유사한 사업의 시장진입 실패도 이러한 단면을 보여준다.

* 출처 : YouTube-B2B 새 먹거리로 급부상한 '디지털 사이니지', MTN 머니투데이방송

제조업의 디지털전환

제조업의 디지털전환은 어떤 것이 있을까? 제조업은 아날로그 물건을 만들어서 사람에게 전달해야 하기에 디지털전환이 생각보다 쉽지 않은 것이 현실이다. 비록 최근에 스마트 팩토리 또는 제조업의 서비스화(Product-Service System, Productization)등 몇몇 활동이 있지만 이러한 개념들은 이미 수십 년 전부터 진행되어오던 활동의 하나로 그 연장선

이라고 볼 수 있다.

제조기업에 의해 수행되는 전통적인 생산요소인 작업자(Man), 기계설비(Machine), 원자재(Material), 생산방식(Method) 등 4M의 준비과정에 대한 혁신을 제조혁신(Manufacturing Innovation)으로 정의한다. 우선 대표적인 제조업의 디지털전환의 사례는 '관리의 디지털전환'이라고 할 수 있다.

이러한 관리의 디지털전환의 사례가 IT 솔루션으로 ERP가 있다. ERP(Enterprise Resource Planning)는 기업의 전반적인 관리 활동을 정보화해서 관리할 수 있게 하는 IT 솔루션이다.

사례 1 스마트 팩토리

제조업의 디지털전환과 함께 항상 같이 언급되는 단어가 있으니 그것은 '스마트 팩토리'이다. 제조업에서 디지털전환을 논하기 전에 이미 그 이전 십여 년 동안 스마트 팩토리는 제조업에서 주요한 화두였다. 물론 제조업의 디지털전환과 스마트 팩토리는 동의어라고는 할 수 없다. 제조업의 디지털전환은 제조업 전반에 있어 비즈니스의 디지털전환을 추구한다면, 스마트 팩토리는 이미 수십 년 동안 진행되고 있는 공장의 자동화의 현대적 명칭이라고 보는 것이 조금 더 적절하다.

스마트 팩토리가 수십 년간 진행되어오던 공장자동화와 같은 개념에 기초하고 있기 때문에 스마트 팩토리도 매우 다양하게 정의되고 있다. 하지만 스마트 팩토리의 지향점은 분명하다. 제조의 유연성, 제조의 정밀성 및 무인 제조와 같은 극한 제조의 효율성을 꾀하는 것이다.

*출처 : YouTube - 제조업의 미래, YTN 사이언스

사례 2 디지털 트윈

디지털 트윈이란 아날로그의 하드웨어에 대응되는 디지털 소프트웨어를 만들어 이를 기반으로 다양한 연구, 제조 및 서비스를 수행하는 것을 의미한다. 디지털 트윈의 이론적 배경 또는 배경 개념은 NASA가 우주선을 만들 때 비상시 또는 연구용 목적으로 쌍둥이 개체를 하나 더 만들던 것에 기초한다는 주장도 있다. 참고로 영화 '아폴로13'에

서 이렇게 만들어진 쌍둥이 우주선을 가지고 다양한 대응을 하는 모습을 볼 수 있다.

여기에 한 가지 더 소프트웨어적으로 접근했던 개념도 추가하고자 한다. 소프트웨어를 만들면 이 소프트웨어가 제대로 작동하는지 일종의 로그정보를 지속적으로 수집하고 또한 상태정보를 지속적으로 생성하여 해당 소프트웨어 또는 하드웨어의 상태를 모니터링했던 것도 디지털 트윈의 또 하나의 배경이라고 생각한다. 결국 디지털 트윈은 이러한 개념들을 모두 모아 놓으면서 디지털 시대에 독립적인 개념으로 성장한 것이라고 생각한다.

*출처 : YouTube - 가상 쌍둥이 공장 '디지털 트윈', KBS

사례 3 제조의 서비스화

제조업의 디지털화/디지털전환을 논할 때 거의 동일한 개념으로 디지털전환을 논했던 개념은 '제조의 서비스화(PSS, Product-Service System/ Servitization)'이다. 제조업의 서비스화를 논하게 된 주요한 이유는 제조업의 경직성을 해소하고 서비스를 도입하여 더 많은 수익을 창출하기 위함이었다.

제조의 서비스화의 사례를 제시할 때 흔히 항공기 엔진 판매를 항공기 엔진 서비스로 전환한 사례를 언급한다. 이는 자동차를 살 때 자동차를 사는 경우와 렌트와 리스를 하는 경우와 비슷하다고 보면 될 것이다. 렌트와 리스는 자동차를 사는 것이 아니라 렌트와 리스의 서비스를 사는 것이기 때문이다. 하지만 PSS는 주로 학계에서 논의되었던 주제이고 산업계로 적극적으로 확산은 되지 못했다.

제조업의 서비스화의 제조의 전체 생애주기 상에서 다양한 서비스화를 통해서 제조업의 경쟁력을 강화하는 것을 의미한다. 그것은 제조 파트너를 대상으로 만들어진 서비스일 수도 있고 또한 고객을 위해 만들어진 서비스일 수도 있다.

현실적으로 최근 제조업의 서비스화는 사실 제조업의 디지털화와도 거의 동일한 의미라고 할 수 있다. 물론 제조업의 아날로그 서비스도 존재할 수 있다. 하지만 대부분의 서비스는 1차적으로 디지털 서비스로 구현하는 것을 먼저 고려하게 된다. 대표적인 예가 자동차의 카엔터테인먼트 및 카컨시어지 서비스가 이에 해당한다. 전자는 디지털화의 예이고 후자는 아날로그 서비스의 예라고 할 수 있다.

농업의 디지털전환

농업 부분에서 디지털전환에 사용되는 핵심 기술인 IoT, 빅데이터, 인공지능, 로봇, 드론 등이 농업 현장에 적용 중이며, 농촌 작업환경의 자동화와 경험 기반 농업에서 데이터 기반 농업으로의 전환을 이끌고 있다(손진 외, 2016; 장필성, 2017). 농업은 생산에 소요되는 기간과 출하 시기 등이 계절적인 요인에 의해 결정된다는 점에서 디지털 기술을 기반으로 한 리쇼어링, 온디맨드 경제 체제 등으로의 전환이 쉽지 않다.

그러나 스마트팜 등 원격으로 농작물을 모니터링할 수 있는 여건이 마련됨에 따라, 농작물 생산지와 농작물 생산자의 거주지가 분리될 수 있는 가능성이 발생되고 있다. 특히 도심형 스마트팜, 버티컬팜의 구현을 통해 농업이 수요자와 가까운 도시로 진입하는 현상이 촉진되고 있다(Despommier, 2013). 스마트팜은 IoT를 통해 조량, 온도, 습도, 이산화탄소 농도, 식물 상황과 같은 작물과 농장의 상황을 자동으로 모니터링 하고 농장 시설 전반을 효율적으로 관리하고자 하는데, 건물 실내의 여러 층의 재배대와 LED 조명을 이용하는 버티컬 팜으로 구현되고 있다. 별도의 농경지가 필요하지 않고, 농약이나 제초제 등이 사용되지 않기 때문에 소비자가 많은 도심지에서 생산이 가능하고, 기후적 조건에 관계없이 적용될 수 있다는 가치가 있다(Despommier, 2013).

뷰티산업의 디지털전환

뷰티산업이란 좁은 의미로는 화장품산업을 의미한다.[2] 최근 디지털전환이라는 파도와 코로나 사태로 인한 오프라인 매장의 영업 감소라는 위기를 한때 맞이하였다. 화장품 구매에서 온라인 비중이 늘어나면서, 화장품 업체는 온라인 쇼핑업체의 쇼룸으로 전락할 위기의 순간도 있었다.

위기를 극복하고 살아남은 기업이 택한 전략은 디지털기술을 활용한 혁신도 병행한 것이었으며, 구체적인 방법은 다음과 같다. 우선 디지털기술을 활용하여 국가별, 인종별, 피부 상태별로 피부를 진단하여 맞춤형 상품을 제공하는 체험형 뷰티 서비스를 강화하는 전략이다. 다양한 고객 데이터를 수집하기 위해 글로벌 고객데이터 플랫폼을 확대하였으며, 고객과 뷰티 컨설턴트가 실시간으로 소통하면서 상품을 구입할 수 있는 라이브 커머스(live commerce)도 도입하였다.

---

2) 이 부분은 “그들은 어떻게 디지털트랜스포메이션에 성공했나”, 김형택, 이승준 (2022)를 참고하여 작성함

수집한 고객 데이터베이스를 딥러닝(deep learning) 방법을 활용하여 피부 이미지를 분석하고 고객의 피부에 적합한 화장품을 제공하는 스킨 컨설트 AI(skin consult AI) 서비스를 도입한 기업도 있다. 즉, 고객이 피부진단 테스트를 진행하면 디지털 데이터베이스에서 구매 이력을 포함한 고객데이터를 분석하여 최적화된 상품을 추천할 수 있게 하는 것이었다. 예를 들어, 증강현실을 활용하여 메이크업 제품을 테스트할 수 있는 가상 아티스트(virtual artist) 방법은 화장품 회사인 세포라에 의해 실행되었다.

디지털혁신 이후 기존의 오프라인 매장에서만 받을 수 있던 서비스를 온·오프라인에서 받을 수 있게도 하였다. 즉, 과거에 전문상담사를 통해 제품 추천을 받았던 차별화된 경험을 인공지능, 얼굴인식, 증강현실 등 디지털기술을 활용하여 온·오프라인에서 제공받을 수 있게 한 것이다.

이와 같이 디지털기술을 과감하게 도입하고, 고객과의 직접 연결로 커뮤니케이션을 강화한 기업이 시장의 주도권을 가질 수 있게 되었다. 디지털전환에 성공한 기업으로는 시세이도, 세포라, 로레알을 들 수 있다.

패션산업의 디지털전환

패션산업의 디지털전환은 다른 산업에 비교했을 때 획기적인 혁신은 없었다. 신상품 출시의 신속성을 높이기 위해 상품 개발 프로세스를 디지털혁신 기법으로 개선한 일부 기업이 눈에 띈다. 고객 데이터를 분석하여 신상품개발, 고객만족도 제고를 추구한 기업도 있었다.

사례 1 자라(Zara): 빠른 신제품 출시 프로세스 개척

자라는 고객의 변화하는 트렌드를 반영한 신제품을 빠르게 출시할 수 있도록 상품기획, 생산, 물류 체계를 바꾼 대표적 기업으로, 6개월이 소요되던 신제품 출시 기간을 2주로 단축했다. 고객이 원하는 상품을 빨리 제공하기 위해 데이터 분석을 활용하고 공급망 최적화를 통해 패션산업을 혁신해 왔었다.

자라의 디지털혁신은 2005년 상품 수요예측과 재고관리 문제를 해결하기 위해 재고최적분배시스템을 개발하면서 시작되었다. 패션업계 최초로 RFID칩을 매장의 모든 의류에 부착하여 도난 방지와 판매현황 파악에 활용하였다. 또한 데이터 분석을 위해

POS단말기, 온라인판매 데이터, PDA기기를 통한 데이터 수집을 하고 있다. 코로나가 확산되면서 자라의 2020년 1분기 매출은 전년 대비 44% 감소하였으나, 그동안 쌓아온 혁신 기조로 위기를 극복하였다.

사례 2 나이키(Nike)

나이키는 2000년대 후반부터 급변하는 디지털 환경에 대응하기 위한 디지털혁신을 추구하였다. 그러나 혁신 노력에도 불구하고 2016년 성장률이 5%가 되고 주가도 13% 하락하였다. 이는 기능성 스포츠 의류의 경쟁 심화, 온라인 구매 비중 증가, 생산비, 물류비 상승 등의 변화에 효과적으로 대응하지 못하여 매출이 떨어진 것에 기인한다.

부진을 타개하기 위해 다음과 같은 다양한 디지털혁신 노력과 신상품 출시를 하였다. 나이키플러스란 신제품을 출시하였는데, 이는 나이키 러닝화 안쪽에 센서를 부착하여 달린 시간, 소모된 칼로리 정보 등을 실시간으로 확인할 수 있는 제품이다.

매장을 고객과의 의미있는 연결을 제공하는 공간으로 활용케 하였다. 이를 위해 고객 데이터를 분석하여 고객 특성에 맞는 상품과 콘텐츠를 제공케 하였다. 또한 나이키플러스 멤버십을 통해 온·오프라인에서 개인화된 서비스를 경험할 수 있게 하였다.

사례 3 리바이스(Levis)

리바이스는 상장폐지가 된지 34년 만인 2019년 뉴욕 증시에 재상장되었으며, 이러한 부흥은 2011년 부임한 P&G 출신 CEO 칩 버그의 영향이 컸다. 리바이스의 이전의 이미지는 나이든 사람이나 입는 올드한 브랜드이었으며, 과도한 부채, 데님 시장의 경쟁, 하이엔드 프리미엄 브랜드의 출현 등으로 어려운 상황이었다.

그러나 디지털기술을 조직, 프로세스, 매장, 상품 등 전반에 빠르게 도입하여 젊은 세대들이 호응하는 제품을 만들고 고객 접점을 확장하여 성장의 기틀을 마련하였다.

패션에 디지털기술을 접목하는 시도도 전개하였다. RFID 태그, 매장 센서, 게이트웨이 시스템 및 클라우드 기반 분석이 가능한 오픈소스 플랫폼을 인텔과 같이 설계하여 실시간 재고관리 시스템을 제공하고 있다. 매장에 디지털 시이니지(digital signage)를 설치하여 고객에게 상품 스타일에 대한 정보를 제공하기도 하였다. 고객에게 브랜드 경험을 제공하고 옴니채널 서비스를 강화하기 위해 기존의 e-커머스 사이트도 개편하였다.

신사업 측면에서 본 디지털전환 사례

디지털전환과 디지털화가 진행 중인 여러 사업영역에서 우리는 새로운 신사업 대상을 찾을 수 있다. 혁신적인 디지털전환 사례로 큰 성과를 거둔 사업영역은 온라인 쇼핑, 온라인 금융, OTT(Over The Top), 전자정부 등을 들 수 있다.

지금 벌어지고 있는 디지털전환 추세를 종합하여 평가하면, 대부분의 디지털전환 사례는 엄밀하게 말해서 기존의 정보화, 자동화, 지능화 사례에 최신 기술 몇 가지를 응용한 수준이다. 이래서는 디지털전환이 기대하는 바를 제대로 달성했다고 할 수는 없다. 인간이 무에서 유를 창조할 수 없듯이 기존의 정보화에서 더 혁신적인 디지털화를 창출해야 할 것이다.

혁신적인 디지털전환은 매우 어려울 수 있다. 디지털전환이 정보화를 넘어서 진정한 디지털화를 이루기 위해서는 디지털의 혁신적인 특성(예: 시간, 거리, 공간, 확장, 복제, 가상 등)을 염두에 두고, 아날로그의 제약을 넘어서 창조적인 디지털 성과를 만들어야 한다. 이와 같이 아날로그로 가져오려는 선명한 방향성을 가질 때 진정한 디지털전환이 가능해질 것이다.

3 디지털 시대의 국내 신사업 전개

대표 산업에 등장하는 디지털전환과 관련된 신상품과 신기술 개념은 아래와 같다. 대표 산업의 영역 외에도 디지털전환을 지원, 유지하는 산업에서도 유망한 신사업이 부상할 것이다.

[표 16-2] 대표 업종의 디지털전환 관련 신상품과 신기술

업종	신상품, 신기술 개념
금융업	디지털 금융, 스마트폰 결제, 핀테크, 암호화폐, 디지털 지점
공공 인프라	전자정부, 예방접종 증명(COOV), 무인관리, 전자인증, AI 챗봇
서비스업	온라인쇼핑, OTT, 디지털 signage, 디지털 주문 키오스크
제조업	스마트 팩토리, 디지털 트윈, ERP, 제조업의 서비스화
농업	도심형 스마트팜, 버티컬팜. 빅데이터, 드론, AI의 적용
지원 사업	장비제조산업, AI 작동을 위한 반도체

좋은 사업기회가 있더라도 이를 놓치지 않고 성공으로 이끄는 것은 결국은 사람이다. 벤처기업에 투자를 결정할 때 기술성, 시장성, 경제성분석보다 추진주체의 열정과 산업이해도를 중요시하는 것도 인적 요소의 중요성을 보여준다.

국내 기업의 신사업 추진전략

우리나라는 탁월한 능력을 가진 창조적 기업가(entrepreneur)를 많이 탄생시켰다. 이들의 신사업 추진에 대한 경영관과 시각을 살펴보자. 삼성그룹을 창업한 이병철 회장은 사업과 관련하여 다음과 같이 말했다.

> "자고로 성공에는 세 가지 요체가 있다. 운(運), 둔(鈍), 근(根)이 그것이다. 사람은 능력 하나만으로 성공하는 것은 아니다. 운을 잘 타야 하는 법이다. 때를 잘 만나야 하고 사람을 잘 만나야 한다. 그러나 운을 잘 타고 나가려면 역시 운이 다가오기를 기다리는 일종의 둔한 맛이 있어야 한다. 운이 트일 때까지 버텨내는 끈기와 근성도 있어야 한다"

현대 그룹을 창업한 정주영 회장이 새로운 사업을 검토할 때는 심사숙고하여 다양한 시각에서 검토한 후, 일단 하기로 결정하면 저돌적으로 뚝심있게 밀어붙이는 스타일이라고 알려져 있다. 포스코의 창업자 박태준 회장은 "제철보국(製鐵報國)이라는 사명으로 직원들의 열정을 결집시켰으며, 경영다각화를 추진할 때에는 "(회사가) 힘이 있을 때 다각화를 추진하라"는 말을 남겼다. 즉, 포스코가 자금력이나 협상력(bargaining power)이 좋을 때 철강 이후의 신사업을 미리 준비해야 성공할 수 있다는 의미일 것이다.

SK그룹은 본업과 전혀 다른 분야의 기업 인수로 경영다각화를 추진하여 성공한 그룹이다. 섬유에서 출발한 SK가 정유, 이동통신, 반도체로 비관련다각화를 연속적으로 성공시킨 것은 경이로운 일이다. SK그룹의 비관련다각화 성공 비결에 대한 SK경영진의 설명은 인수한 회사의 경영자와 직원을 믿고 지원해 주는 것이라고 말한다.

LG그룹의 과거 신사업에 대한 스타일은 "돌다리도 두들겨보고 안 건넌다"라는 신중함으로 표현할 수 있다. 비용을 아껴 투자하여 실익을 추구하는 '실속있는 2등주의'를 과거에는 채택한 적이 많다. 최근 LG에 새로운 회장이 등장한 후 투자 스타일이 적극적으로 변하는 것 같다.

유수한 그룹들의 전략을 종합하면, 경영다각화 방식은 특정한 정답이 없으며, 창업자의 스타일에 따라 상이하다는 것으로 요약할 수 있다. 경영다각화의 추진 강도의 적정성을 연구한 다른 결과를 보면 충분한 경영다각화보다는 다소 조심스럽고 소극적인 다각화를 추구한 기업이 수익성 측면에서 우량하였다는 것이다. 다각화 추진 시 내외부의 관련 조직을 단순하게 해야 잘 나가는 본업의 수익성 훼손이 방지된다는 연구 결과도 있다.

한국 기업이 잘하는 영역은 신기술로 탄생된 신제품의 제품구격이 요동치는 유동기(fluid phase) 단계를 지나, 규격이 구체화되는 경화기 단계(specific phase)에서, 즉 제품규격이 안정화되는 시점에서 제조불량률을 낮추면서 빠르게 대량생산하는 것이라 할 수 있다. 또한 미래의 지배적 디자인(dominant design)을 선도하는 탈규격형전략의 제품보다는 선도기업의 발전궤적을 따라가는 기술추격형전략(technology catch-up) 제품에 비교우위를 발휘하였다.

저자의 5개 기고문

기고문 1

운, 둔함, 근성, 이병철 성공학의 재발견

박원구(아주경제신문 2021년 4월 8일 게재)

https://www.ajunews.com/view/20210405135226125

흥미로운 사실은 경영다각화를 추진하는 한국의 재벌 그룹별 전략이 큰 차이를 보인다는 것이다. 삼성그룹의 전형적인 신사업 전략은 철저한 사업성분석을 통해 완전히 새로운 기업을 설립하는 방식이다. 현대그룹의 정주영 창업자는 사업 추진 여부를 여러 측면에서 고민하며 심사숙고하다가 일단 결단을 내리면 저돌적으로 밀어붙이는 스타일이라고 한다. SK그룹은 본업과 전혀 다른 분야의 기업 인수로 다각화를 추진한다. 섬유에서 출발한 SK가 정유, 이동통신, 반도체로 비관련다각화를 연속적으로 성공시킨 것은 경이로운 일이다. LG그룹의 과거 스타일은 '돌다리도 두들겨보고 안 건넌다'라는 신중함으로 표현될 수 있다. 비용을 아껴 투자하여 실익을 추구하는 '실속있는 2등주의'를 과거에는 채택한 적이 많다. 최근 새로운 회장이 등장한 후 투자 스타일이 적극적으로 변하는 것 같다. 종합하면, 경영다각화 방식은 정답이 없으며, 창업자의 스타일에 따라 상이하다는 것이다.

경영다각화를 어느 정도 추진하는 것이 장기수익성 측면에서 좋은 것이며, 또한 현재 시점은 기존사업 확대를 멈추고 신사업을 추진해야 할 시점인가?도 경영자의 의문사항이다. 이러한 사항에 대해 실증적인 자료를 토대로 한 해답이 있다.

하버드 대학의 R. Rumelt 교수는 1974년 미국 Fortune지에서 선정한 500대 대기업군에 대해 경영다각화 실행 정도에 따른 25년간 기업수익률 변화를 연구하였다. 다각화 정도에 따라 기업을 구분하고 이들 각각의 수익률 변화를 비교한 것이다. 분석 결과, 현재 업종과 관련성이 높은 신사업을 추구한 경우(관련다각화), 기업의 수익률은 초기 25.7%에서 42.3%로 대폭 증가하였다. 반면 관련성이 적은 분야에 신사업을 추구한(비관련다각화) 기업의 수익률은 4.1%에서 20.7%로 변화하고, 다각화를 전혀 추구하지 않고 현재의 잘 나가는 사업만 계속한(단일사업) 기업은 수익률이 42.0%에서 14.4%로 대폭 하락하는 것을 밝혀냈다. 결론은 기업의 장기 수익률은 관련다각화를 추구하는 기업군이 가장 높고, 중간이 비관련다각화를 추구한 기업군이며, 다각화를 추진하지 않은 기업군이 가장 낮다는 것이다.

경영다각화의 추진 강도 측면에서 다른 연구에서 분석한 결과를 보면, 충분한 경영다각화보다는 다소 소극적인 다각화를 추구한 기업이 수익성 측면에서 우량하였다. 다각화 추진 시 내외부의 관련 조직을 단순하게 해야 본업의 수익성 훼손이 방지된다는 사실도 주장된다.

적정한 다각화와 단순한 추진 조직의 필요성을 설명할 수 있는 국내 사례로 포스코를 들 수 있다. POSCO는 1980년대 일본의 최우량 철강회사인 신일본제철이 철강 중심의 구조하에서 엔화강세의 영향으로 수익성이 급격히 하락하는 사실에 충격을 받았다. 이에 따라 박태준 회장의 지시로 경영다각화를 본격 검토하여, 1990년대에 이동통신(신세기통신 설립), 생명공학(제철화학, 정우석탄화학 인수) 진출 등 적절한 수준의 경영다각화를 추진해 나아갔다. 그러나 이후 경영진이 여러 차례 교체되자, 경영다각화의 기조가 적극적으로 변경되어 많은 자회사를 설립하였다. 인사관리 측면에서는 다수의 자리가 새로 생기는 직위 인플레이션으로 풍요로운 시절을 보냈으나, 수년 후 그룹 수익성이 많이 악화되는 사태를 초래하였다. 이후 경영진이 다시 바뀌어 수익성이 없는 계열사는 정리하고, 유망한 철강관련산업과 이차전지소재 중심의 관련다각화를 추진하는 방향으로 전환하였다. 자회사 통폐합, 축소 등 혹독한 조직 슬림화를 추진하여, 수익성을 어렵게 회복시켜 오늘에 이르렀다.

한국 유수 기업 대표에게 사업성분석 시의 검토 항목을 물어보니, 일반적인 분석 항목인 기술성, 시장성, 경제성, 주진주체능력 분석 외에 '시장이 큰가?, 추진 시 최고 전문가를 확보할 수 있나?'를 추가로 검토한다는 말을 들었다.

삼성 그룹을 창업한 고 이병철 회장은 사업과 관련된 아래의 말들을 남겼다. 요행을 바라는 투기는 반드시 망한다. 성공에는 '운(運), 둔(鈍), 근

(根)'이라는 세 가지 요체가 있다. 능력만으로 성공하는 것은 아니고 때와 사람을 잘 만나야 하는데, 운을 잘 타고 가려면 운이 다가오기를 기다리는 둔한 맛이 있어야 한다. 운이 트일 때까지 버텨내는 끈기와 근성도 있어야 한다고 말했다. '강남 스타일'이라는 노래로 대박을 터트린 싸이가 한 말 '운(運)이란 노력이 기회를 만난 것'이라는 메시지도 강한 시사점을 준다. 평소에 많은 준비를 해 두어야 기회가 왔을 대 이를 잘 살려서 성공할 수 있다는 의미일 것이다.

기고문 2

'당나귀와 아버지' 떠올리게 하는 부동산정책

(동아일보 2021년 2월 3일 게재)

https://www.donga.com/news/article/all/20210203/105249225/1

어린 시절의 동화 '당나귀를 팔러 간 아버지와 아들'을 기억하는 분들이 꽤 있을 것이다. 아버지와 아들이 당나귀를 시장에 팔려고 집을 나섰다. 둘 다 걸어가는데, 나물 캐던 처녀들이 힘들게 걸어서 간다고 키득대자 아들을 태운다. 길가의 노인들, 아낙네들의 말을 차례로 듣고 아버지가 타거나, 둘 다 타거나 하다가 마침내 당나귀를 메고 가게 된다. 다리를 지날 때 이 모습을 보고 아이들이 크게 웃자 허둥대다 당나귀를 물에 빠뜨린다는 내용이다.

이 동화는 타인의 의견에 따라 부화뇌동하면 일을 망칠 수 있다는 시사점을 준다. 최근 한국의 부동산정책을 보고 있으면 이 동화가 생각난다. 여론에 민감하게 정책을 변경하기 때문에 오히려 기본을 망가뜨리는 것은 아닐까. 불평을 듣더라도 기본에 충실하라고 얘기하고 싶다.

이제는 주택 공급 확대로 방향을 바꾸는 것 같다. 100년 후에 후세들이 서울을 평가할 때, 재개발 매력이 사라진 노후한 아파트가 즐비한, 천박한 도시라고 얘기하지는 않을까? 소리 없이 늘어나는 낡은 빈집들은 문제가 되지 않는가? 부동산 가격은 점진적 상승이 세계적 추세인데 가격 상승으로 손해 보는 요란한 계층만을 위한 정책 수정이 과연 올바른가?

부동산으로 발생한 초과이익을 높은 양도세로 정부가 환수하겠다는 방침 때문에 부동산 매각을 유보하여 공급 부족의 큰 요인이 되고, 세금 수입도 결국 감소하는 것은 아닐까? 사실 한국의 부동산 소유자는 양도세, 보유기간에 납부한 재산세, 물가상승률, 대출이자 등을 고려하여 현재 가치로 계산하면 매각 시의 실질 이득은 별로 없다. 부동산정책이 만만하니 동네북으로 만들어 난타하는 것은 아닐까? 또한, 일부 주장대로 부동산정책의 최종 목표가 국민을 세금과 집값에 허덕이게 하고 중산층을 줄이는 것에 있는 것일까?

정무적 판단을 하는 정치인들은 정책을 결정할 때 아래의 네 가지 대안 중에서 저울질하는 것 같다. 첫째는 바람직한(desirable) 정책으로 국민 다수에게 혜택을 주는 이상적인 정책이다. 둘째는 인기 있는(favorite) 정책으로 유권자의 표를 얻을 수 있는 방안이다. 셋째는 우리 편에 이익이 되는(profitable) 정책으로 특정 집단과 득표 실현에 유리한 대안이다. 넷째는 실현 가능한(feasible) 정책으로 국가의 재정 상태, 국제 규제 등 현실적 제약을 고려한 차선책이다.

새로운 정책은 현실을 개선하기 위해 고안되었지만 부작용도 있기 마련이다. 그러니 국민을 위한 정책이면 다소 결함이 있더라도 격려해 주자. 반면에 정부가 자기편에 도움이 되거나 선거에 유리한 포퓰리즘 정책을 펼치는 등 불순한 의도가 있으면 과감히 지적해야 하겠다.

기고문 3

부채 팽창트랩에 빠진 가정과 국가

(2011년 11월 7일 매일경제신문 게재)

https://www.mk.co.kr/news/contributors/5029657

박원구(고려대 기술경영전문대학원 교수, 회계학박사)

우리는 주변에서 막대한 부채에 따른 이자를 감당하지 못하고 결국 파산에 이르는 가정을 보곤 한다. 이들의 초기 부채액은 대부분 작은 액수에서 출발하였다. 부족한 자금은 부채를 조금씩 늘려 감당할 수 있기에 여유로운 시절을 보낼 수 있었다. 그러나 부채가 커짐에 따라 이자부담액도 점점 커져서, 즉 부채 팽창트랩(덫)에 빠지게 되어, 결국에는 감당하지 못하고 파산하게 된다.

파산은 가계에만 발생하는 것이 아니라 국가에도 발생한다. 재정위기에 처한 그리스 등 유럽 국가들이 이에 속할 수 있으며, 미국도 이미 진입한 상태이나 통용화폐를 발행하는 기축통화국이므로 상당 기간 버틸 수 있다. 막대한 부채가 있는 국가들의 위기를 벗어나기 위한 조치는 지난 역사를 통해 짐작할 수 있다. 즉, 대량 화폐발행을 통해 화폐가치(실질부채액)를 떨어트리거나 보다 더 극단적인 조치를 내리곤 했었다. 한국도 늘어나는 재정 및 지방, 공기업 부채를 고려할 때 특단의 조치가 없는 한 부채 팽창트랩에 빠질 가능성이 높다.

왜 이와 같이 국가 부도사태가 발생할까? 10.26 보궐선거에서 보듯이 왜 삼사십대 세대는 어려워진 씀씀이에 한숨짓는가? 왜 가계부채는 늘어나고 중산층은 감소하는 것일까? 또한, 왜 가처분소득 대비 부채가 3배를 넘는 저소득층이 43%에 이르게 되었나? 당연히 버는 돈보다 쓰는 돈이 많다보니 이것이 누적되어 발생하였다. 그러나 작금의 한국 국민은 낭비하며 살지 않으며, 기본 생활만 하여도 여유자금이 고갈되는 가정이 꽤 많다.

이러한 가계부채 증가의 한 원인을 높은 요소가격에서 찾을 수 있다. 즉, 해외 수입가격이 오르고, 임대료가 비싸고, 높은 세금이 부과되어 있으니 요소가격이 높을 수밖에 없고, 이를 기초로 한 2차산업의 요소가격도 높아질 수밖에 없다. 가격상승 요인중 해외 수입가의 급격한 상승은 어쩔 수 없는 통제불가능 요소이다.

그러나 정부 씀씀이를 줄여 세금을 낮추어 결국 가계부채를 줄이게 하는 것은 통제가능 변수이다. 즉, 요소가격 단계마다 부과되는 세금과 준조세를 줄임으로써 국민의 가용소득을 늘려줄 수 있다. 휘발유세를 낮추면 교통비도 낮추어질 수 있고, 급여에 부과되는 각종 세금을 낮추면 인건비 부담이 줄어들어 대학 등록금도 낮출 수 있다. 미국의 고속도로는 대부분 무료이나 한국은 높은 통행료를 받고 있으며 이또한 준조세 성격으로 가계소득을 고갈시킨다. 요소가격 인하는 선순환의 확대재생산을 야기시켜 한계상황에 있는 중소기업을 회생시킬 수 있다. 한국의 조세부담률을 21%로 추정하는데 높은 준조세와 숨어있는 세금을 감안하면 실제 담세율은 더 높을 것이다.

그러면 정부는 세금을 줄이면 필요한 국가재정은 어떻게 꾸려나가고 다가오는 선거철에 대한 대비는 어떻게 하는가 라고 얘기할 것이다. 그래도 더 큰 위기가 닥치기 전에 허리띠를 졸라매야 한다. 투자승수효과가 낮은 사업은 과감히 포기해야 한다. 정부예산을 보면서 느끼는 점은 재정이 악화되는데도 기업과 달리 왜 예산을 매년 증가시키며, 예산을 절약하여 남기는 것에 대한 장려책이 부족하다는 점이다. 재외국민의 투표참여를 시행한 취지는 좋지만 이에 따른 비용증가는 고려하지 못하는지. 국가행정시스템은 갈수록 통제와 감시가 철저해지는 형태로 변화하고 있는데, 이에 따른 조직 유지비용 증가와 기업, 국민의 가용소득 고갈 측면도 고려해야 할 것이다.

우리의 정부에 대해 국민은 일을 못한다고 불평하지만 세계적인 관점에서 볼 때는 꽤 일 잘하고 능률적인 것 같다. 그러나 OECD 국가보다 우리가 괜찮으니 문제없다는 얘기는 하지 말아야 한다. 대부분 엉망인 OECD 국가를 본받아 무엇 하겠는가? 금융위기 시 시행했던 재정확대는 이제 필요치 않고 지금은 작은 정부를 지향하고 감세를 주장한 레이건 대통령을 상기해 보아야 할 시기이다. 부채팽창트랩에 빠지기 전에 국민, 국회, 정부, 지방자치단체 모두가 예산절감 필요성에 대한 콘센서스를 형성한 후 허리띠를 졸라매야 한다. 선별적 세금인하책은 가계부채를 줄이고 한계중소기업을 살리는 데 기여할 것이다.

적절한 통제로 국가경쟁력 지키자

(매일경제 2023년 2월 28일 게재)

https://www.mk.co.kr/news/contributors/10663217

선진화로 사회 시스템이 갈수록 더 촘촘해진다고 느끼지만, 이것이 지나쳐서 오히려 국가 효율을 떨어뜨리는 것은 아닌지 우려될 때도 있다. 기업은 매년 수행하는 회계감사에 이전보다 높은 수준의 정확도와 다양한 보고서가 요구된다. 이에 따라 감사 시간과 비용이 증가하였다. 기업 콜센터에 전화로 문의하면 직원 인권을 보호한다는 취지의 설명이 매번 반복되어 문의 시간이 길어졌다.

정부 행정에도 소수 의견, 사회적 약자 보호가 요구돼 일정이 길어지고 비용이 증가한 경우가 많아졌다. 금융상품 판매 시 충분한 상품 설명을 하지 않았다는 이유로 다수 기업의 대표가 징계를 받았다. 그 결과 단순한 금융상품을 가입하는 데도 절차가 복잡해졌다.

선진국 사회는 소위 '뭘 하나 하기도 힘든 사회'다. 소비자와 사회적 약자를 배려하는 것은 선진국으로 가는 경로로 국민 후생을 높이므로 좋은 일이다. 그러나 추가 인력과 비용이 소요되므로 원가 상승으로 귀결된다.

사회적 통제는 구성 조직 간 규제로서, 정부에 의한 법적 통제인 규제와는 결이 좀 다르다. 기업 입장에서 통제 압박이 강해지는 요소로 새로운 유형의 '신경 써야 할 기관' 증가를 들 수 있다. 즉 전통적 감독기관인 행정부서, 노조, 국회 외에 국민연금공단, ESG경영 등을 들 수 있다. 국민연금공단은 막대한 연금을 기반으로 다수 대기업의 1대주주가 되었는데, 스튜어드십 코드 측면에서 기업이 느끼는 두려움은 커지고 있다.

요사이 화두인 ESG경영도 어떤 면에서는 새로운 시어머니가 하나 더 늘어난 의미가 있다. 역설적 얘기이지만 ESG경영 선도자인 프랑스 최대 식품기업 다논그룹의 에마뉘엘 파베르 회장이 재작년 3월 해임되었다. 사유는 매출 감소와 주가 하락으로 인한 주주의 반발인데, 사회적 가치와 주주 이익의 충돌 측면에서 시사하는 바가 크다.

'신경 써야 할 상전'의 증가는 보고서 준비, 지시 사항 점검에 인력 투입 증가를 초래한다. 차분히 미래 전략을 구상해야 할 시간이 필요한 경영진이 감독기관에 보고할 자료 준비와 회의 참석에 많은 시간을 빼앗기는 것을 간혹 본다.

최근 전경련은 한국 총요소생산성이 미국, 독일 등 주요국에 비해 크게 뒤진다고 발표했다. 총요소생산성은 노동, 자본 등 직접 투입 요소 외에 경영 혁신, 기술 개발, 경제자유도 등 민간 활력이 창출하는 부가가치도 포함해 나타내는 지표로, 높을수록 좋다는 의미다. 미국을 1로 볼 때 한국은 0.614, 독일은 0.927이다. 이를 통해 우리의 비효율적인 통제 수준도 나쁜 영향을 주었다는 것을 짐작할 수 있다.

한국은 국제회계기준(IFRS)의 조속한 도입, ESG경영의 신속한 수용 노력 등 국제기구의 충직한 선도적 테스트베드 역할을 수행하고 있다. 기술과 디지털전환(DT) 측면에서 세계적 테스트베드가 되는 것은 괜찮지만, 관리 측면에서도 충실한 선도적 수용자(early adopter)가 되는 것이 과연 좋은지 모르겠다.

한 국가의 통제 수준은 국가 경쟁력과 직결되며, 통제가 지나치면 오히려 효율을 떨어뜨리고 고비용 국가로 전락하게 된다. 선진국은 필연적으로 고도 통제 국가로 간다는 통설에 체념하지 말고, 우리만의 적정 수준의 통제 시스템을 구축해야 하겠다.

기고문 5

내년 총선, '포퓰리즘 법안' 의원 걸러내자

(매일경제 2023년 10월 3일 게재)

https://www.mk.co.kr/news/contributors/10841478

국민을 대변할 국회의원을 뽑는 선거가 7개월 앞으로 다가왔다. 현명해진 우리 유권자들은 지역의 후보가 어떤 사람이고 어떤 성향의 정책과 법들을 추진하는가를 잘 알아야 한다. 그런데 정무적 판단을 해야 하는 위치의 고참, 다선 의원일수록 정책 입안 시 아래 네 가지 고려 요소를 저울질하며 법안을 구상하는 것 같다.

첫째, 정치인들이 법안 입안 시 우선 고려하는 요소는 현실성보다 이상적인(desirable) 정책인가의 여부일 것이다. 얼핏 국민에게 크게 도움될 것으로 판단되나 실현 가능성, 예산, 부작용 등 현실적인 제약 요소는 충분히 따지지 않는 경우, 유토피아를 추구하는 정책이라 할 수 있다.

둘째는 선거에 표가 되는(popular) 정책이다. 국가 재정, 효율성 측면이 피해를 보는 것은 나중 문제이고 우선 나의 유권자들을 열광시켜 표를 얻을 수 있는, 즉 포퓰리즘 정책이다.

셋째는 우리 편에 도움이 되는 정책(beneficial)이다. 국민 전체를 생각하는 정책이 아니라 내 편, 우리 진영 사람에게 이득이 되는 편파적인 정책이다. 마지막인 넷째가 실현가능한(feasible) 정책이다. 국가예산, 시행 시의 장·단점, 반대 의견, 국제관계 등을 절충한 장고 끝에 탄생되는 정책이다.

당연하게도 국민들은 선량들이 고민에 고민을 거듭하여 국가에 도움되는 바람직하면서 실현가능한 정책을 입안하길 바란다. 요사이 국민들의 의식 수준은 높아져서 경륜 있는 서너 명의 시민만 모여도 특정 이벤트에 대해 얘기하면 순식간에 이벤트의 원인, 경과, 현황과 미래 전개 방향에 대한 정보들이 줄줄이 언급된다.

반면, 본인이 좋아하는 정보 매체만을 열독하는 경향이 심해져서, 집단 간 사고의 괴리와 갈등이 깊어지고 있다. 토마스 킬만은 "갈등이란 나의 관심 대상에 타인이 부정적으로 영향을 끼치리라는 인식을 할 때 시작되는 과정"이라 말한 바 있다.

지식과 지혜의 차이를 구분하는 재미있는 에피소드가 있다. 수십 년 전 초기 서울 지하철망을 구축할 때, 관계자가 모 저명 대학 정문 앞에 지하철역 설치를 건의했다. 이 사안에 대해 자연과학 지식이 최고 수준인 교수님들이 숙의 끝에 내린 결론은, 지하철 진동으로 연구에 방해가 되니 역을 설치하지 말라는 것이었다. 그리고 그 피해는 수많은 학생과 직원들의 출퇴근 교통 불편으로 이어졌다.

지식이 많다는 것과 지혜로운 것은 다른 것으로, 의원들 지식 수준이 높다고 좋은 정책이 나오는 것은 아닐 것이다. 정치적 리더로서 존경을 받으려면 개인적 권력의 획득에 필요하다는 개인적 매력, 정당성, 전문성 외에 지혜를 쌓는 노력도 필요하다.

미국과 유럽의 정치를 보면서 왜 우리는 여야가 정책에 대해 논쟁하면서 때로는 만장일치를 못할까 한숨을 짓는다. 한국의 지정학적 위치 때문에 보수와 진보의 정책 경쟁은 어려운 것일까. 한국은 초강대국들과 인접하고, 거기다가 한국인의 우수한 두뇌를 나쁜 방향에 쏟고 있는 북한과 마주하고 있어서 점잖은 서구식 정치 풍토는 불가능한 것일까.

여야를 막론하고 존경받을 자격이 있는 정치인들은 여전히 많다. 그러나 의원으로서 품위를 손상하는 소수를 의원 집단이 걸러내지 못하고 자정(自淨) 기능을 상실하면, 전체가 오명을 쓰게 된다. 똑똑한 국민들이여 잘 생각해서 뽑읍시다.

참고문헌

Reference

기획재정부. 벤처·창업 자금생태계 선순환 방안. (2013).

길영준, 류지선, 남태영, 이찬희, 김효준. 전략 통합형 R&D를 위한 과학적 연구방법론에 관한 연구. 연구보고 (2002) : 1-239P.

김세진. 글로벌경쟁시대의 경영전략. (1996).

김종기·서종혁 등, 디지털전환 가속화에 따른 ICT산업의 신성장전략, 산업연구원 요약 (2021), 25P

김철환, 이재홍, 이춘주. 기술경영. 비전피엠 (2010).

김형택, 이승준. 그들은 어떻게 디지털 트랜스포메이션에 성공했나?, Will Company (2022)

박용태. 공학도를 위한 기술과 경영. 생능출판사 (2005), 302P.

박원구, 황호찬. 기술재무회계. 경문사 (2011).

박원구. 단계별로 본 기술사업화와 창업. 경문사 (2017).

박재민, 성태경, 박원구. MIS 분야의 기술추적과정 연구. 기술혁신연구 (2011).

박찬수. 마케팅 원리. 법문사 (2000).

산업연구원(KIET). 새로운 기업성장 패러다임과 신산업정책 방향 연구. (2012).

성태경, 장동식, 김형기. 기술마케팅과 사업화. 경문사 (2011).

성태경, 기술마케팅과 사업화. 경문사, (2011).

선병수, 김민성 등. 글로벌기업의 디지털전환 특징과 시사점, 대한상공회의소 SGI 정책연구 보고서, 2021-11호, (2021), 5P.

신영수, 장성근, 정해혁. R&D 투자, 기술경영능력, 기업성과간의 관계. 경영학연구 38.1 (2009) : 105-132P.

신용하, 장동훈. 기술경영원론. 전략기술경영연구원 (2005).

이노디랩 이성호, 기술·산업 부문의 디지털전환 모니터링 프레임워크 연구, (2022).

이석규. 마케팅 관리. 박영사 (2006).

이성봉. 세계경제 Focus : 전략적 제휴의 국제적 추세와 한국기업의 현황 및 시사점. 대외경제정책연구원(KIEP) 2.11 (1999).

이영달, 하규수. 한국의 벤처 20년 성과와 과제 : 벤처정책의 미래방향 : 세계 주요국의 벤처창업 정책 비교분석. 벤처기업협회. (2015) : 27-48P.

이장재, 현병환, 최영훈. 과학기술정책론 : 현상과 이론. 경문사 (2011).

이정동. 공학기술과 정책. 지호출판사 (2011).

정선양. 전략적 기술경영. 박영사 (2016) : 302P.

정우성, 윤락근. "특허전쟁." 에이콘출판 (2011).

정원일, 한상록, 이정원. 연구기획평가실무자를 위한 R&D 프로젝트 관리. 한국산업기술진흥협회 (2007).

정재용. 공학기술과 경영. 지호 (2006).
조근태. 이정훈, 조용곤. R&D 관리. 경문사 (2011).
지식경제부. 기술가치평가 실무가이드. (2011).

Abernathy, William J., and Kenneth Wayne. *Limits of the learning curve*. Harvard Business Review 52.5 (1974) : 109-119.

Ahmad, Sohel, and Roger G. Schroeder. *Refining the product-process matrix*. International Journal of Operations & Production Management 22.1 (2002) : 103-124.

Ahmad. *Product-Process Matrix*(2002).

Barringer, Bruce. *Entrepreneurship : Successfully Launching New Ventures*, (2012).

Barry Jaruzelski, Kevin Dehoff, & Rakesh Bordia, *Money isn't everything*, Booz Allen Hamilton study, Issue 45 (2006).

Biggadike, Ralph. The Risky Business of Diversification. Harvard Business Review 57.3 (1979): 103-111.

Bonabeau, Eric., Bodick, Neil., Armstrong, Robert W. A More Rational Approach to New-Product Development. Harvard Business Review 86.3 (2008): 96-102.

Booz Allen Hamilton, "Money isn't everything" (2006).

Bower, Joseph L. Not All M&As Are Alike—and That Matters. Harvard Business Review 79.3 (2001): 92-101.

Bruce R. Barringer & R. Duane Ireland, *Entrepreneurship*, Pearson, (2012).

Daniels, Catalina., Sherman, James. Building a Startup in a Tough Funding Environment. Harvard Business Review Digital Articles (2024): 1-7.

Eyring, Matthew J., Johnson, Mark W., Nair, Hari. New Business Models in Emerging Markets. Harvard Business Review 89.1/2 (2011): 88-95.

Gawer, Annabelle, and Michael A. Cusumano. *How companies become platform leaders*. MIT Sloan management review 49.2 (2008) : 28.

Gilbert, Clark G., Eyring, Matthew J. Beating the Odds When You Launch a New Venture. Harvard Business Review. 88.5 (2010): 92-98.

Girotra, Karan., Netessine, Serguei. Four Paths to Business Model Innovation. Harvard Business Review 92.7/8 (2014): 96-103.

Gumpert, David E. How to Write a Winning Business Plan. Harvard Business Review 63.3 (1985): 156-166.

Hay & Wheelwright. *Process-Product life cycle* (1979).

Hayes, Robert H., and Steven G. Wheelwright. *Dynamics of process-product life-cycles*. Harvard business review 57.2 (1979) : 127-136.

Jaruzelski, Barry, Kevin Dehoff, and Rakesh Bordia. *The Booz Allen Hamilton Global Innovation 1000 : Smart Spenders.* Strategy+ Business 45 (2006) : 46-61.

Kenny, Graham. Don't Make This Common M&A Mistake. Harvard Business Review Digital

Articles (2020): 2-5.

Lovallo, Dan P., and Lenny T. Mendonca. *Strategy's strategist : an interview with Richard Rumelt.* McKinsey Quarterly 4 (2007) : 56.

Markides, Constantinos C., Vermeulen, Freek. Have Companies Become Too Specialized?. Harvard Business Review Digital Articles (2023): 1-7.

Matthias Wißotzki, Kurt Sandkuhl, and Johannes Wichmann. *Digital Innovation and Transformation : Approach and Experiences.* In Alfred Zimmermann, Rainer Schmidt, and Lakhmi C. Jain, Edited. Architecting the Digital Transformation. Springer. (2021) : 12-22.

McGahan, Anita M., and Michael E. Porter. *How much does industry matter, really?*. Strategic management journal (1997) : 15-30.

OECD Going Digital Toolkit, www.oecd.org/going-digital-toolkit.

OECD, *Measuring the Digital Transformation : A Roadmap for the Future*, OECD Publishing, Paris. (2019) : 91.

Porter, Michael E. *The five competitive forces that shape strategy*. Harvard business review 86.1 (2008) : 25-40.

Rovit, Sam., Lemire, Catherine. Your Best M&A Strategy. Harvard Business Review 81.3 (2003): 16-17.

Salter, Malcolm S., Weinhold, Wolf A. Diversification via Acquisition: Creating Value. Harvard Business Review 56.4 (1978): 166-176.

Shaich, Ron. Put Meaning at the Center of Your Business Model. Harvard Business Review Digital Articles (2023): 1-6.

T, Khalil. *Management of Technology*. McGraw-Hill (1996).

Takeuchi, Hirotaka., Nonaka, Ikujiro. The New New Product Development Game. Harvard Business Review. 64.1 (1986): 137-146.

Thomke, Stefan., Reinertsen, Donald. Six Myths of Product Development. Harvard Business Review 90.5 (2012): 84-94.

Utterback & abernathy, *Process and Product Innovation* (1975).

Utterback, James M., and William J. Abernathy. *A dynamic model of process and product innovation.* Omega 3.6 (1975) : 639-656.

Vernon, Raymond. *International Investment and International Trade in the Product Cycle.* (2002) : 159-277.

Walsh, James P., and John W. Ellwood. *Mergers, acquisitions, and the pruning of managerial deadwood.* Strategic Management Journal 12.3 (1991) : 201-217.

WonKoo Park, KwangSook Lee, & SungSoo Yoon. *Investments for New Product Development : A Break-Even Time Analysis*, Engineering Manage- ment Journal (SSCI), 28.3 (2016) : 158-167.

찾아보기

Index

ㅊ

ㅋ

ㅌ

ㅍ

ㅎ

기타